集人文社科之思　刊專業學術之聲

集 刊 名：出土文獻與古史研究
主辦單位：湖南大學簡帛文獻研究中心
主　　編：陳松長
副 主 編：李洪財
執行主編：蔣鵬翔　李洪財

學術委員會（按音序排名）

卜憲群　陳　偉　宫宅潔（日）　侯旭東　劉　釗　榮新江　王子今
鄔文玲　吴振武　楊振紅　尹在碩（韓）　張德芳　鄭　岩　朱鳳瀚

編輯委員會（按音序排名）

鄧國軍　蔣鵬翔　李洪財　劉　傑　石　瑊　王　勇　向明文　楊　勇
周金泰　鄒水杰

編　務：舒　婧　唐　强　李　蓉

第一輯

集刊序列號：PIJ-2023-477
中國集刊網：www.jikan.com.cn/ 出土文獻與古史研究
集刊投約稿平臺：www.iedol.cn

出土文獻與古史研究

主編　陳松長

第一輯

社會科學文獻出版社
SOCIAL SCIENCES ACADEMIC PRESS (CHINA)

主編寄語

　　大凡從事古史研究者，都離不開對出土文獻的關注、引用和研究。王國維早在20世紀20年代就指出：“古來新學問起，大都由於新發見。”不僅所謂“新學問”如此，而且所有的歷史研究，都會因“新發見”而不斷地改寫或重寫着各自的歷史。

　　所謂出土文獻，涵括了出土發現的各類有文字的文獻資料，如果以載體來分，它包括甲骨文、青銅器銘文、陶文、石刻文字和簡帛文獻等多種材料，如果按照饒宗頤先生的三重證據法來分，它還可以涵蓋各類考古材料，包括各類壁畫、造像、器物等通過科學考古發現的出土材料，可以説，出土文獻實際上包括了所有的考古資料。

　　所謂古史研究，涵括了古代歷史，即魏晉以前歷史研究的各種門類，既包括中國史學科門下的先秦、秦漢、魏晉歷史研究，也包括這個時期的語言文字學、歷史文獻學、制度史、法制史、經濟史、學術史、美術史、書法史，甚至建築史、婚俗史等，可以説，凡魏晉以前歷史中的各種專題研究，都是古史研究的範疇。

　　早在2012年，我們在嶽麓書院博士生培養的研究方向上，就在中國史的一級學科下面設置了“出土文獻與古史研究”的培養方向，10多年來，我們以出土文獻，特別是簡帛文獻研究爲主攻方向，已分別培養畢業了一批諸如秦漢史、秦漢法制史、秦漢易學史、秦漢數術史、秦漢建築史、秦漢書學史等方面的博士，在出土文獻與古史研究方面作了不同程度的嘗試和探索。

　　現在借助“古文字與中華文明傳承發展工程”大力推進的東風，爲了給學術界，特別是給青年學者提供出土文獻與古史研究論文的發表平臺，我們經過近兩年的醖釀和籌備，在嶽麓書院同仁和古文字與古史研究學界同道的大力支持下，特推出《出土文獻與古史研究》專刊，希望得到學術界同道，特別是中青年學者的持續支持和參與。

　　本集刊的辦刊宗旨將秉承張政烺先生所宣導的治學理念，即“辨析字形，理解文義，璣珠重聯，審系篇題，終成圖籍，補史之逸”，也就是在辨析、理解、審系出土文獻的基礎上進行古史研究，以進一步拓展出土文獻與古史研究的空間，更好地爲出土文獻與古史學界的學者，特別是青年學者服務。

　　本集刊的性質是一本專門爲出土文獻與古史研究學者打造的學術性連續出版物。凡是運用出土文獻研究魏晉以前古代歷史的學術論文都將受到本刊歡迎。同時，我們更歡迎出土文獻新資料的發表，期望能以此凸顯本刊的資料性和學術性。我們將有計劃地推出考古發現新材料的專欄。同時，我們也將不定期地開設甲骨學與古史研究、金文與古史研究、陶文與古史研究、簡帛文獻與古史研究、石刻文字與古史研究等專欄來重點展現出土文獻對古史研究的重要作用。此外，我們還將不定期地推出青年學者專欄，以鼓勵青年學者，包括在讀的博士研究生積極參與出土文獻與古史研究，早日成才。

  本集刊的創辦是我們編輯團隊共同努力的結果，大家憑着對學術研究的熱情走到一起，群策群力，費心費力，精神可嘉。但我們也知道，辦刊我們都沒多少經驗，呈現給學界的這份集刊或多或少有些稚嫩，不當之處還請學界同仁理解和關照。

湖南大學嶽麓書院教授、博士生導師

"古文字與中華文明傳承發展工程"協同創新湖大分中心首席專家

陳松長

2023 年 12 月 22 日

出土文獻與古史研究

第一輯
2023 年 12 月出版

湖南耒陽市桃花村宋墓發掘簡報……………………………湖南省文物考古研究院等 / 1
再論古代的簽署和書寫手迹………………………………………………………邢義田 / 11
西河"籬石"考……………………………………………………………………王子今 / 20
甲骨文所見商代自然灾害及其禳除祭祀活動……………………………………朱彥民 / 29
甲骨卜辭所見殷人的"上""下"方位觀念………………………………………鄧國軍 / 60
簡牘所見戰國秦漢時期的禱疾之禮………………………………………………楊　勇 / 74
戰國兵器題銘札記（二則）………………………………………………………曹　磊 / 96
清華簡《筮法·祟》叢考…………………………………………………………蔡飛舟 / 101
秦漢券書簡所反映的"名計"制度…………………………………………………楊振紅 / 113
株洲新出漢代滑石印及相關問題的再認識………………………………………陳松長 / 125
長沙漢墓遣策和木楬所記"漢服"研究……………………………鄭曙斌　宋少華 / 133
馬王堆帛書《相馬經》所見"陰陽"考…………………………………………高一致 / 155
玉門候官規模補考…………………………………………………………………鄔文玲 / 165
肩水金關漢簡 T24、T25 校釋……………………………………………………李洪財 / 174
北大簡《蒼頡篇》簡序與漢牘本章序問題述論…………………………………白軍鵬 / 185
東牌樓漢簡出土層位關係與棄置問題初探………………………………………徐俊剛 / 195
張家山漢墓竹簡〔三三六號墓〕《關市律》零拾…………………………………王中宇 / 210
稿　約…………………………………………………………………………………………216

湖南耒陽市桃花村宋墓發掘簡報

湖南省文物考古研究院
耒陽市考古研究和文物保護中心
科技考古與文物保護利用湖南省重點實驗室

摘　要：2022年8月在耒陽市桃花村搶救發掘了兩座宋代單室磚墓，墓葬被破壞，出土瓷器、鐵器和銅器等12件（組）。M1、M2出土4件青瓷罐，其器形、胎質、釉色以及裝飾具有衡山窯生產瓷器的特徵，而M2出土的六出葵花形銅鏡具有兩宋時期湖州鏡的特點。依據墓葬形制、出土器物特徵推測兩座墓葬年代爲南宋早期。桃花村M1、M2發現的衡山窯瓷器不僅爲討論衡山窯的年代等提供了新的考古資料，也爲進一步探討耒陽宋代的埋葬習俗、社會發展以及文化交流提供了新的考古資料。

關鍵詞：磚室墓；南宋早期；衡山窯；湖州鏡

2022年7月底耒陽市馬水鎮桃花村村民上報在村委後山發現有被破壞的古墓葬。8月14~15日，耒陽市考古研究和文物保護中心及時聯繫湖南省文物考古研究院禁山考古隊對古墓葬進行了搶救發掘，共清理兩座磚室墓，編號分別爲耒馬桃M1和M2，簡寫LMTM1、LMTM2（以下簡稱M1、M2）。

M1、M2位於湖南省耒陽市馬水鎮桃花村村民委員會西南一低矮山崗北坡山腰，其東南距馬水鎮1.9公里，西南距離耒陽市約32公里，北距耒水支流馬水河0.6公里，并緊鄰鄉村公路S388（圖一）。兩座墓相距30米，均開口於地表，打破生土。

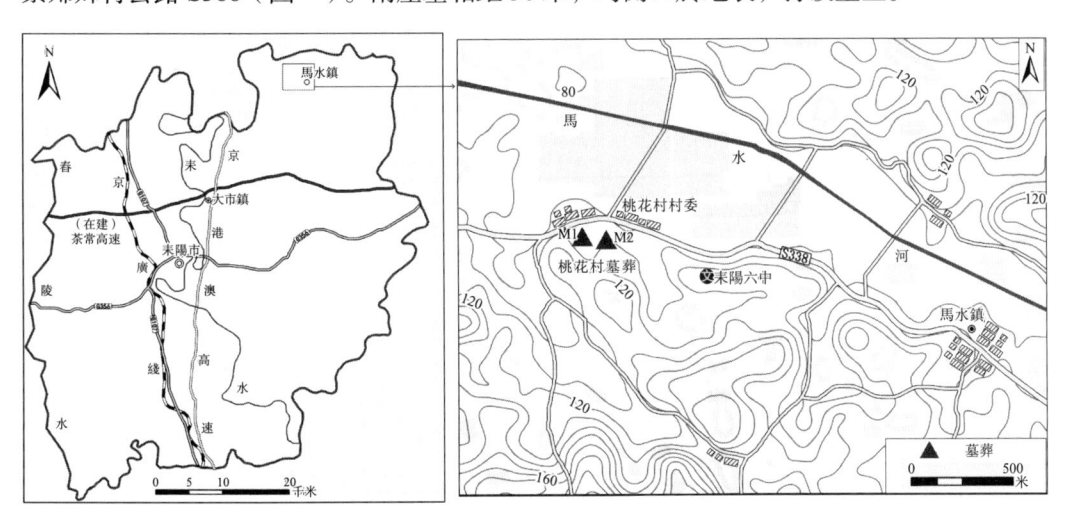

圖一　桃花村M1、M2墓葬位置

兩座墓雖遭到一定的破壞，葬具、人骨也腐朽無存，葬式不明，但墓葬出土了保存完整的隨葬品，包括瓷器、銅器、鐵器、玻璃器等文物標本共 12 件（組）。M1、M2 出土衡山窑瓷器保存完整，特徵明顯，具有重要價值。現將兩座墓葬的發掘情況簡報如下。

一 M1

（一）墓葬形制

爲單室券頂磚墓，殘。墓室局部在村民取土時被破壞，大體呈東北西南向，頭向 195°。

墓室長方形，單層券頂，除北側券頂被破壞外，其餘保存較好。墓壙長 270 厘米，寬 82 厘米。墓室起券高度 40 厘米，用條形磚和楔形磚對縫壘砌而成。墓壁均爲單磚錯縫平鋪壘砌而成，墓室南壁底部有用墓磚修砌的"凸"字形壁龕，壁龕寬 38 厘米，高 36 厘米，進深 26 厘米，龕內放置兩個醬釉瓷罐，罐口再蓋一平磚。墓底有鋪地磚，用墓磚縱向對縫平鋪修砌一層，墓底及四壁均抹有白石灰層，厚度 2~3 厘米。在墓底南部中間有用多層素面灰板瓦堆砌而成的瓦枕，上有銅釵一件，應是墓主頭部位置。墓室底部見有較多散落棺釘，近長方形，應是下葬後棺木擺放位置（圖二）。墓磚皆爲青磚，多爲整磚，火候較高。墓磚較小且規整，均爲素面，尺寸爲長 27 厘米，寬 13 厘米，厚 3~4 厘米。

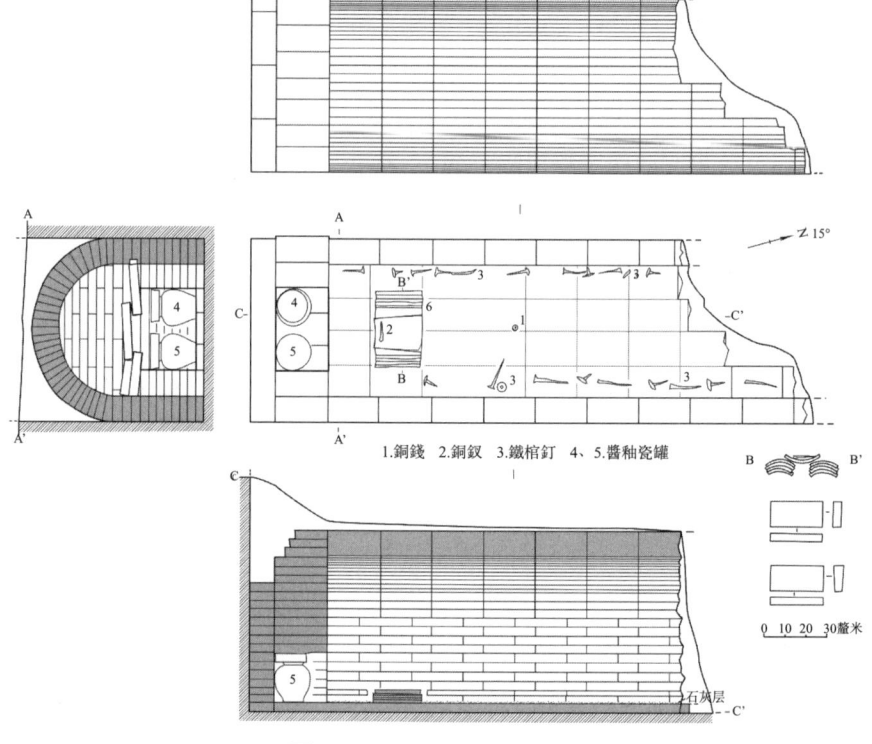

圖二 M1 頂視圖、平剖視圖

（二）出土器物

共6件（組），有瓷器、鐵器、銅器。器物位於墓室底部兩側及壁龕，個別瓷罐中放置銅錢。

1. 瓷器

2件，均爲瓷罐，保存完整，編號分別爲M1：4、M1：5。二者形制、大小基本相同，均爲灰胎較厚，質地堅硬。方唇，斂口、長鼓腹、平底，腹部上部有一圈凹弦紋和多圈凹棱紋，腹中上部施單色醬釉，釉綫明顯，醬釉中見有細冰裂紋。M1：4，口徑13.4厘米，底徑9.6厘米，腹徑17.4厘米，高17.6厘米，罐內放有銅錢45枚（圖三，1；圖五，1；圖六，1）。M1：5，口徑13.4厘米，底徑9.6厘米，腹徑16.8厘米，高17.2厘米（圖三，2；圖五，2）。

2. 銅器

3件（組），包括1件銅釵和2組銅錢。

銅釵，位於南部瓦枕上，編號M1：2，殘。U形，器身弧曲平行作兩條，尾端稍尖，斷面爲圓形（圖三，3；圖五，3）。

銅錢，2組46枚。1組編號M1：1，1枚。銹蝕，基本完整。圓形方孔，模製，爲熙寧重寶（圖四，2），直徑爲3.15厘米，穿邊0.8厘米。另1組，編號M1：6，計45枚，銹蝕，大部分保存較完整。形制基本相同，圓形方穿，模製，一面素面，一面有銘文，直徑爲2.4~2.55厘米，穿邊0.7~0.75厘米，厚0.1~0.15厘米（圖四，1、3~20、22~30）。錢文有景德元寶、政和通寶、天聖元寶、元祐通寶、治平元寶、熙寧元寶、宣和通寶、元豐通寶、元符通寶、明道元寶、皇宋通寶、紹聖元寶、祥符通寶、祥符元寶、嘉祐元寶等15種，字體以篆書、楷書爲主，另有少量的行書（見附表一）。

3. 鐵器

1組25個，均爲棺釘，編號爲M1：3。根據釘頭形狀的不同，大致可分爲兩種，一種爲平頭釘，一種爲圓帽釘（圖六，3）。

平頭釘12個，銹蝕，形制基本相同。寬平頭，方形粗釘身，較長，釘尾稍尖。標本M1：3-1，殘長16.1厘米，寬0.6~1.75厘米（圖三，4），標本M1：3-6，殘長14.1厘米，寬0.7~1.6厘米（圖三，5）。

圓帽釘13個，銹蝕，形制基本相近。爲弧形圓帽頭，方形細釘身，較短，釘尾較尖。標本M1：3-15，釘帽直徑4厘米，殘長6.3厘米，寬0.2~0.8厘米（圖三，6），標本M1：3-18，釘帽直徑5厘米，殘長7.8厘米，寬0.2~0.85厘米（圖三，7）。

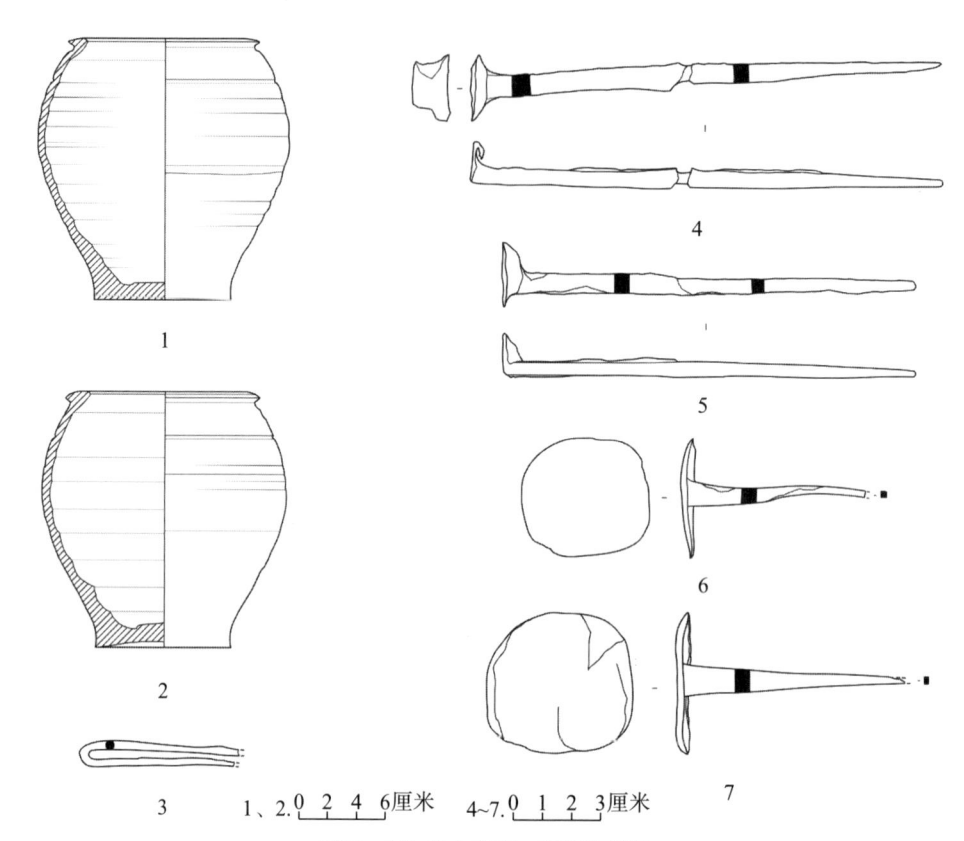

圖三　M1 出土瓷器、銅器和鐵器
1、2. 瓷罐（M1：4、M1：5）3. 銅釵（M1：2）4~7. 鐵棺釘（M1：3-1、M1：3-6、M1：3-15、M1：3-18）

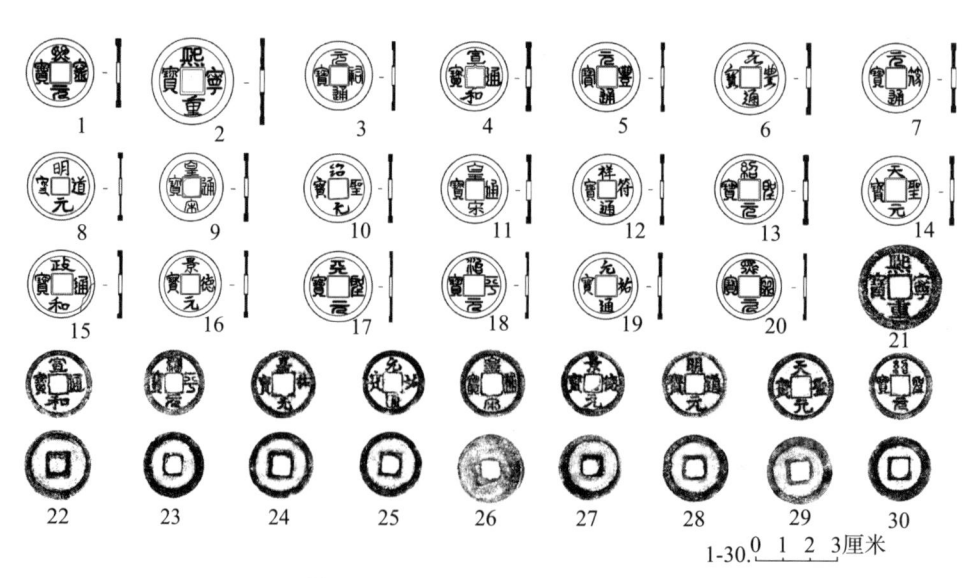

圖四　M1、M2 出土銅錢綫圖及拓片
1、3~20、22~30. 銅錢（M1：6）2. 銅錢（M1：1）21. 銅錢（M2：6）

1.瓷罐（M1:4） 2.瓷罐（M1:5） 3.銅釵（M1:2）

4.瓷罐（M2:3） 5.瓷罐（M2:4） 6.銅鏡（M2:1）

7.琉璃髮簪（M2:2）

圖五 M1、M2出土瓷器、銅器、琉璃器

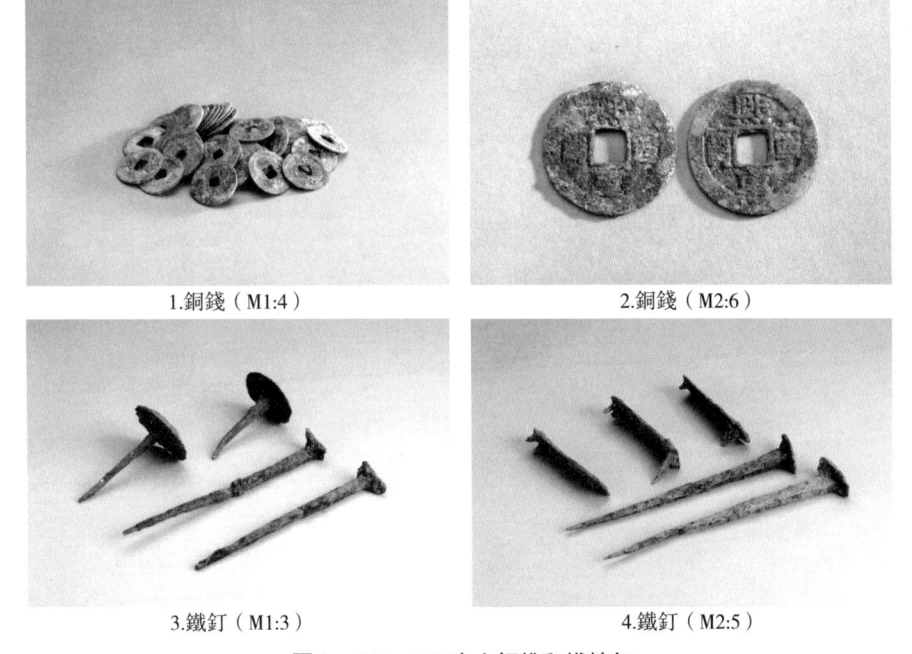

1.銅錢（M1:4） 2.銅錢（M2:6）

3.鐵釘（M1:3） 4.鐵釘（M2:5）

圖六 M1、M2出土銅錢和鐵棺釘

二　M2

（一）墓葬形制

爲單室券頂磚墓，基本完整，由封門、墓室組成，平面近梯形。墓葬大體呈東北西南向，頭向227°。墓室内長211厘米，寬60~71厘米，殘高81厘米，墓室外有稍大於墓室的土壙，土壙壁直。

墓室平面近梯形，北端略寬，南端稍窄。單層券頂，除南、北兩端略有破壞外，其餘基本保存完好。墓室東、西墓壁從墓底向上40厘米處開始向外側平移6厘米，形成磚砌小平臺，并開始向内收起券，券頂用條形磚和楔形磚錯縫壘砌而成。墓壁均爲單層磚錯縫平鋪壘砌而成，墓室南壁底部有用墓磚砌成的凹形壁龕，中間再用兩塊立磚隔開，形成兩個小龕，東側龕内放置一個瓷罐，西側龕瓷罐傾倒至墓室，龕寬18厘米，高28厘米，進深12厘米。墓底有鋪磚，爲單磚斜向錯縫平鋪。墓底南部有用多層素面灰板瓦堆成的瓦枕，上有琉璃髮簪，應爲墓主頭部位置。墓底、四壁以及墓室外均抹有白石灰層，厚度約2厘米。墓底兩側見有較多散落棺釘，圍成一個長方形，應是下葬時棺木擺放位置（圖七）。墓磚皆爲青磚，多爲整磚，火候較高，均爲素面，墓磚尺寸長22厘米，寬11厘米，厚3.5~4厘米。

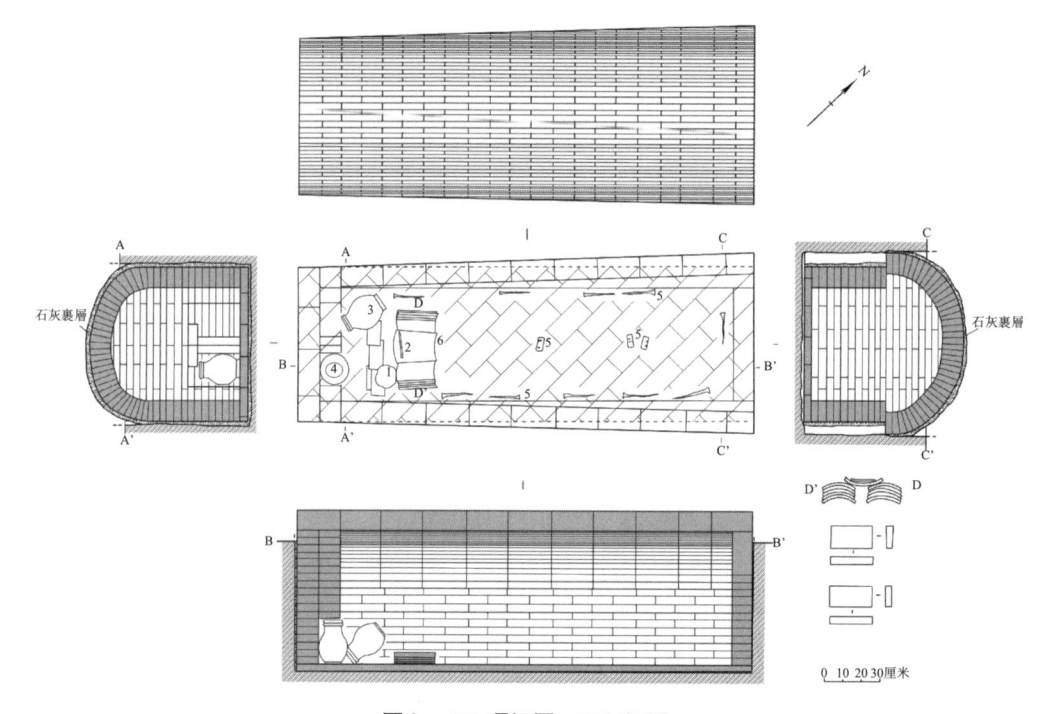

圖七　M2頂視圖、平剖視圖

（二）出土器物

共6件（組），有瓷器、銅器、鐵器、琉璃器等。器物基本位於墓室底部兩側及壁龕，個別瓷罐中放置有少量銅錢。

1. 瓷器

2件，均爲瓷罐，保存完整，編號分別爲M2：3、M2：4。二者形制、大小基本相同。灰胎較厚，質地堅硬。方脣、斂口、束頸、鼓腹、凹底微外撇。口沿外有一圈凸棱，腹上部有兩圈較寬凹弦紋。腹上部爲淺綠釉、中部白色化妝土上有黃褐彩繪花，下部有褐、黑釉。腹部釉綫明顯，并見有流釉現象。M2：3，口徑10.2厘米，底徑11厘米，腹徑16厘米，高18.4厘米（圖八，1；圖五，4）。M2：4，口徑10厘米，底徑11厘米，腹徑15.6厘米，高18.8厘米，罐內放有熙寧重寶銅錢2枚（圖八，2；圖五，5）。

2. 銅器

包括1件銅鏡和1組銅錢。

銅鏡，殘，銹蝕嚴重，編號M2：1。鏡體六出葵花形，素窄緣略厚，鏡背中心置一鈕，鈕左右兩側各鑄竪長方形銘帶，一側銘帶內有單排鑄鏡銘"□□□□二日"，一側爲雙排鑄鏡銘，銘文無法辨識。直徑10.8～11.3厘米，厚0.1~0.6厘米（圖八，3；圖五，6）。

銅錢，1組2枚，銹蝕，編號爲M2：6-1、2。形制、錢文均相同。圓形方穿，模制，錢文爲熙寧重寶，直徑3.15~3.2厘米，穿邊0.8厘米，厚0.1~0.15厘米（圖四，21；圖六，2）。

3. 鐵器

爲棺釘，1組16個，編號爲M2：5。根據形狀的不同，大致可分爲兩種，一種爲平頭釘，另一種爲馬釘（圖六，4）。

平頭釘4個，銹蝕。形制相同，均爲寬平頭，方形釘身，較細長，尾端稍尖。標本M2：5-3，殘長16.8厘米，寬1.1~3.2厘米（圖八，5）。標本M2：5-5，殘長20.8厘米，寬1.1~3.4厘米（圖八，6）。

馬釘12個，銹蝕。形制基本相同，均爲扁平釘身，較寬，兩端雙尖足，較短。標本M2：5-10，殘長9.2厘米，寬2.8厘米，厚0.2厘米，足高1.8厘米（圖八，7），標本M2：5-12，殘長9.4厘米，寬2.7厘米，厚0.2厘米，足高1.9厘米（圖八，8）。

4. 琉璃器

1件，爲琉璃髮簪，基本完整，編號M2：2。器身天藍色，呈圓柱長條狀，簪首粗，尾細，尾末端圓尖。長15.8厘米，直徑0.4～0.7厘米（圖八，4；圖五，7）。

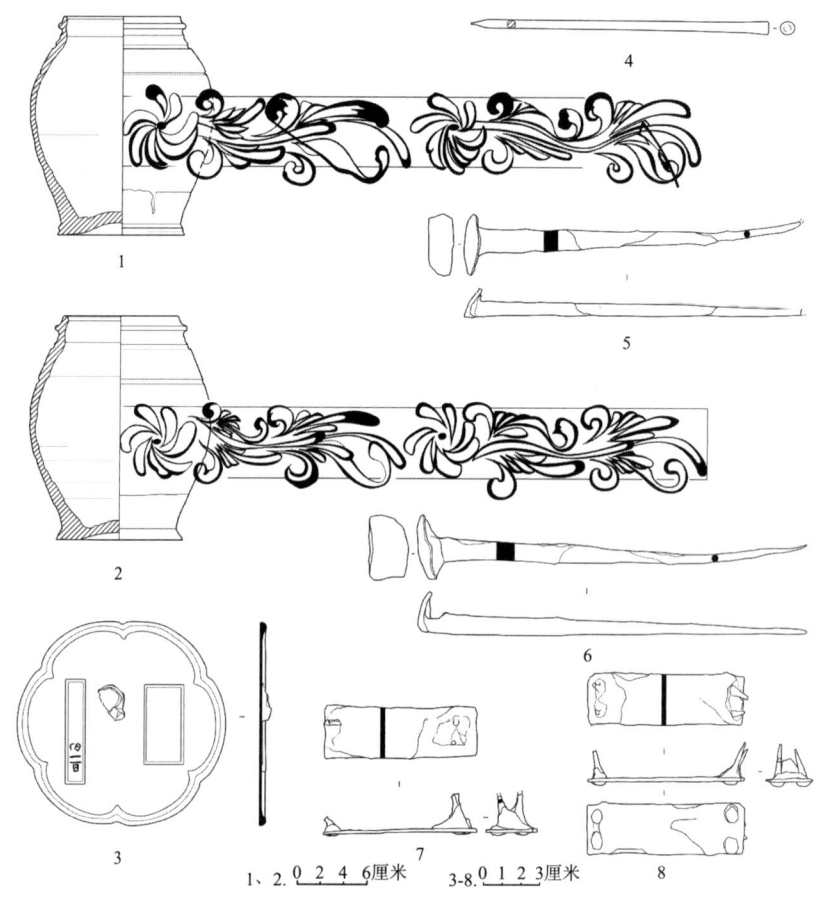

圖八　M2 出土瓷器、銅器、鐵器

1、2. 瓷罐（M2：3、4）3. 銅鏡（M2：1）4. 琉璃髮簪（M2：2）5~8. 鐵棺釘（M2：5-3、5、10、12）

三　結語

（一）器物特徵及産地

M1 出土的兩件醬釉素面瓷罐，胎質、釉色均具有衡山窰産品特徵，該類産品較少見。而 M2 出土的瓷罐，其上中下分層施釉，中部在白色化妝土上施彩繪花卉紋，是典型的衡山窰産品，數量較多。

衡山窰屬於湖南地方性窰口，其産品在胎質、器形、釉色以及裝飾等各個方面，都帶有十分明顯的地域特色。生産的瓷器胎質堅硬，胎色瓦灰，赭灰或作猪肝色，少部分呈褐紅色。除少量醬釉、青釉素瓷的胎上不塗化妝粉外，80% 以上瓷器的胎壁上部都塗有一層白色底粉，然後彩釉繪花或施釉[①]。

[①] 湖南省博物館：《衡山窰發掘報告》，《湖南考古輯刊》第 3 集，嶽麓書社，1986，第 134 頁。

目前衡山窯系包括衡山縣趙家堆窯址、衡南青冲窯、耒陽窯田窯、邵陽瓦子山窯。而M1、M2出土瓷器在衡山趙家堆、衡南青冲窯均發現有類似產品[①]，故其產地爲離墓地更近的衡南或者衡山。

（二）墓葬年代

M1、M2均沒有出土明確的紀年資料，可根據墓葬出土的宋代銅錢和衡山窯瓷器特徵，對比已發掘且年代明確的墓葬資料，從而初步判斷墓葬的年代。

M1出土銅錢最早爲景德元寶（1004~1007年）、年代最晚爲宣和通寶（1125年）。M2出土銅錢爲熙寧重寶（1068~1077年），年代爲北宋中晚期。M1出土兩件瓷罐與衡山窯一號探方下層出土單彩I式罐形制、大小以及施釉方式基本相同[②]，年代相近。而M2出土彩繪花卉紋瓷罐與衡山窯YI出土陶壇（罐）、衡山窯粉上彩釉繪花瓷壇[③]（原圖版八，2）、衡山窯粉上彩釉繪花瓷壇[④]（原圖28-7）以及衡山窯褐綠彩牡丹紋假圈足罐（圖247）[⑤]的器形、彩繪及花卉紋飾基本相似，年代相近。根據周世榮先生的調查、發掘[⑥]和研究可知，衡山窯的相對年代，上限大致可早至北宋末與南宋初，下限可晚至明初[⑦]。另外M2出土的六出葵花形銅鏡具有兩宋時期湖州鏡的特點，而此類湖州鏡流行年代爲北宋晚期至南宋早期，類似的銅鏡在浙江衢州靖國元年（1101年）墓[⑧]和湖南耒陽城關南宋早期墓M285[⑨]均有出土。

綜合以上分析可知，M1、M2年代相近，大體爲南宋早期，其上限爲北宋末。

（三）墓葬特徵及價值

M1、M2均屬小型墓葬，出土器物數量、種類少，應是平民墓。M2出土髮簪和銅鏡，推測墓主可能爲女性，M1雖有出土銅釵，但宋代男女都有髮髻，墓主性別難定。從髮釵和髮簪出土瓦枕上來看，墓主頭向朝山頂。另兩座磚室墓有設置壁龕、抹白石灰和放置瓦枕的習俗。

---

① 湖南省博物館湖南省考古學會合編《衡山窯發掘報告》，《湖南考古輯刊》第三集，嶽麓書社，1986，第132~166頁；周世榮、鄭均生：《湖南古窯址調查二——彩瓷》，《考古》1985年第3期，第255頁。
② 湖南省博物館湖南省考古學會合編《衡山窯發掘報告》，《湖南考古輯刊》第三集，嶽麓書社，1986，第142頁。
③ 湖南省博物館湖南省考古學會合編《衡山窯發掘報告》，《湖南考古輯刊》第三集，嶽麓書社，1986，第163頁。
④ 周世榮：《湖南古墓葬與古窯址》，嶽麓書社，2004，第504頁。
⑤ 周世榮：《湖湘陶瓷》，湖南美術出版社，2008，第215頁。
⑥ 湖南省博物館湖南省考古學會合編《衡山窯發掘報告》，《湖南考古輯刊》第三集，嶽麓書社，1986，第132~166頁。
⑦ 周世榮、鄭均生：《湖南古窯址調查二——彩瓷》，《考古》1985年第3期，第255頁。
⑧ 王士倫編著，王牧修訂《浙江出土銅鏡（修訂本）》，文物出版社，2006，第209、212頁，圖版161、165。
⑨ 衡陽市文物工作隊：《湖南耒陽城關六朝唐宋墓》，《考古學報》1996年第2期，第269、272頁。

兩座墓葬出土的衡山窰彩繪瓷器特徵明顯，年代較明確，爲深入討論衡山窰的年代等提供了重要墓葬資料，也爲進一步探討耒陽宋代的埋葬習俗、社會發展以及經濟文化交流提供了新的考古資料。

附記：參加發掘的有耒陽市考古研究和文物保護中心的劉軍、金曉輝，衡東縣文化遺産事務中心的秦光政，湖南省文物考古研究院的陳斌、徐佳林、崔志祥、劉先銑。器物照片由湖南省文物考古研究院的楊盯拍攝，綫圖和電腦製圖由鄭容、李權繪製，拓片由崔志祥、劉先銑製作完成。在此一并表示感謝！

執筆　陳斌　徐佳林　金曉輝

附表一　桃花村 M1：6 出土銅錢統計

序號	銅錢銘文	數量（枚）	字體	年代
1	景德元寶	1	楷書	1004~1007 年
2	祥符通寶	1	楷書	1008~1016 年
3	祥符元寶	4	楷書	1008~1016 年
4	天聖元寶	2	篆書 1、楷書 1	1023~1032 年
5	明道元寶	1	楷書	1032~1033 年
6	皇宋通寶	9	篆書 3、楷書 6	1038~1040 年
7	嘉祐元寶	2	楷書	1056~1063 年
8	治平元寶	1	篆書 1	1064~1067 年
9	熙寧元寶	6	篆書 5、楷書 1	1068~1077 年
10	元豐通寶	6	篆書 3、行書 3	1078~1085 年
11	元祐通寶	5	篆書 1、行書 4	1086~1094 年
12	紹聖元寶	5	篆書 3、行書 2	1094~1098 年
13	元符通寶	1	篆書 1	1098~1100 年
14	政和通寶	1	楷書 1	1111~1118 年
15	宣和通寶	1	楷書 1	1119~1125 年

再論古代的簽署和書寫手迹

邢義田[*]

摘　要：古代用毛筆或不同的筆書寫，每人筆迹如人之面，都有不同。人們很早即知可從筆迹辨識書寫是否出於本人之手，或由他人代筆或僞造。由於代筆太普遍，收信者常會懷疑信件的真實性，也容易引發對發信人真實意圖的揣測。古人爲示慎重，不容懷疑，特別親筆，常於信末注明"手書"、"手記"、"自書"或"手筆"。不論公文或書信，如果收發雙方相知，有過書信或文字來往，一見筆迹即能辨別是親筆或代筆。本文輯録若干漢唐間的實例以補過去論簽署和書寫手迹問題之不足。

關鍵詞：簽署　代筆　辨僞

在古代西方世界，較爲人熟知的例子大概要數基督教使徒保羅寫給各地教友或教會的書信。保羅每在書信最後問候收信的朋友，常常説明是由他親筆或由某某人代寫，通常由他親筆（如《新約》之《哥林多前書》《加拉太書》《歌羅西書》），也有由他口授、他人代寫（如《羅馬書》明確説請一位名叫德提 Titius 的人代筆）。最有趣的是保羅在一封信的末尾提醒收信人注意他的筆迹，這樣就可以辨别信件是否親筆。《帖撒羅尼迦後書》的末尾寫道：

> 我——保羅親筆向你們問安，凡我的信都以此爲記。我的筆迹就是這樣。願我們主耶穌基督的恩惠與你們衆人同在！（3：17-18）
> With my own hand I write this: *Greetings from Paul*. This is the way I sign every letter; this is how I write. May the grace of our Lord Jesus Christ be with you all.

保羅衆多書信中特別提到辨别筆迹的僅此一封。先前保羅曾寫一信給帖撒羅尼迦的教會，并在信中囑咐將他的信"宣讀給衆兄弟聽"（《帖撒羅尼迦前書》5：27）。在宣讀時，可能曾有人質疑信是否出自保羅本人。因爲那個時代不是人人識字，人人都會寫信，尤其在基督教傳教初期，傳教對象主要是社會的中下層，信衆十之八九爲文盲，口頭宣讀信件和請人代筆寫信都是極平常的事。今天我們雖難以確知實情，保羅在後一封給帖

---

[*] 邢義田（I-tien Hsing），美國夏威夷大學歷史學博士，"中央研究院"歷史語言研究所特聘研究員，主要研究方向爲秦漢史。

撒羅尼迦教會的信中特別提到自己親筆簽署，并説以此信的簽署筆迹爲準，很可能是希望消除該地教友曾經對他所寫有過的疑慮。保羅所説如果和英國雯都蘭達出土的一、二世紀羅馬木牘書信上的簽署比較，可知這確實是那個時代羅馬書信的習慣：信本身常由他人代筆，發信者則自行簽署和寫下問候語。①

　　我以前研究中國古代簡帛書寫的筆迹和代筆問題，指出代筆是古人的通常習慣，連公文書的簽署都可能是由屬下代簽。保障公文和書信真實性和私密性的并不是像今天一樣的親筆簽名，而是在木檢凹槽封泥上加蓋的印璽。②

　　由於代筆太通常，收信者常會懷疑信件的真實性，也容易引發對發信人真實意圖的揣測。因此，我們也常見古人爲示慎重，不容懷疑，特別親筆，於信末注明"手書"、"手記"、"自書"或"手筆"。不論公文或書信，如果收發雙方相知，有過書信或文字來往，一見筆迹即能辨別是親筆或代書。中國古代文獻中相關的記載不少。較早一例見於漢武帝從筆迹識破齊人少翁僞作牛腹中帛書一事：

　　　　齊人少翁以鬼神方見上。上有所幸王夫人，夫人卒，少翁以方術蓋夜致王夫人及竈鬼之貌云，天子自帷中望見焉。於是乃拜少翁爲文成將軍，賞賜甚多，以客禮禮之。文成言曰："上即欲與神通，宫室被服不象神，神物不至。"乃作畫雲氣車，及各以勝日駕車辟惡鬼。又作甘泉宫，中爲臺室，畫天、地、泰一諸神，而置祭具以致天神。居歲餘，其方益衰，神不至。乃爲帛書以飯牛，詳弗知也，言此牛腹中有奇。殺而視之，得書，書言甚怪，天子疑之。有識其手書，問之人，果僞書。於是誅文成將軍而隱之。（《史記·孝武本紀》）

此事亦見於《史記·封禪書》而文詞小異，直言武帝識破牛腹中帛書乃少翁手書：

　　　　文成……乃爲帛書以飯牛，詳不知，言曰此牛腹中有奇。殺視得書，書言甚怪。天子識其手書，問其人，果是僞書，於是誅文成將軍，隱之。

　　漢代這位文成將軍太過自信或大意，假造帛書竟然不知變化筆迹或請人代書而遭武帝識破。類似的事又發生在三國曹魏。《三國志·魏書·國淵傳》：

---

① 參見邢義田《羅馬帝國的"居延"與"敦煌"——英國雯都蘭達出土的駐軍木牘文書》，《地不愛寶——漢代的簡牘》，中華書局，2011，第258~284頁。
② 參見邢義田《漢代公文書的正本、副本、草稿和簽署問題》《漢至三國公文書中的簽署》，《今塵集》，中西書局，2019。

> 時有投書誹謗者，太祖疾之，欲必知其主。淵請留其本書，而不宣露……吏因請使作箋，比方其書，與投書人同手。收攝案問，具得情理。

"比方其書"即核查比對書迹，"同手"即同筆迹，國淵和武帝一樣由筆迹識破書寫謗書者。

古人早已領悟到辨識筆迹的重要，要模仿偽造瞞天過海不是那麼容易。晉惠帝時賈后逼惠帝太子醉後寫"自了"信的故事，頗能證明辨識筆迹可成爲定罪的關鍵。這個例子見《晉書·張華傳》。因《資治通鑑》敘述此事首尾較完整，關鍵字句和《張華傳》無異，因此以下直接引用《通鑑》。《通鑑》卷八十三，惠帝元康九年：

> 於時朝野咸知賈后有害太子之意，中護軍趙俊請太子廢后，太子不聽。…十二月，太子長子虨病，太子爲虨求王爵，不許。虨疾篤，太子爲之禱祀求福。賈后聞之，乃詐稱帝不豫，召太子入朝。既至，后不見，置于別室，遣婢陳舞以帝命賜太子酒三升，使盡飲之。太子辭以不能飲三升，舞逼之曰："不孝邪！天賜汝酒而不飲，酒中有惡物邪！"太子不得已，強飲至盡，遂大醉。[賈]后使黃門侍郎潘岳作書草，令小婢承福，以紙筆及草，因太子醉，稱詔使書之，文曰："陛下宜自了，不自了，吾當入了之。中宮又宜速自了，不自了，吾當手了之。并與謝妃共要，刻期兩發，勿疑猶豫，以致後患。茹毛飲血於三辰之下，皇天許當掃除患害，立道文爲王，蔣氏爲內主。願成，當以三牲祠北君。"太子醉迷不覺，遂依而寫之。其字半不成，后補成之，以呈帝。
>
> 壬戌，帝幸式乾殿，召公卿入，使黃門令董猛以太子書及青紙詔示之曰："適書如此，今賜死。"遍示諸公王，莫有言者。張華曰："此國之大禍，自古以來，常因廢黜正嫡以致喪亂。且國家有天下日淺，願陛下詳之！"裴頠以爲宜先檢校傳書者；又請比校太子手書，不然，恐有詐妄。賈后乃出太子啓事十餘紙，衆人比視，亦無敢言非者。賈后使董猛矯以長廣公主辭白帝曰："事宜速決，而群臣各不同，其不從詔者，宜以軍法從事。"議至日西，不決。后見華等意堅，懼事變，乃表免太子爲庶人，詔許之。於是使尚書和郁等持節詣東宮，廢太子爲庶人。

賈后逼太子寫"自了"信一事顯示兩點：

第一，賈后深知惠帝和朝中大員都熟悉太子筆迹，模仿偽作不易，祇好先以酒灌醉太子，再強迫他自己寫，免得在筆迹上露出破綻。

第二，朝臣不認爲惠帝的太子自己會寫下要惠帝"自了"的信，要求"比校太子手書",也就是比對筆迹。賈后以精明强悍著稱,早就料到朝臣會如此,因而先逼太子自己寫信。如果朝臣要驗筆迹,她也想好對策,備下太子手書"啓事"十餘紙,讓大家去比對。啓事是魏晉習語,指章奏之類文件。雖然"自了"信中有部分字由賈后補成,群臣比對筆迹,争論整天,在半信半疑中却不得不承認有部分出於太子之手。太子遹也無法否認自己的手筆,最後竟因此糊裹糊塗地被廢掉。

筆迹成爲關鍵證據的另外一個例子是南朝宋文帝時,孔熙先、范曄等人謀亂。謀亂要角之一即寫《後漢書》的范曄。范曄原想抵賴,最後因作亂相關文件上自己的墨迹被文帝掌握而不得不承認。此事原見於《宋書·范曄傳》宋文帝元嘉二十二年：

> 九月,征北將軍衡陽王義季、右將軍南平王鑠出鎮,上於武帳岡祖道,曄等期以其日爲亂,而差互不得發。…[十一月]其夜,先呼曄及朝臣集華林東閤,止於客省。先已於外收綜及熙先兄弟,并皆款服。于時上在延賢堂,遣使問曄曰："以卿憪有文翰,故相任擢,名爵期懷,於例非少。亦知卿意難厭滿,正是無理怨望,驅扇朋黨而已,云何乃有異謀。"曄倉卒怖懼,不即首款。上重遣問曰："卿與謝綜、徐湛之、孔熙先謀逆,并已答款,猶尚未死,徵據見存,何不依實。"曄對曰："今宗室磐石,蕃嶽張跱,設使竊發僥幸,方鎮便來討伐,幾何而不誅夷。且臣位任過重,一階兩級,自然必至。如何以滅族易此。古人云：'左手據天下之圖,右手刎其喉,愚夫不爲。'臣雖凡下,朝廷許其憪有所及,以理而察,臣不容有此。"上復遣問曰："熙先近在華林門外,寧欲面辨之乎？"曄辭窮,乃曰："熙先苟誣引臣,臣當如何。"熙先聞曄不服,笑謂殿中將軍沈邵之曰："凡諸處分,符檄書疏,皆范曄所造及治定。云何於今方作如此抵蹋邪。"上示以墨迹,曄乃具陳本末,曰："久欲上聞,逆謀未著,又冀其事消弭,故推遷至今。負國罪重,分甘誅戮。"

此事也見於《通鑑》卷一二四,宋文帝元嘉二十二年十一月條：

> 帝之燕武帳岡也,曄等謀以其日作亂。許曜侍帝,扣刀目曄。曄不敢仰視。俄而座散,徐湛之恐事不濟,密以其謀白帝。帝使湛之具探取本末。得其檄書、選署姓名,上之。帝乃命有司收掩窮治。其夜,呼曄置客省。先於外收[謝]綜及[孔]熙先兄弟,皆款服。帝遣使詰問曄,曄猶隱拒。熙先聞之,笑曰："凡處分、符檄、書疏,皆范所造。云何於今方作如此抵蹋邪？"帝以曄墨迹示之,乃具陳本末。

此案没有文件造假作僞的問題而是真的筆迹成爲定讞的關鍵。范曄無可抵賴之下,不得不供出作亂本末而被殺。

可巧同樣在劉宋文帝時期，發生另一件和辨認筆迹有關的大事。元嘉三十年春，文帝欲廢太子劭。太子劭得知，先以東宮兵殺文帝，自即皇帝位。武陵王劉駿三月起兵討之，"庚戌，武陵王檄書至建康。劭以示太常顏延之曰：彼誰筆也？延之曰：竣之筆也。劭曰：言辭何至於是！延之曰：竣尚不顧老臣，安能顧陛下！"（《通鑑》卷一二七，宋文帝元嘉三十年三月條）顏竣是顏延之的兒子，也是武陵王府的主簿，掌箋札事。顏延之能識兒子的筆迹而有了這一番和劭的對話。《宋書·顏延之傳》對筆迹一事，説得更爲清楚：

> 元凶弒立，以[延之]爲光祿大夫。先是，子[顏]竣爲世祖南中郎諮議參軍。及義師入討，竣參定密謀，兼造書檄。劭召延之，示以檄文，問曰："此筆誰所造？"延之曰："竣之筆也。"又問："何以知之？"延之曰："竣筆體，臣不容不識。"劭又曰："言辭何至乃爾。"延之曰："竣尚不顧老父，何能爲陛下。"劭意乃釋，由是得免。

《宋書》所稱"墨迹"、"筆體"或"筆"，《通鑑》稱爲"墨迹"或"筆"，無疑都指筆迹。無論在使用簡帛還是紙張的時代，古人早已發現可由筆迹辨別書寫者。如請人代筆，簽署就成了辨識的綫索；如簽署也由人代，則祇能由主筆札文書者去追索文書背後真正的主人了。范曄和顏竣因執筆或代人執筆而成追查的綫索。

另一個驗證筆迹以定罪的例子發生在北齊。《北齊書·孝昭六王傳》樂陵王百年條：

> 河清三年五月，白虹圍日再重，又橫貫而不達。赤星見，帝以盆水承星影而蓋之，一夜盆自破。欲以百年厭之。會博陵人賈德冑教百年書，百年嘗作數"勅"字，德冑封以奏。帝乃發怒，使召百年。百年被召，自知不免，割帶玦留與妃斛律氏。見帝於玄都苑涼風堂，使百年書"勅"字，驗與德冑所奏相似。遣左右亂捶擊之。

這一例僅因一個"勅"字的筆迹相似而定讞。雖僅一字，但因這一字書寫多次（"嘗作數'勅'字"），而有了筆迹上的鑑別度。《北史·齊宗室諸王傳下》樂陵王百年條和《通鑑》卷一六九陳文帝天嘉五年六月條文字相同，這裏都省略不錄了。①

---

① 另唐文宗太和九年發生甘露之變，文宗聯合朝臣謀除去宦官失敗，宦官仇士良囚宰相王涯等。文宗上朝發現宰相未來，仇士良曰："王涯等謀反繫獄，因以涯手狀呈上。召左僕射令狐楚、右僕射鄭覃等升殿示之。上悲憤不自勝，謂楚等曰：'是涯手書乎？'對曰'是也。''誠如此，罪不容誅'。"（《資治通鑑》卷二四五，"太和九年十一月"條）又："仇士良鞫涯反狀，涯實不知其故，械縛既急，榜笞不勝其酷，乃令手書反狀，自誣與[李]訓同謀。"（《舊唐書·王涯傳》）這是唐代以手書定罪之一例。

可是筆迹也不是完全不可模仿。書法高手或刻意練習之後，以假亂真的故事很多，矇混過關的也不少。《三國志・鍾會傳》裴注引《世語》："[鍾]會善效人書，於劍閣要[鄧]艾章表白事，皆易其言，令辭指悖傲，多自矜伐。又毁文王報書，手作以疑之也。"這是一個模仿筆迹以欺敵的著名例子。一直到今天，即便有科學進步的鑒定儀器，仍然有仿冒的名畫和書法作品在市場流竄。

大家不得不於印璽和筆迹之外，另找防止假冒的辦法。其中一法是雙方事先約定使用不易查覺的暗記，例如北朝時有如下一則故事。

《北齊書・神武帝紀》武定四年十一月條：

> 侯景素輕世子，嘗謂司馬子如曰："王在，吾不敢有異，王無，吾不能與鮮卑小兒共事。"子如掩其口。至是，世子爲神武書召景。景先與神武約，得書，書背微點，乃來。書至，無點，景不至。

《北史・齊本紀》高祖神武帝：

> 侯景素輕世子，嘗謂司馬子如曰："王在，吾不敢有異；王無，吾不能與鮮卑小兒共事。"[司馬]子如掩其口。至是，世子爲神武書，召景。景先與神武約，得書，書背微點，乃來。書至，無點，景不至。

《南史・侯景傳》：

> [侯景]及將鎮河南，請于[高]歡曰："今握兵在遠，姦人易生詐僞，大王若賜以書，請異於他者。"許之。每與景書，別加微點，雖子弟弗之知。及歡疾篤，其世子澄矯書召之。景知僞，懼禍，因用王偉計，乃以太清元年二月遣其行臺郎中丁和上表求降。

《通鑑》卷一五九，武帝中大同元年十一月條：

> 景素輕高澄，嘗謂司馬子如曰："高王在，吾不敢有異；王没，吾不能與鮮卑小兒共事！"子如掩其口。及歡疾篤，澄詐爲歡書以召景。先是，景與歡約曰："今握兵在遠，人易爲詐。所賜書皆請加微點。"歡從之。景得書無點，辭不至。

《南史》和《通鑑》都僅説書信"加微點",没有明説加於何處,祇有《北齊書》和《北史》説是在書信背面。《北齊書》成書較早,唯大部分佚失,南、北史據《北齊書》和其他材料而成,幾成於同時。相較而言,私意以爲《北齊書》和《北史》書背加微點一事當較爲合理。微點加於書背,祇有約定者纔知道去看,凡不知暗記約定的一般不會留意書信背面有無暗記;即便看到背面有微點,不知其意,也就不會去模仿,這樣纔能起防僞作用。如微點加於書信正面,相對來説,應較容易引起有心人注意。《通鑑》僅説加微點,透露的消息不如《北齊書》多。

有趣的是微點加於文件正面的也有一例。隋文帝崩,太子楊廣即位爲煬帝。文帝的另一個兒子并州總管漢王諒原有寵於文帝,不甘心楊勇被廢,楊廣繼立,陰謀起事。已登大位的煬帝不但殺掉楊勇,更遣車騎將軍屈突通以文帝璽書徵召漢王入京。《舊唐書·屈突通傳》説:

> 及文帝崩,煬帝遣[屈突]通以詔徵漢王諒。先是,文帝與諒有密約曰:"若璽書召汝,於敕字之傍別加一點,又與玉麟符合者,當就徵。"及發書無驗,諒覺變。

《新唐書·屈突通傳》文字小異:

> 煬帝即位,遣持詔召漢王諒。先是,文帝與諒約,若璽書召,驗視敕字加點,又與玉麟符合,則就道。及是,書無驗,諒覺變。

又《通鑑》卷一八〇,文帝仁壽四年秋七月條作:

> 先是高祖與諒密約:若璽書召汝,敕字傍別加一點,又與玉麟符合者,當就徵。及發書無驗,諒知有變……諒遂發兵反。

玉麟符是當時皇帝頒給州總管特有的符。州總管合符即知詔書出自皇帝。符和璽書一起傳送可爲憑證。這時璽書已用紙,"敕"字必寫在紙的正面。隋帝璽書没有實物可考,但從唐、宋存世的文件或依文件原樣刻成的碑石可知,當時書寫紙本公文書僅寫一面,并不兩面書寫,因而敕字必在正面,不會在紙背(圖1、圖2)。

因爲皇帝璽書非私下書信,除非皇帝親書親封,否則任何暗記約定一旦經他人之手,都難免泄密。隋文帝發璽書的習慣如何,無可考。如由文帝親筆書寫并親封,假冒的風險很小,因爲收件的楊諒除查"敕"字傍是否加點,還可辨識璽書筆迹。如由文帝口占,書吏代書并代爲加點,暗記即非完全保險。煬帝借文帝名義發璽書給漢王諒是在文帝駕崩之後,這封璽書不可能是文帝親筆。煬帝并不笨,其所以敢如此以假借名義發璽書,我相信是因爲當時皇帝璽書本不必然由皇帝親筆,否則筆迹即足以露出馬脚。文帝的幾個兒子在外出任州總管,和文帝之間必常有文件和書信往來,不可能不相互認識筆迹。煬帝即位可以輕易掌握玉麟符,但應不知文帝和漢王諒之間曾有"敕"字傍加點的秘密約定,因而還是被楊諒察覺有詐。正因爲皇帝不必親寫璽書,筆迹不足爲憑,書吏代寫完,皇帝須避過書吏私下於"敕"字旁親加一點再加封,神不知鬼不覺,暗記纔有了作用和意義。

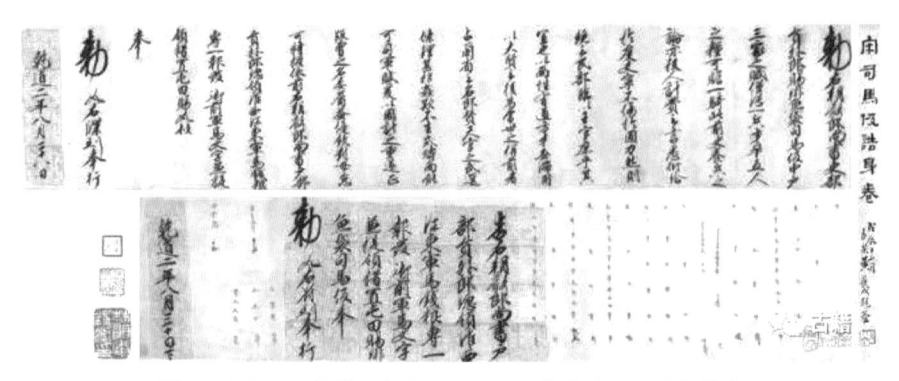

圖1　南宋孝宗乾道二年(1166)司馬伋告身(采自網絡)

圖2　金宣宗貞祐二年(1214)敕可雲巖禪院牒石刻
(2010年7月7日作者攝於山東微山縣文物管理所)

再論古代的簽署和書寫手迹

近日因疫在家重讀《通鑑》，聊録所見和筆迹相關的，又稍比對史籍，以補舊作論簽署之不足。古人書寫防僞保密必然還有許多其他的方式，例如將書信藏於箭杆之中。《晋書·王恭傳》：

> 恭之初抗表也，慮事不捷，乃版前司徒左長史王廞爲吳國内史，令起兵於東。會國寶死，令廞解軍去職。廞怒，以兵伐恭。恭遣劉牢之擊滅之，上疏自貶，詔不許。譙王尚之復説道子以藩伯强盛，宰相權弱，宜多樹置以自衛。道子然之，乃以其司馬王愉爲江州刺史，割庾楷豫州四郡使愉督之。由是楷怒，遣子鴻説恭曰："尚之兄弟專弄相權，欲假朝威貶削方鎮，懲警前事，勢轉難測。及其議未成，宜早圖之。"恭以爲然，復以謀告殷仲堪、桓玄。玄等從之，推恭爲盟主，剋期同赴京師。時内外疑阻，津邏嚴急，仲堪之信因庾楷達之，以斜絹爲書，内箭箶中，合鏑漆之，楷送於恭，恭發書，絹文角戾，不復可識，謂楷爲詐。又料仲堪去年已不赴盟，今無動理，乃先期舉兵。

這樣的收受書信，必然需要事先約定。奈何書信用絹書，絹上字迹可能因納入箭杆狹小空間，字迹扭曲變形或筆畫重疊暈染以致不可辨識而遭懷疑。唐、宋以降又常見以蠟丸、蠟書或礬書等保密，大家熟知，不再多談。

西河"籬石"考

王子今 *

摘 要：《漢書》卷二八下《地理志下》西河郡屬縣有"離石"。"離石"亦見於《史記》多篇記述，可知是趙國戰略要地。我們曾經考察西河郡竹類植物生存情形，以證明西漢氣候較現今溫暖濕潤的生態環境形勢。有關"離石"的文物資料可見"籬石"文字。"籬"字從"竹"，可以看作植被分布體現氣候變遷史的實證。"籬石"亦可理解爲藩籬的堅固，也體現了面對北族胡人侵擾的邊防史的信息。

關鍵詞：西河；離石；籬石；竹；氣候；生態史

《漢書》卷二八下《地理志下》載錄西河郡屬縣，可見"離石"。"離石"地方作爲歷史文化演進的重要空間，亦多見於《史記》。"離石"曾經是趙國北邊戰略要地，在秦漢文明發展進程中也成爲政治史、戰爭史和民生史表演的舞臺。我們曾經考察西河郡竹類植物生存情形，以證明西漢氣候較現今溫暖濕潤的生態環境形勢。有關"離石"的文物資料可見"籬石"字樣。"籬"字從"竹"，應與"竹"這種植物的分布存在某種關聯，可以看作氣候變遷史的實證。"籬石"亦可理解爲外防"藩籬"的堅固，體現了面對北族胡人強勢軍事集團武裝侵擾的邊防史的有意義的信息。

一 戰國趙"邊邑""離石"

"離石"是戰國趙國要地，見於《史記》相關記述。

《史記》卷四《周本紀》記載："（周顯王）三十四年，蘇厲謂周君曰：'秦破韓、魏，扑師武，北取趙藺、離石者，皆白起也。是善用兵，又有天命……'"裴駰《集解》："《地理志》曰西河郡有藺、離石二縣。"張守節《正義》："《括地志》云：'離石縣，今石州所理縣也。'藺近離石，皆趙二邑。"[①]《史記》卷四三《趙世家》："（趙肅侯）二十二

---

* 王子今，西北大學歷史文化學院教授、中國人民大學一級教授，博士生導師，主要研究方向爲秦漢史。
基金項目：2021 年國家社科基金後期資助項目重點項目"漢代絲綢之路生態史"（21FZSA005）。
本文寫作得到中國社會科學院古代史研究所曾磊、文物出版社王偉、中國人民大學國學院王澤的幫助。謹此致謝。

[①] "扑師武"，裴駰《集解》引徐廣曰："'扑'一作'仆'。"《史記》，中華書局，1982，第 164~165 頁。

年，張儀相秦。趙疵與秦戰，敗，秦殺疵河西，取我藺、離石。"①也記録了白起取趙"離石"事。"離石"在黄河以東，却很早就被秦軍攻取。這與稍南地方黄河以西土地曾經爲魏國占有同樣，可以説明當時黄河濟渡條件的方便。②

趙武靈王與樓緩議"胡服"事，説道："西有林胡、樓煩、秦、韓之邊，而無强兵之救，是亡社稷，奈何？"張守節《正義》："林胡、樓煩即嵐、勝之北也。嵐、勝以南石州、離石、藺等，七國時趙邊邑也。"③《史記》卷六九《蘇秦列傳》："（秦）已得宜陽、少曲，致藺、離石……"④《史記》卷九三《韓信盧綰列傳》記述平城之戰前的形勢："（高帝）七年冬，上自往擊，破信軍銅鞮，斬其將王喜。信亡走匈奴。其將白土人曼丘臣、王黄等立趙苗裔趙利爲王，復收信敗散兵，而與信及冒頓謀攻漢。匈奴使左右賢王將萬餘騎與王黄等屯廣武以南，至晉陽，與漢兵戰，漢大破之，追至于離石，復破之。"關於"離石"，張守節《正義》寫道："石州縣。"⑤《史記》卷二一《建元已來王子侯者年表》亦可見"離石"。⑥

"離石"曾經作爲"趙邊邑"，爲秦趙激烈争奪；又成爲戰略重心，在漢王朝與匈奴軍事强勢集團的軍事抗争之中具有重要地位。或許可以説，漢代的"離石"，在某種意義上依然可以看作帝國的"邊邑"。

二　漢代"西河"形勢與"離石"地位

據《漢書》卷二八下《地理志下》，"離石"是"西河郡"屬縣。在"西河郡""縣三十六"中位列第二十四。⑦而據《續漢書·郡國志五》，"西河郡"屬"十三城"中，"離石"則位列第一，應當已是郡治。⑧這是兩漢"北邊"形勢變化的結果。

西河郡跨河而治，與後世陝晉行政區劃形勢不同，可以説明當時兩岸交通的便利。⑨

山西離石等地出土的漢代畫像石，文化主題、表現手法與藝術風格與陝西北部地方的文物發現非常接近。文物形制與品質的這種接近，正是以漢代"西河"人文地理格局爲條件的。

---

① 《史記》第1803頁。
② 王子今：《秦漢黄河津渡考》，《中國歷史地理論叢》1989年第3期。
③ 《史記》第1806頁。
④ 《史記》第2274頁。
⑤ 《史記》第2633、2634頁。
⑥ 《史記》第1090頁。
⑦ 《漢書》，中華書局，1962，第1618頁。
⑧ 《後漢書》，中華書局，1965，第3524頁。
⑨ 王子今：《西河郡建置與漢代山陝交通》，《晉陽學刊》1990年第6期。

兩漢時期，跨河爲治的西漢"西河郡"以黃河以西的"富昌"爲郡治。東漢西河郡則以黃河以東的"離石"爲郡治。思考這種行政建置的特點，應當注意黃河的文化地理意義。而秦晉之間的文化風格有相互接近處，是有相當多的歷史迹象可以證明的。①

宋代學者金履祥《書經注》卷三《夏書》解釋"治梁及岐"："梁，吕梁山也。在今石州離石縣北。吕不韋謂吕梁未闢，河出孟門之上。"②元代學者黄鎮成《尚書通考》卷七《冀州·禹貢山川貢賦之圖》"山"題下，先後說到了"壺口山"和"梁山"："壺口山，《漢地志》：在河東郡北屈縣東南，今隰州吉鄉縣也。注：今河東道吉州。"又寫道："梁山，吕梁山也。在今石州離石縣東北。吕不韋曰：龍門未闢，吕梁未鑿，河出孟門之上。酈道元謂吕梁之石崇竦，河流激蕩，震動天地。注：孟門山在吉州。"③兩漢"西河"區域文化的特點，表現出山陝高原與黄河共同形成的自然地理條件。就黄河而言，這一地段河道的平與陡，寬與狹，水勢的緩與急，穩静與"激蕩"，或許也可以看作中國歷史文化節奏變動的象徵。

三 西河美稷郭伋"竹馬"故事

說到漢代"西河郡"建置，自然會涉及郭伋"竹馬"故事。《後漢書》卷三一《郭伋傳》記錄了東漢初年郭伋爲并州刺史時在西河美稷視察，與當地童兒愉快會面的故事：

> 始至行部，到西河美稷，有童兒數百，各騎竹馬，道次迎拜。伋問："兒曹何自遠來？"對曰："聞使君到，喜，故來奉迎。"伋辭謝之。及事訖，諸兒復送至郭外，問："使君何日當還？"伋謂別駕從事，計日告之。行部既還，先期一日，伋爲違信于諸兒，遂止于野亭，須期乃入。④

美稷，地在今内蒙古準格爾旗西北。《郭伋傳》記錄的富有童趣的"竹馬"故事，可以作爲當時竹林生長區域廣闊的證據。

有學者認爲，不可以據《郭伋傳》關於"竹馬"的記載"來推斷美稷産竹"："其一，

---

① 王子今：《古晉語"天開之"索解——兼論秦晉交通的早期發展》，《史志研究》1998 年第 2 期。
② （宋）金履祥：《書經注》卷三，清《十萬卷樓叢書》本，第 35 頁。金履祥《通鑑前編》卷一有同樣的内容。金履祥《通鑑前編》卷一，清文淵閣《四庫全書》本，第 20 頁。王樵《尚書日記》卷五《夏書》："金氏曰：梁，吕梁山也。在今石州離石縣北。吕不韋謂吕梁未闢，河出孟門之上。"清文淵閣《四庫全書》本，第 82 頁。
③ （元）黄鎮成：《尚書通考》，清《通志堂經解》本，第 116 頁。
④ 《後漢書》第 1093 頁。

竹馬爲竹製品而不是竹林資源，竹馬的來源，或有三種可能，一則爲利用當地竹林資源而編製，二則由他地輸入的竹子而製成，三則竹馬由外地製品輸入；其二，文獻中似無美稷有竹林的明確記載，考古亦無佐證。由此兩點我們説，兩漢時美稷是否真的有竹子存在，尚待進一步的考證。"① 期待"進一步的考證"，求得文獻中"美稷有竹林的明確記載"以及考古的"佐證"，應當説是值得贊賞的審慎的態度。不過，所謂"竹馬"，是普及程度非常高的民間玩具或説兒童運動器械，從常理推斷，製作材料不大可能是"由他地輸入的竹子"。而所謂"竹馬由外地製品輸入"，也是過高估計當時社會玩具市場成熟性的没有切實根據的推想。而當時黄河流域緯度相當的地方確實存在竹林生存的記録。如《史記》卷八〇《樂毅列傳》："薊丘之植植于汶篁。"裴駰《集解》引徐廣曰："竹田曰篁。謂燕之疆界移於齊之汶水。"司馬貞《索隱》："薊丘，燕所都之地也。言燕之薊丘所植，皆植齊王汶上之竹也。徐注非也。"②《漢書》卷六四上《嚴助傳》"篁竹之中"，顔師古注也說"竹田曰篁"。③

對於西河郡美稷縣地方是否可能存在"竹林"，我們看到的這樣一些"記載"，似乎也可以從側面提供某種有一定啓示意義的"佐證"。

《説文·水部》："浦，西河美稷保東北水。从水，南聲。"段玉裁注："宋本及《集韵》《類篇》皆同。一本無北字。西河郡美稷，見《前志》。今蒙古鄂爾多斯左翼中旗東南有漢美稷故城，在故勝州之西南也。《檀弓注》曰：保，縣邑小城。保堡古今字。《水經注·河水》篇曰：河水又南，樹頹水注之。河水又左，得浦水口。水出西河郡美稷縣，東南流。又東南流入長城東，鹹水入之。又東南渾波水注之。又東逕西河富昌縣故城南，又東流入于河。按漢富昌城在鄂爾多斯左翼前旗界。浦水，未審今鄂爾多斯何水也。"段玉裁注還寫道："酈曰：羌人因浦水爲姓。"④ 作爲生態環境總體形勢的重要元素，水資源有特殊意義。與氣候變遷有關，"西河美稷"的水資源形勢，漢代與現今有明顯的不同。當時的自然植被，也與現今不同。⑤ 而竹類植物分布作爲典型性植被對於説明氣候變遷及生態環境形勢的標誌性意義，是應當注意的。⑥ 正如晉人戴凱之《竹譜》所説："質雖冬蒨，性忌殊寒。九河鮮育，五嶺實繁。"注："'九河鮮育'，忌隆寒也。'五嶺實繁'，

---

① 陳業新：《兩漢時期氣候狀況的歷史學再考察》，《歷史研究》2002年第4期，編入《災害與兩漢社會研究》，上海人民出版社，2004，第92頁。
② 《史記》第2431、2432頁。
③ 《漢書》第2778頁。
④ （漢）許慎撰、（清）段玉裁注《説文解字注》，上海古籍出版社，1981，第543頁。
⑤ 竺可楨：《中國近五千年來氣候變遷的初步研究》，《考古學報》1972年第1期；王子今：《秦漢時期氣候變遷的歷史學考察》，《歷史研究》1995年第2期。
⑥ 王子今：《秦漢時期的關中竹林》，《農業考古》1983年第2期；《黄河流域的竹林分布與秦漢氣候史的認識》，《河南科技大學學報》（社會科學版）2006年第3期。

好殊温也。"① 宋人晁載之《續談助》注戴凱之《竹譜》："'九河鮮育',忌寒也。'五嶺實繁',好溫也。"② 清人周廣業《過夏雜錄》卷六"竹梅桂"條寫道："竹性惡寒喜濕,故有'九河鮮育,五嶺實繁'之語。北方絶少,間有之,亦無青蔥摇曳之態。"③

"美稷"是典型的"邊邑",漢王朝以爲邊防重地。《漢書》卷二八下《地理志下》："美稷,屬國都尉治。"④《後漢書》卷一下《光武帝紀下》："始置使匈奴中郎將,將兵衛護之。"⑤《後漢書》卷四《和帝紀》："(永元二年)己亥,復置西河、上郡屬國都尉官。"李賢注："《前書》西河郡美稷縣、上郡龜兹縣并有屬國都尉,其秩比二千石。《十三州志》曰:'典屬國,武帝置,掌納匈奴降者也,哀帝省并大鴻臚。'故今復置之。"⑥《後漢書》卷二四《馬嚴傳》："後拜將軍長史,將北軍五校士、羽林禁兵三千人,屯西河美稷……"⑦

面對北族的軍事威脅,美稷防務的强化是必要的。《後漢書》卷六《順帝紀》記載："南匈奴左部句龍大人吾斯、車紐等叛,圍美稷。"⑧ 又《後漢書》卷七《桓帝紀》："南匈奴左薁鞬臺耆、且渠伯德等叛,寇美稷……"⑨《後漢書》卷四七《梁慬傳》："單于乃自將圍中郎將耿種于美稷,連戰數月,攻之轉急,種移檄求救。"⑩ 南匈奴的行政中心後來甚至遷移到美稷。《後漢書》卷八九《南匈奴列傳》記載："復詔單于徙居西河美稷,因使中郎將段郴及副校尉王郁留西河擁護之,爲設官府、從事、掾史。"⑪

《後漢書》卷九五《張奂傳》説,除匈奴外,羌人也曾經活躍於美稷："南匈奴左薁鞬臺耆、且渠伯德等七千餘人寇美稷,東羌復舉種應之……"⑫ 前引《説文》段注"羌人因渐水爲姓"也可以看作證明。而羌人頻繁活動的區域當時是有竹類植物生長的。《後漢書》卷八七《西羌傳》記載羌人反叛以"竹竿"爲兵器事："時羌歸附既久,無復器甲,或持竹竿木枝以代戈矛,或負板案以爲楯,或執銅鏡以象兵,郡縣畏懦不能制。"⑬

---

① (晋)戴凱之:《竹譜》,宋《百川學海》本,第1頁。
② (宋)晁載之:《續談助》,清《十萬卷樓叢書》本,第42頁。
③ (清)周廣業:《過夏雜錄》,清種松書塾鈔本,第131頁。
④《漢書》第1618頁。
⑤ 李賢注:"中郎將即段郴也。《漢官儀》曰'使匈奴中郎將屯西河美稷縣'也。"《後漢書》第78頁。
⑥《後漢書》第170頁。
⑦《後漢書》第859頁。
⑧ 李賢注:"美稷,縣,屬西河郡也。"《後漢書》第269頁。
⑨ 李賢注:"美稷,西河縣也。"《後漢書》第302頁。
⑩《後漢書》第1592頁。
⑪《後漢書》第2945頁。
⑫《後漢書》第2138頁。
⑬《後漢書》第2886頁。

四 《夢溪筆談》記述的遠古"竹笋"化石

宋人沈括《夢溪筆談》卷二一《異事》記述了"大河"岸邊竹林化石的集中發現："近歲延州永寧關大河岸崩，入地數十尺，土下得竹笋一林，凡數百莖，根幹相連，悉化爲石。適有中人過，亦取數莖去，云欲進呈。"在沈括生活的時代，這裏并没有"竹"類生長，竹的化石年代不能確知，於是沈括推定這裏可能曾經存在"宜竹"的生態條件："延郡素無竹，此入在數十尺土下，不知其何代物。無乃曠古以前，地卑氣濕而宜竹邪？"沈括是有關於古代生物化石的知識的。他説："婺州金華山有松石，又如核桃、蘆根、地蟹之類，皆有成石者。然皆其地本有之物，不足深怪。此深地中所無，又非本土所有之物，特可異耳。"①宋彭乘《續墨客揮犀》卷九《奇物》收録《夢溪筆談》此則記述。②

沈括就竹林"悉化爲石"這種古生物遺存現象的發現，由此"異事""奇物"敏鋭地聯想到這一以當時人的知識"素無竹"的地區，"曠古以前地卑氣濕而宜竹"的可能。具有科學理念的學者沈括，意識到氣候等生態條件"曠古"以來或許發生重大歷史變遷的現象，可能影響植被的分布，體現了非常敏慧的觀察眼光，非常明智的文化理念。

"竹馬"是歷代習見兒童游戲用具。③兒童以"竹馬"奔跑，其實通常祇是使用一根象徵"馬"的竹竿，似乎不存在"竹馬由外地成品輸入"的可能。如此簡易的游戲用具，通常也是没有"由他地輸入的竹子而製成"的必要的。《晋書》卷七七《殷浩傳》寫道："至是，（桓）温語人曰：'少時吾與浩共騎竹馬，我棄去，浩輒取之，故當出我下也。'"④兒童對於"竹馬"，游戲時可以隨意"棄去"，而且所謂"我棄去，浩輒取之"，似乎説曾經多次"棄去"。這一情形，或許也可以説明"竹馬由外地成品輸入"，"由他地輸入的竹子而製成"的可能性，大約是不存在的。

"土城竹馬，童兒樂也。"⑤作爲普及性甚强的"竹馬"，應是得之非常方便的玩具。

五 托克托博物館圓足布"離石"錢文

前引黄鎮成説"酈道元謂吕梁之石崇竦，河流激蕩，震動天地"，又提示了"石州離石縣"的地名淵源。"石州"名義，或許凸顯了"離石"的"石"的意義。那麽，此地

---

① （宋）沈括：《夢溪筆談》，金良年點校，中華書局，2015，第 208~209 頁。
② （宋）彭乘輯《續墨客揮犀》，孔凡禮點校，中華書局，2002，第 518 頁。
③ 王子今：《"竹馬"源流考》，《比較民俗研究》第 8 號，築波大學比較民俗研究會，1993。
④ 《晋書》，中華書局，1974，第 2047 頁。
⑤ 《新唐書》卷二二一上《西域傳上·龜兹》，中華書局，1975，第 6228 頁。

名取用"離"字的意義是什麽呢？

我們看到，"離石"早期地名信息中有"籬石"這樣的文字表現形式。內蒙古自治區托克托博物館藏錢幣"圓足布"有可見"籬石"錢文者：

> 籬石
> 通長 5.2，寬 2.8 厘米，重 5.74 克
> 錢文"籬石"二字，模鑄；背文"三十五"。布首正中有一圓孔。籬石即今山西省吕梁市離石區境。①

細審圖版，其字作"䉝石"。釋讀爲"籬石"無誤。以爲"籬石即今山西省吕梁市離石區境"的判斷也是正確的。

"籬石"錢文的發現，説明"離石"早先曾經寫作"籬石"。這是值得重視的歷史文化信息。

地名從竹的字而文獻誤記者，有《漢書》卷二八下《地理志下》"莒"，楊樹達《漢書窺管》指出，據漢代封泥資料可知應爲"筥"："樹達按：《齊魯封泥集存》及周明泰《再續封泥考略》卷四并有筥丞之印，字皆從竹作筥。《志》文從艸作莒，蓋誤。"②

"籬石""離石"之異，或許與"莒""筥"情形類似。

六　邊防"藩籬"象徵

"籬"，較早史籍資料可見於《史記》卷六《秦始皇本紀》所謂"藩籬之艱"，以及"使蒙恬北築長城而守藩籬"。③《史記》卷四八《陳涉世家》也可見"使蒙恬北築長城而守藩籬"。④所謂"使蒙恬北築長城而守藩籬"出自賈誼《過秦論》。《史記》卷七〇《張儀列傳》司馬貞《索隱》："按：芭黎即織木葺爲葦籬也，今江南亦謂葦籬曰芭籬也。"⑤《漢書》卷三一《項籍傳》："使蒙恬北築長城而守藩籬。"顏師古注："言以長城扞蔽胡寇，如人家之有藩籬。"⑥《三國志》卷六四《吴書·諸葛恪傳》："乃分内諸將，羅

---

① 內蒙古自治區文物考古研究所、內蒙古博物院、托克托博物館編《黄河資阜：托克托博物館館藏錢幣精華》，文物出版社，2020，第43頁。
② 楊樹達：《漢書窺管》，上海古籍出版社，1984，第199頁。
③ 《史記》第276、280頁。
④ 《史記》第1963頁。
⑤ 《史記》第2281頁。
⑥ 《漢書》第1823頁。

兵幽阻，但繕藩籬，不與交鋒，候其穀稼將熟，輒縱兵芟刈，使無遺種。"①可見普通兵防工事也有"藩籬"。那麼，"籬石"的"籬"，是否取義於"藩籬""葦籬""芭籬"的"籬"呢？

這樣説來，似乎其邊疆軍事防衛的涵義有所明朗。當然，"葦""芭"，是從"艸"的字。而"籬"字則從"竹"。"籬石"之"籬"所從之"竹"，又自然使我們的思路與郭伋"竹馬"故事聯繫了起來。

《説文》無"籬"字。近義則有《木部》的"柂"字："柂，落也。"段玉裁注也説到和"籬"的關係："《玄應書》謂柂、欚、籬三字同。引《通俗文》：柴垣曰柂，木垣曰栅。按《釋名》亦云：籬，離也。以柴竹作，疏離離也。栅，磧也。以木作之，上平磧然也。皆柂栅類舉。落，《廣雅》作落。《廣韵》引《音譜》作格。《齊民要術》引仲長子曰：柂落不完，垣墻不牢，掃除不净，笞之可也。施者柂之誤。《小雅》：析薪柂矣。《傳》曰：析薪者必隨其理，謂隨木理之迆衺而析之也。假柂爲迆也。凡笆籬多衺織之，故其義相通。"許慎寫道："从木，也聲。"段玉裁注："池尒切。古音在十七部。按池尒之音傅合下文讀若陁爲之，非許意也。許意讀如離，而又如陁。"許慎又寫道："讀又若陁。"段玉裁注："又字鉉本無。非也。許時柂爲籬字，人人所知。而柂之讀又或如陁，故箸之。陁古皆作他，非也。趙凡夫鈔本作陁。"②

所謂"柂落不完，垣墻不牢"，"笞之可也"，説"柂落""垣墻"都是防範越逾的障礙。"以柴竹作"者，則稱"籬""笆籬"。以此理解"籬石"的"籬"，或許也是具有一定合理性的思路。

古來以自然林木作防衛障礙，有"榆塞"史例可以看作典型。據説秦時蒙恬率軍在北邊抗禦匈奴，曾經"樹榆爲塞"。③"榆塞"又稱"榆關"。枚乘言"昔者，秦西舉胡戎之難，北被榆中之關"，顔師古注："即今所謂榆關也。"④"榆塞""榆關"後來成爲北境邊關、邊防的象徵性代稱。庾信所謂"榆關斷音信，漢使絶經過"⑤，王勃所謂"安知榆

---

① 《三國志》，中華書局，1959，第1431頁。《三國志》卷三二《蜀書·先主傳》："舍東南角籬上有桑樹生高五丈餘，遥望見童童如小車蓋，往來者皆怪此樹非凡，或謂當出貴人。"可知"舍"也有"籬"。
② （漢）許慎撰、（清）段玉裁注《説文解字注》，第257頁。
③ 《漢書》卷五二《韓安國傳》記載，王恢説："蒙恬爲秦侵胡，辟數千里，以河爲竟，累石爲城，樹榆爲塞。"顔師古注："如淳曰：'塞上種榆也。'"《漢書》第2401~2402頁。《史記》卷七《項羽本紀》載陳餘遺章邯書："蒙恬爲秦將，北逐戎人，開榆中地數千里。"司馬貞《索隱》："崔浩云：'蒙恬樹榆爲塞也。'"《史記》第308~309頁。《史記》卷一一八《淮南衡山列傳》載伍被語："廣長榆，開朔方，匈奴折翅傷翼，失援不振。"裴駰《集解》引如淳曰："廣謂拓大之也。長榆，塞名，王恢所謂'樹榆爲塞'。"《史記》第3088~3089頁。
④ 《漢書》卷五一《枚乘傳》，第2362頁。
⑤ （南朝梁）庾信：《擬咏懷二十七首》其七，（南朝梁）庾信撰、（清）倪璠注《庾子山集注》，許逸民校點，中華書局，1980，第233頁。

塞三千里","榆塞連延玉關側"[1],駱賓王所謂"邊烽警榆塞,俠客度桑幹"[2],高適所謂"榆關夜不扃,塞口長蕭蕭"[3],韓偓所謂"戍旗青草接榆關,雨裏并州四月寒"[4],陸游所謂"壯志已忘榆塞外,高情正在酒壚邊"[5]等,都以"榆塞""榆關"指代北邊長城防綫。也有以類似方式用"竹"構作防衛工事的情形,如所謂"竹城"。"竹城"就是以叢生竹林相圍護而構成的城防。題晉人戴凱之《竹譜》說:"棘竹駢深,一叢爲林。根如推輪,節若束針。亦曰笆竹,城固是任。"[6]所謂"城固是任"如果確是晉人文字,則是值得特別珍視的資料。《酉陽雜俎》前集卷一八《廣動植》之三《木篇》有這樣的內容:"棘竹,一名芭竹。節皆有刺,數十莖爲叢。南夷種以爲城,卒不可攻。"[7]宋人周去非《嶺外代答》卷八"竹"條寫道:"笏竹,其上生刺,南人謂刺爲笏。種之極易密,久則堅甚。新州素無城,以此竹環植,號曰竹城。交阯外城亦種此竹。"[8]這些都是南國情形,但是在合適的氣候條件下,北方也可以形成"竹城"。唐人杜牧《晚晴賦》記述"秋日晚晴,樊川子目於郊園"所見,有"竹林外裹兮十萬丈夫,甲刃摐摐密陣而環侍;豈負軍令之不敢嚻兮,何意氣之嚴毅"的文句。[9]從"榆塞"到"竹城",可以提供軍事史與生態史研究的啟示。[10]漢代西河的"籬石"是否可能出現用於軍事防禦的"竹林""密陣",我們目前還未能看到確切的實證信息。也許"籬石"地名之"籬"與"石",僅僅具有象徵的意義。

---

[1] (唐)王維:《春思賦》,(清)董誥等編《全唐文》卷一七七,中華書局,1983,第1799頁。
[2] (唐)駱賓王:《送鄭少府入遼共賦俠客遠從戎》,(唐)駱賓王著、(清)陳熙晉箋注《駱臨海集箋注》卷三,上海古籍出版社,1985,第90頁。
[3] (唐)高適:《睢陽酬暢大判官》,(唐)高適著、孫欽善校注《高適集校注》,上海古籍出版社,1984,第177頁。
[4] (唐)韓偓:《并州》,《翰林集》卷四,清嘉慶十五年王遐春麟後山房刻本,第26頁。
[5] (宋)陸游:《浪跡》,(宋)陸游著、錢仲聯校注《劍南詩稿校注》卷一五,上海古籍出版社,1985,第1177頁。
[6] (晉)戴凱之:《竹譜》,宋《百川學海》本,第2頁。
[7] (唐)段成式撰、許逸民校注《酉陽雜俎校箋》,中華書局,2015,第1278頁。
[8] (宋)周去非著、楊武泉校注《嶺外代答校注》,中華書局,1999,第297~298頁。
[9] (唐)杜牧:《晚晴賦》,(唐)杜牧撰、吳在慶校注《杜牧集系年校注》,《樊川文集》卷一,中華書局,2008,第29頁。
[10] 王子今:《榆塞和竹城》,《尋根》2003年第3期。

甲骨文所見商代自然災害及其禳除祭祀活動

朱彥民[*]

摘 要：殷墟甲骨文中表現出來的商代自然災害主要有風災、雨災、旱災、沙塵暴、蟲災等類。面對這些突如其來的自然災害，商代人們并不是束手無策，而是依據他們慣常的思維習慣和行爲模式，采取了對天神地祇等神靈的特定祭祀手段，用來寧風、止雨、袪旱、息霾、除蟲，以禳除災害的發生，或降低因自然災害而產生的禍患。商代人們對於自然災害的這種做法，是與當時的生産能力和人們對自然的敬畏態度分不開的。

關鍵詞：甲骨文；商代；自然災害；禳除祭祀

自然災害是指人類依賴的自然界中所發生的異常現象。自然災害對人類社會所造成的危害往往是觸目驚心的。這其中包括地震、火山爆發、泥石流、海嘯、颱風、洪水等突發性災害；也有地面沉降、土地沙漠化、乾旱、海岸綫變化等在較長時間中纔能逐漸顯現的漸變性災害；還有現代人們普遍關注的臭氧層變化、水體污染、水土流失、酸雨等人類的過度開發活動導致的環境災害。各種自然災害都在一定程度上造成了生態環境的破壞，從而影響了人類的正常生活。所以説，如何應對這些自然災害的發生以及如何儘可能減小它們所造成的危害，已經是當今世界和國際社會的一個共同的而且是沉重的誰都繞不開的話題了。

我國古代歷史上的自然災害種類較多，其中影響最大的有以下幾大類：旱災、澇災、風災、雨災、雹災、雪災、霜災、地震災害、森林火災、農作物病蟲害等。

具體到甲骨文所反映的商代社會，其自然災害主要表現在雨災、風災、旱災、蟲災等幾個方面。面對這些非人力所能控制的自然災害時，迷信鬼神的商代人們大多采取了各種有針對性的祭祀活動，祈望能夠禳除這些災害。而通過人類的主動防護與干預的活動，諸如戰天鬥地之類的事情幾乎看不到，這當然是由這個時代的思想習慣和行爲模式所決定的。

---

[*] 朱彥民，南開大學歷史學院教授，博士生導師，先秦史研究室主任。南開大學中國社會史研究中心研究員。研究方向爲甲骨學（古文字學）、殷墟考古、殷商社會生活史與書法藝術史論。

一　甲骨文所見的風災雨禍及其禳除祭祀活動

（一）甲骨卜辭所見降雨及雨災情況

從甲骨卜辭記載的資料來看，卜雨卜辭非常多。當時人們每月皆有舉行卜雨的占卜，可知當時中原地區是經年多雨的。這一點類似於現在的日本島國。卜雨卜辭中有許多關於占雨的習語，如"今夕其雨""大雨""多雨""小雨""延雨""足雨"等。

乙丑卜，大貞：及兹二月有大雨？（《合集》24868）
戊辰卜，在敦貞：王田率，不遘大雨？兹御。在九月。（《合集》37646）
癸亥卜，殻貞：翌日甲子不雨？甲子雨小？（《合集》12973）
丁至庚其遘小雨？吉。兹用。小雨。（《合集》28546）
□未卜，貞：今夕雨多？（《合集》12701）
己卯卜，貞：今日多雨？（《英藏》2588）
庚辰卜，大貞：雨不足，辰不隹年？（《合集》24933）
……卜稷年，有足雨？（《英藏》818）
壬寅卜，□貞：今夕延雨？（《合集》12777）
乙丑延雨至于丙寅雨裘？（《合集》24333）
辛酉卜，殻貞：自今至于乙丑其雨？壬戌雨？乙丑不霧不雨？二告。（《合集》6943）

卜雨之辭，從正月到十三月都有，但大多是隻言片語，記月份的占小部分。胡厚宣先生根據他選出的151條記有月份的卜雨降雨辭例，按月份排列分析認爲，一月至十三月都有降雨的可能[①]。胡氏云："殷代之一、二、三月必常降雨，卜辭所記，決非偶然。殷代之一、二、三者，如'殷建丑'之説可信，則約相當於今所行夏曆之十二月、一月、二月，陽曆之一、二、三月。然在今安陽一帶，此二月者，恒降大雪，絶不能降雨，與卜辭所記多雨者不同。"他還注意到殷代較常出現的"延雨"刻辭，指出："在殷代，九月份一次連雨，常至十八日之久，且'延雨'之記載，又頗多爲見，則殷代安陽一帶之雨量，必遠較今日爲豐。"這説明殷商時期的安陽及其周圍地區的雨水是相當充沛的。

當然，單純依據甲骨卜辭而推斷商代的降雨量和氣候狀況，是比較危險的。因爲卜

---

① 胡厚宣：《氣候變遷與殷代氣候之檢討》，《甲骨學商史論叢》第二集，齊魯大學國學研究所，1944，第346頁。

辭中關於求雨的記載大多是問辭，即表達了問卜者的希望，希望下雨或不下雨；或祇反映了一種可能。有些占卜是希望下雨的，當然是爲了農作物生長或別的需要有雨的情況考慮；而有些占卜是不希望下雨的，可能是爲了某種露天的活動或在雨水已很充足的情況下而占卜。希望下雨與希望不下雨，它并不表示實際的降雨情況。這恐怕是董作賓先生當年反對魏、胡之説的一個原因。再者，甲骨卜辭有一個特點，即一事多卜的文例，張秉權先生通過研究甲骨綴合，發現對一件事的占卜，有時多達十次[①]。因此他指出，利用斷片記述作爲資料來研究氣候變化的人，可能會推斷這是殷商時期某月降十次雨的證據。另外，商代歲首之月的問題還不確定，目前至少有"殷正建丑"、"殷正建辰"、"殷正建巳"、"殷正建未"、"殷正建午"和"殷正建申"、"建酉"、"建戌"并行等觀點[②]，也就是説，殷曆的一月份究竟是後世夏曆的幾月份，現在還不明確。單純依據卜辭中附有月份的卜雨卜辭來判斷商代一年之中的月份降雨量，并由此推論商代氣候，是不一定準確的。所以，在利用甲骨卜辭復原研究商代歷史時，還需要其他的材料予以輔助，纔有可能得出較爲真實的結論。所幸，我們現在所知道的殷商時代中原地區的氣候狀況，是從不同角度和途徑研究得出的結果，因此還是可信的。

我們認爲，卜雨的次數與實際降雨數量還是有關系的。一年之中各段雨量不一，有所起伏是可以肯定的。雖然甲骨卜辭所反映的祇是卜問的内容而非實際情況，但關於實際降雨的推測有兩種可能：希望下雨的就有可能下雨，因爲占卜者知道什麽月份、什麽天氣會有雨，或者是看到了下雨的徵兆而占卜；不希望下雨的更説明占卜者知道某時可能會下雨而擔心。因此不管哪種情況，卜雨之辭的記載月份，都有可能下雨。從一些卜雨卜辭的驗辭看，卜雨是很可能已經有了下雨的徵兆，所以纔卜問下雨與否，如：

辛亥卜，内貞：今一月帝令雨？四月甲寅夕[雨]。
戊子[卜]，王貞：生十二月帝[令]雨？二旬又六日[雨]。(《合集》21081)

---

① 張秉權：《卜龜腹甲的序數》，《"中央研究院"歷史語言研究所集刊》第二十八本上册，1956，第239頁。
② 董作賓肯定了傳統"殷正建丑"（即夏曆十二月爲殷曆一月）的曆法觀點（董作賓：《殷曆譜》，載《中央研究院歷史語言研究所專刊》，1945）；陳夢家主張夏曆二月爲殷曆一月（陳夢家：《殷虚卜辭綜述》，中華書局，1988，第541頁）；溫少峰、袁庭棟提出"殷正建辰"，也即夏曆三月爲殷曆一月（溫少峰、袁庭棟：《殷墟卜辭研究——科學技術篇》，四川省社會科學院出版社，1983，第119頁）；常正光主張夏曆四月爲殷曆一月（常正光：《殷曆考辨》，《古文字研究》第六輯，中華書局，1981）；劉桓主張"殷正建巳"，即夏曆四月相當於殷曆一月（劉桓：《關於殷曆歲首之月的考證》，《甲骨徵史》，黑龍江教育出版社，2002，第87~114頁）；鄭慧生提出"殷正建未"，即夏曆六月爲殷曆一月（鄭慧生：《"殷正建未"説》，《史學月刊》1984年第1期，第19頁）；王暉、常玉芝提出"殷正建午"，即夏曆五月是殷曆的一月（王暉：《殷曆歲首新論》，《陝西師範大學學報》1994年第2期，第55頁；常玉芝：《殷商曆法研究》，吉林文史出版社，1998，第406頁）；張培瑜、孟世凱提出殷曆歲首没有嚴格的固定，是建申、建酉、建戌并行，也即在夏曆七月、八月、九月的幾個月内（張培瑜、孟世凱：《商代曆法的月名、季節和歲首》，《先秦史研究》，雲南民族出版社，1987）。

貞：今夕雨？之夕允雨。(《合集》12944)

所以，卜雨也可能是有雨或將要下雨的占卜。也就是説，卜雨還是與實際降雨情況相關聯的，并非毫無根據的憑空而卜。

近年楊升南先生將記月份的卜雨之辭300多條反映的情況統計列成一表（表1），分"已雨""不雨""不明"三種情況，表1顯示：一至五月卜雨次數多（34~48次），其中已雨次數也較高（17~26次）；六至十月卜雨次數降低（10~25次），已雨次數也比一至五月份低（6~15次）；而十一至十三月，卜雨數量最低（10~15次），已雨次數達到最低（6~7次）[①]。

我們認爲，這當是一個較爲接近事實的統計，因爲它不再單純依據卜雨材料而注意到了卜辭中的驗辭統計。它表明，一年之中卜雨次數不等，降水量各季節也不一，上半年降雨多，下半年降雨少，但每月份都有降雨。

表1　甲骨卜辭中所載月份卜雨卜辭統計

情況＼月份	一	二	三	四	五	六	七	八	九	十	十一	十二	十三	總計
已雨	23	22	26	17	23	15	11	6	9	10	7	6	6	181
不雨	6	12	18	12	14	3	7	1	2	5	4	2	6	92
不明	5	7	4	12	5	1	7	3	3	1	4	2	3	57
小計	34	41	48	41	42	19	25	10	14	16	15	10	15	330

在今天包括安陽在內的華北地區，一般雨季集中在夏季的六、七、八月三個月，冬季是下雪的季節，絶少下雨。春秋兩季常常是缺水的旱季，故當地有"春雨貴如油"之説。但甲骨卜辭表明，殷代安陽一帶春季不但有雨，而且還是降雨最多的季節。這和今天農業氣候的不同形成了鮮明的對比。

至於董作賓先生提出的占雨卜辭有"卜月雨""卜遘雨"之分的觀點，是值得商榷的。董先生認爲"卜月雨"是指卜問某月是否有雨，是此月本無雨或少雨而希望其下雨；"卜遘雨"是指是否會遇到雨，是實際上會遇到下雨天。這兩種卜辭在月份上，"卜月雨"衹見於十月至次年三月，"卜遘雨"則衹見於四月至九月，所以得出了商代十月至次年三月無雨或少雨，四月至九月多雨的結論，故而認爲這與今日安陽地區的雨季分配相同，古今氣候無大變化。

---

① 楊升南：《商代經濟史》，貴州人民出版社，1992，第29頁。

但據楊升南先生所引據的卜辭分析，董先生這種劃分與實際不符。如卜辭：

乙亥[卜]，□貞：其[雨]？癸酉衣于亘？[不]遘雨？十一月在圃魚。一。（《合集》7897）

其遘雨？七月。（《合集》24882）

甲子卜，何貞：王遘雨？一月。（《合集》30078）

貞其雨？在三月。不遘雨？在三月。（《合集》40939）

貞其雨？在三月。翌日雨，大丁不遘雨。在三月。（《英藏》1933）

由上引十月以後到次年三月同樣有"卜遘雨"的卜辭可見，董先生對"卜月雨"與"卜遘雨"的解說并不嚴密。實際上，卜辭中的"遘雨"與否，可能是要舉行某種活動而擔心會遇到雨的占卜。而卜某月雨否，是對一個相對較長的時間的氣象占卜，可能是長時間不雨而盼雨的一種期待，并不存在幾月份"卜遘雨"而幾月份"卜月雨"的截然劃分。因此其結論自然難以成立，而董據此一點，對魏、胡等人研究商代氣候的指責也是不當的。

總之，甲骨文所反映的商代降雨量，一年之中每月都有卜雨的記錄，説明全年都有降雨的可能。當時豐沛的雨量，頻繁的降雨，充足的水資源，這也是與殷墟考古所反映的野生動植物生存狀況相符合的。

正因爲商代大部分時候雨量充足，甚至降雨量過多，有所謂"大雨""足雨""延雨""多雨"等，所以彼時經常有洪澇災害之虞，於是乎就有了對"兹雨隹我禍"等焦心的占卜。

甲申卜，爭貞：兹雨隹我禍？（《合集》12883）

戊申卜，古貞：兹雨隹若？（《合集》12899正）

辛酉卜，殻貞：乙丑其雨，不隹我禍？（《合集》6943）

"大雨"、"延雨"（長時間連陰雨）、"多雨"等情况，都會造成雨灾，影響人們的日常生活和工作。

（二）甲骨文所見的大風與風灾情况

甲骨文中的"風"字作🦅、🦅、🦅、🦅等形，像傳説中的鳳鳥之形。其實在古文字中，鳳風相同，蓋鳳鳥是上帝派來的風使，故而鳳、風通用。甲骨文中多有"帝令風""帝史風""帝風"的記載。

> 貞：翌癸卯帝其令風？（《合集》672 正）
> ……于帝史風（鳳）二犬……（《合集》14225）
> 帝風（鳳）九犬？（《合集》21080）
> 辛未卜，帝風不用雨？（《合集》34150、《屯南》2161）

見於甲骨文中的風有多種，比如"啓風""若風""小風""大風""延風""延大風""驟風""大驟風"等名目，如：

> 貞：今夕雨，之夕不啓風？（《合集》13351）
> …未卜，若風…（《合集》34034）
> 不遘小風？…遘小風？（《合集》28972）
> 甲辰卜，乙其焚侑羌在風抑，小風延陰？（《合集》20769）
> 乙卯卜，翌丁巳其大風？（《合集》21012）
> 癸亥卜，狄貞：今日無大風？癸亥卜，狄貞：有大風？（《合集》27495）
> 王其田，不遘大風？大吉。其遘大風？吉。（《合集》28554）
> 今日辛，王其田，不遘大風？（《合集》28556）
> …田，不遘大風雨？（《合集》28557）
> 王往田，湄日，不遘大風？大吉。（《合集》29234）
> 其有大風？（《合集》30225）
> 壬不大風？（《屯南》4459）
> 貞：今日其延風？（《合集》13337）
> …戌…雨…延風？（《英藏》1099）
> 癸卯卜，貞：旬一月戻，雨自東？九日辛未大采各雲自北，雷延大風自西……（《合集》21021）
> …旬己亥驟風？（《合集》13365）
> …易日…夕驟風。（《英藏》1096）
> 癸卯卜，爭貞：旬亡禍？甲辰…大驟風之夕……（《合集》137 正）
> 癸卯卜，殼貞：…王占曰：有祟。…[大]驟風之夕……（《合集》367 正）
> 壬寅卜，癸雨，大驟風？（《合集》13359）
> …丁酉大驟風？十月。（《合集》13360）

在這其中，"若風"當是和"小風"一樣，是指柔順的和風，當然不會造成什麼災害。可是，和"延雨"一樣的"延風"當指連天不斷的風，和"大風"、"驟風"及"大驟風"等，都會形成令人厭惡的風災。而在甲骨文中，"大風""大驟風"的出現非常之多，可見當時風災之多。尤其是商王在田獵的時候，是最不希望碰到大風大雨的。

所以在甲骨文中，又多有問及大風、驟風能否造成災患的占卜記錄。如：

> 貞：茲風不隹孽？（《合集》10131）
> 丙午卜，亘貞：今日風禍？（《合集》13369）
> 風不隹禍？（《合集》13370）
> 爭貞：茲風[隹禍]？（《合集》13371）

正因爲風能造成災害，所以人們更多的時候是希望"亡風"（無風）、"不風"。如：

> …亡風易日？（《合集》7369）
> …酉卜，賓貞：翌丙子其…立中允亡風？（《合集》7370）
> …日亡風，之夕宜雨？（《合集》13358）
> 貞：亡來風？（《合集》775正）
> 癸酉卜，乙亥不風？（《合集》10020）
> 壬辰，允不雨風。（《合集》12921反）
> 辛未卜，今日王涉，不風？（《合集》20273）
> 翌日壬王其田，不風？（《合集》28553）
> 己亥卜，庚子有大延，不風？（《屯南》4349）

（三）上古社會禳除風雨災禍的活動

面對風雨災禍，古人所能作出的應對策略也祇能是以祭祀的方式取悅神靈，祈求禳除災難，并祈求降福賜佑。這正如《左傳》昭公元年便有其記載的那樣：

> 山川之神，則水旱癘疫之災，於是乎禜之。日月星辰之神，則雪霜風雨之不時，於是乎禜之。

在《周禮·大宗伯》的記載中，風師、雨神被納入國家級的祀典：

大宗伯之職：掌建邦之天神、人鬼、地示之禮，以佐王建保邦國。以吉禮事邦國之鬼神示，以禋祀祀昊天、上帝，以實柴祀日、月、星、辰，以槱燎祀司中、司命、飌師、雨師，以血祭祭社稷、五祀、五嶽，以貍沈祭山、林、川、澤，以疈辜祭四方百物。以肆獻祼享先王，以饋食享先王，以祠春享先王，以禴夏享先王，以嘗秋享先王，以烝冬享先王。

在這些祭祀之中，主導祭祀儀程的主角巫師，被古人普遍認爲具有調節風雨的神奇魔力，正如《周禮·司巫》所記載的：

　　司巫：……若國大旱，則帥巫而舞雩。國有大災，則帥巫而造巫恒。

由此可知，巫者所常從事的職事，則爲救旱災、洪水、颱風、蝗災、地震、瘟疫、日蝕、山崩及戰禍等大灾難。

這是後世的巫者從事祈雨的活動，料想商代亦當如是。

（四）甲骨文中所見寧風止雨的祭祀活動

在甲骨文中，用巫術和祭祀以禳除自然禍患的救灾活動，主要表現爲對於寧風止雨的巫術活動。這裏，將寧風、止雨等分類敘述於下。

1. 商代的寧風祭祀活動

在商代的自然災患中，風是和雨連在一起的。雨因風勢，風雨交加，纔能造成禍患灾難，所以在對風神的祭祀活動中，往往有寧風的祈求願望。

風神崇拜在上古時代明顯帶有方位特徵及地域性因素，後隨着民族的交流融合，神域的規範，乃產生比較一致的四方風神的信仰[①]。也就是說，以中原爲中心視點的四方觀念，與風的自然特性巧妙結合一體，漸變宗教信仰上的昇華。

在先秦典籍中，關於四方風名稱與其風名，《爾雅·釋天》有簡略的記載，云：

　　南風，謂之凱風。東風，謂之谷風。北風，謂之凉風。西風，謂之泰風。

《山海經》各經中，對四方風神的記載，就更加詳盡了。

　　東方曰折，來風曰俊，處東極以出入風。（《大荒東經》）

[①] 宋鎮豪：《夏商社會生活史》（增訂本），中國社會科學出版社，2005，第796~808頁。

南方曰因乎，夸風曰乎民，處南極以出入風。(《大荒南經》)

有人名曰石夷，來風曰韋，處西北隅，以司日月之長短。(《大荒西經》)

北方曰鵷，來之風曰狻。是處東極隅以止日月，使無相間出没，司其短長。(《大荒東經》)

又東三百五十里，曰：几山。其木多楢、檀、杻，其草多香。有獸焉，其狀如麤，黄身、白頭、白尾，名曰"聞獜"，見則天下大風。(《中山經·中次十一經》)

由此可知，東南西北的四個方位，各有其主司之風神，是爲四方風名。

而這種四方風神名的觀念來源甚早，至少在甲骨文時代就已經成型了。甲骨文中有將四方之名與四方風名同刻於一版以祭祀求福的辭例。如：

辛亥卜，内貞：帝于北方曰：伏，風曰：施，求□？
辛亥卜，内貞：帝于南方曰：𤆼，風：夷，求年？一月。
貞：帝于東方曰：析，風曰：協，求年？
貞：帝于西方曰：彝，風曰：𢗳，求年？（以上皆見於《合集》14295）

可知，商代有了相當完備的四方風神系統，并向四方風神致祭以求年歲之豐碩。之所以如此，是因爲古人認爲測風伺候，與農作豐收緊相關聯，故例行對四方風神的祭儀，以祈求風調雨順與年歲豐碩。

兼具善惡二種神性的四方風神，既可有益於生活生産，又可作禍爲害於人類農耕。所以古人不惟留意風向，亦注意風力變化，并且演變成巫者向神靈祈求解除災難與給予福佑，故施行寧風祭儀。

先秦古籍文獻中，有關寧風的記載甚多。如《爾雅·釋天》便有其記載，其云："祭風曰：磔。"晋郭璞注云："今俗，當大道中磔狗，云以止風。此其象。"

見於甲骨文中的"寧風"活動，學者認爲就是古文獻記載的所謂"止風"[1]。甲骨文"不風""寧風"相關辭例，如下所舉：

貞：翌癸卯，帝其令風？翌癸卯，帝不令風？夕霧。(《合集》672)
癸卯卜，賓貞：寧風？(《合集》13372)
癸未卜，其寧風于方，有雨？(《合集》30260)

---

[1] 陳夢家：《商代的神話與巫術》，《燕京學報》1936年第20期，第547頁。另見宋鎮豪《夏商社會生活史》(增訂本)，第806頁。

癸酉卜，巫寧風？（《合集》33077）
甲戌，貞：其寧風，三羊、三犬、三豕？（《合集》34137）
辛酉卜，寧風巫，九豕？（《合集》34138）
癸亥卜，于南寧風豕一？（《合集》34139）
戊子卜，寧風北巫，犬？（《合集》34140）
庚戌卜，寧于四方，其五犬？（《合集》34144）
乙丑，貞：寧風于伊㕣？（《合集》34151）
叀豕用？其寧風雨？庚辰卜，辛至于壬雨？辛巳卜，今日寧風？生月雨？（《屯南》2772）
…辰…殼貞：我寧風？（《懷特》249）

"寧"字甲骨文作 、 、 之形。"寧"有止息安寧之義。對於以上辭例中的"寧"字，陳夢家先生認爲"寧"是一種袚禳風雨的專祭[1]。由上引辭例可知，殷商時期的寧風之祭多用犬爲犧牲，而兼用羊、豕等牲。這種用犬祭祀以求寧風止雨的風俗，一直爲後世所遵循沿襲。

對於商代的寧風儀式，香港學者饒宗頤曾云：

> 華夏的四方風名在殷代有非常具體的記載，殷代文字借"鳳"字爲風，鳳是一種神鳥，《説文》引黄帝臣的天老説："鳳出於東方，暮宿風穴，見則天下大安寧。"風所從出的北方稱爲風穴（《淮南子》注引許慎云）。殷人常年祈求"寧風"，希望風調雨順，求寧風的占卜記錄甚多。殷人對於四方之祭禮，有燎，有帝（禘），如云："燎於東"（《合集》14319正），"燎於西"（《合集》14325~14330），"燎於北"（《合集》14334），……不一而足。[2]

不僅殷墟甲骨材料如此，在新近發現的周公廟甲骨中也發現"寧風"卜甲辭例：

> 曰：唯寧鳳（風）于四方三犬三麂？既吉。茲卜。用。（周公廟西周甲骨）[3]

其中"既吉""茲卜。用"之類可能是兆辭，但已系於命辭之後。殷人經常舉行寧風之

---

[1] 陳夢家：《商代的神話與巫術》，《燕京學報》1936年第20期，第547頁。另見宋鎮豪《夏商社會生活史》（增訂本），第806頁。
[2] 饒宗頤：《四方風新義》，《中山大學學報》1988年第4期，第67頁。
[3] 周原考古隊：《岐山周公廟遺址去年出土大量西周甲骨材料》，《中國文物報》2009年2月20日第5版。

祭，是其鬼神崇拜的習俗之一，亦可稱其爲殷禮。我們從周公廟"寧風"卜甲的發現，可以看出周人很可能學習并接受了殷人文化中"寧風"的祭禮，當然這也可能與殷人巫史卜祝之官轉而服務於西周王朝有關。

2. 商代的寧雨祭祀活動

甲骨文中有"寧風"，也有"寧雨"。與"寧風"就是以祭祀的方式祈求止風一樣，"寧雨"就是祭祀神靈以祈求止雨的活動。當大雨來臨時，棲息在黃河下游衝積區的商人居住區中，因爲黃河的某些段落河道淺，泥沙多，密集的雨水常使河道宣泄不及，造成泛濫成災。在商人的心目中，暴雨成災，河流泛濫，也是涉及國計民生的大事。商人極其擔憂久雨成災，黃河泛濫，爲政者盡心盡力努力解除其災禍，於是就有經常性的"寧雨"止禍的祭祀活動。見於甲骨文中的這類祭祀占卜辭例如下：

　　貞：翌乙巳，□□有去雨？（《合集》12356）
　　王固曰：今夕退雨。（《合集》12997）
　　□申卜，其去雨，于才望，利？（《合集》30178）
　　乙亥卜，寧雨，若？（《合集》30187）
　　丁丑，貞：其寧雨，于方？（《合集》32992）
　　己未卜，寧雨，于土？（《合集》34088）
　　于商寧水？三。三。……入商？左卜占曰：弜入商。其雨？（《屯南》930）
　　叀豕用？其寧風雨？庚辰卜，辛至于壬雨？辛巳卜，今日寧風？生月雨？（《屯南》2772）

由此可見，在雨水盛多、"兹雨佳禍"、"其雨不佳若"之際，則需舉行"去雨""退雨""寧雨""寧水"之祭，以求禳除由雨水帶來的洪澇災禍，祈求降雨減弱消退或停息，以期恢復正常的生活秩序。

由上引卜辭辭例可知，寧風止雨的祭祀對象，一般并非直接向風神或雨神祈求，反而向方神、土地山川動植物神或商族祖先神求之。其中宗教意義的背景，還有待進一步的勘查深究。

至於寧風止雨的具體祭法，未能詳知，但在諸多祭祀方法之中，未見卜辭常見的燎祭出現，則是一個非常明確的現象。對於這一現象，宋鎮豪先生認爲，可能此時由於處於降雨之中，無法或不能燒薪燎祭[①]。

由於過量降雨而形成的河流泛濫成災，亦當是彼時頗受關切的重大事情。比如緊鄰

---

① 宋鎮豪：《夏商社會生活史》（增訂本），第650頁。

殷都的"洹水",因爲水泉沉溺而形成水灾,甲骨文中就有針對洹水可能造成"兹邑"殷都禍患之占卜。

□□卜,争貞:洹其作兹邑禍?(《合集》7853 正)
□□卜,㱿貞:洹弗作兹邑禍?(《合集》7854 正)
洹其弗作兹邑禍?其作兹邑禍?(《合集》7859)
辛卯卜,大貞:洹弘弗敦邑?七月。(《合集》23717)

這些辭例都是卜問洹河發大水會不會給兹邑(殷都城)帶來禍患的意思,另外還有"丙寅卜,洹其羨?丙寅卜,洹來水不羨?"(《合集》8315)"……洹不羨?"(《合集》8317)"羨"字從張政烺先生釋義,"就是溢,就是衍,就是汗漫無涯涘"。① 而于省吾先生釋"盗",也是説爲洪水泛濫之義②。可見當時的洹水流量較現在爲大,所以纔有禍患之虞。爲了防止洹水對殷都城造成禍害,商人經常對洹水、洹泉進行祭祀,乞求神靈的護佑和佐助。如

□□卜,出貞:……侑于洹九犬九豕?(《合集》24413)
庚午卜,其侑于洹有雨?(《合集》28182)
戊子貞:其燎于洹泉大三牢宜牢?(《合集》34165)

除此之外,在商代專指黄河的"河",與商人居住區域鄰近,也常因暴雨而改道,造成莫大的灾害。

商人與自然之"河"的關係,不僅有"河竭而商亡"的連帶效應,而且更是經常地憂慮其泛濫成灾,帶來禍患。真可謂生死命脈,休戚相關。這在甲骨文中也頗有一些信息可以窺知其中的端倪。如:

甲子卜,賓貞:蔑祟雨,娥于河?(《合集》00557)
丁未卜,争貞:祟雨,匄于河?十三月。(《合集》12863)

對於河水洪灾,商代人没有多少大禹治水的本領,其對策也衹能是祭祀神靈,奉獻上豐盛的犧牲,特意取悦於神靈,以防其發怒而造成河流泛濫成灾。在甲骨文中的"娥"

---

① 張政烺:《殷虚甲骨文羨字説》,《甲骨文與商周史研究》,中華書局,2012,第 35 頁。
② 于省吾:《釋㳄、盗》,《甲骨文字釋林》,中華書局,2009,第 406 頁。

字,常爲卜辭祭祀之對象,但在此處,據甲骨學家屈萬里先生的解釋,似與求雨之事有關。因爲作爲祭祀神靈的"娥"有控制雨水的神職權能,所以商人便向"娥"神祈求止雨以免除河流泛濫成災[①]。

二 商代晚期中原地区的乾旱化傾向及祈雨活动

儘管從總體來說,商代的自然氣候良好,生態環境適宜人的居住,但天象無常,水旱無情。前舉有所謂雨多成澇的洪水禍患,但同時也不保其沒有久旱不雨的旱災發生。

(一)文獻記載的商代早期和晚期的兩次大旱災

據文獻記載,殷商時期中原地區已經有了非常嚴重的乾旱災情發生。目前文獻中關於殷商時期的旱災的記載主要有以下幾條。如《吕氏春秋·順民》記載湯時天下大旱:

> 昔者湯克夏而正天下,天大旱,五年不收,湯乃以身禱於桑林……於是剪其髮,酈(磿)其手,以身爲犧牲,用祈福於上帝,民乃甚説,雨乃大至。

《説苑·君道》:

> 湯之時大旱七年,雒坼川竭,煎沙爛石,於是使人持三足鼎祀山川……蓋言未已而天大雨。

這是商代初年的一次大旱災,對這次旱災其他文獻如《墨子·兼愛》《尸子·君治》《淮南子·主術》《淮南子·修務》《尚書大傳》《帝王世紀》等也多有記載。又如《太平御覽》卷八十三引《竹書紀年》記錄文丁"三年,洹水一日三絶",丁山先生認爲,這條記錄反映了當時的黄河流域發生了嚴重旱災[②]。如果是這樣的話,那麽這也應該是商代晚期一次較爲嚴重的旱災了。

再如《國語·周語上》:

> 昔伊洛竭而夏亡,河竭而商亡。

---

① 于省吾主編《甲骨文字詁林》,中華書局,1996,第2434~2435頁。
② 丁山:《商周史料考證》,中華書局,1988,第158~159頁。

"河竭而商亡"揭示出商代末年曾發生大規模的乾旱災情。對這次旱災,《淮南子·俶真訓》云:"逮至殷紂,峣山崩,三川涸。"《覽冥訓》也說殷周時"峣山崩,而薄落之水涸",更可見這次旱災灾情之重。

(二) 甲骨文中對旱災現象的記錄

甲骨文中有"熯"(𤈦𤈦𤈦𤈦𤈦𤈦)字,唐蘭先生考釋爲嘆字,認爲即乾旱的意思[①]。當時華北平原雖然很濕潤,但是降雨集中,缺水時日也很集中,所以對於旱災人們也很關注。如:

…丑卜貞:不雨,帝隹嘆我?(《合集》10164)

庚戌卜貞:帝其降嘆?(《合集》10168)

戊申卜,爭貞:帝其降我嘆?一月,二告。戊申卜,爭貞:帝不我降嘆?(《合集》10171 正)

辛卯卜,㱿貞:帝其嘆我?三月。(《合集》10172)

貞:帝不我嘆?(《合集》10173 正)

己酉卜,㸦貞:帝不我嘆?貞:帝其嘆我?小告,不玄冥。(《合集》10174 正)

貞:我不嘆?一月,不玄冥。(《合集》10178)

辛卯卜:我不嘆?(《合集》10179)

辛卯卜,㱿貞:其嘆?三月。(《合集》10184)

不隹降嘆?(《合集》10188)

貞:商嘆?(《合集》249 正)

…西土亡嘆?(《合集》10186)

前面的辭例均爲卜問帝降旱或不降旱的,而最後兩辭則是卜問商國王畿和西土的旱情。

(三) 甲骨卜辭中的祈雨祭祀占卜活動

對於旱災的降臨,殷商時人不是消極地等待和無所作爲,而是積極地尋找抗旱、降雨的辦法,而采取的方法較多的是對神靈進行祭祀,巫者作法求雨、焚巫尪、作土龍、飾龍身、奏樂舞蹈以求雨。商湯以自身爲犧牲的禱雨,祗是其中的一個典型而已。

雨水爲灌溉水利未大興前最重要的農業用水來源,因此降雨遂成爲主政者最關心的事,所以甲骨卜辭所見之祈雨記載很多。如:

---

① 唐蘭:《殷虛文字記》,中華書局,1981,第 63~64 頁。

贞：翌辛卯⿰求雨，霎昇雨？（《合集》00063）
求雨于上甲，宰？（《合集》00672）
戊辰卜，今日奏舞，有从雨？（《合集》12828）
壬午卜，于河求雨，燎？（《合集》12853）
□燎云，不雨？（《合集》21083）
其有燎亳土，有雨？（《合集》28108）
王有岁于帝五臣，正隹亡雨？（《合集》30391）
□求侑于帝五臣，有大雨？（《合集》30391）
癸巳贞：其燎十山，雨？（《合集》33233）

從以上所引辭例可知，商人因旱情而祈求降雨之占卜甚多，不勝枚舉。所祈求的對象，除了先公夒、上甲等祖先神之外，還有河、土、山等自然神，以及位於天庭的"帝五臣"等神靈。其神格與方位地望所在有確指，顯示泛神性與大範圍社會性的一面。換言之，一則表明商代神統領域中存在的錯綜複雜的領屬關係，二則說明旱情波及面廣，常引起社會總體量的焦慮，求雨之祭每成爲社會整體動作。[①]

而求雨之祭所使用的祭祀方法主要爲"燎"祭。對於"燎"（⿰⿰⿰⿰⿰⿰）字的考釋，許進雄認爲，燎祭爲焚木之祭，本在郊野，後移至室内舉行[②]。其祭儀主要爲燒燎祭，蓋取煙氣升騰可貫於上，直達雲空，可致雲雨。

（四）焚人求雨古俗在甲骨文中的反映

對於久旱不雨的旱災之產生，上古時人認爲是天帝降罰，所以有以天地爲祭祀對象的焚人求雨古俗。在先秦的古籍文獻中，有關焚人焚巫祈雨的記載，偶有所見，如《禮記・檀弓下》：

> 歲旱，穆公召縣子而問然，曰："天久不雨，吾欲暴尪而奚若？"曰："天久不雨，而暴人之疾子，虐。毋乃不可與？""然則吾欲暴巫而奚若？"曰："天則不雨，而望之愚婦人，於以求之，毋乃已疏乎？"

注疏云：

[①] 宋鎮豪：《夏商社會生活史》（增訂本），第642~660頁。
[②] 許進雄：《古文諧聲字根》，臺灣商務印書館，1995，第380頁。

> 縣子云："天道遠，人道近。天則不雨，而望於愚鄙之婦人，欲以暴之，以求其雨，已甚也。無乃甚疏遠於求雨道理乎？"

引文中的"暴巫"乃爲焚巫之義。此外，《左傳》僖公二十一年亦云：

> 夏，大旱。公欲焚巫、尪。臧文仲曰："非旱備也。修城郭，貶食、省用、務穡、勸分，此其務也。巫、尪何爲？天欲殺之，則如勿生。若能爲旱，焚之滋甚。"公從之。

杜預注曰：

> 或以爲尪非巫也。瘠病之人，其面上向，俗謂天哀其病，恐雨入其鼻，故爲之旱，是以公欲焚之。

由此可見，兩周時期仍有焚巫祈雨的事實。據董仲舒《春秋繁露·求雨》，直到漢代還有焚巫祈雨的記載：

> 春旱求雨，令縣邑以水日禱社稷山川，家人祀戶。……夏求雨，令縣邑以水日，家人祀竈。……秋暴巫尪至九日，無舉火事，無煎金器，家人祠門。……冬舞龍六日，禱於名山以助之，家人祠井。

不過此時已經將"焚巫尪"改爲"暴巫尪"了，即將巫尪在太陽下曝曬。春旱求雨，曝巫尪八日；秋旱求雨，曝巫尪九日。

那麼，古人爲何於遭遇乾旱之際，以焚巫曝巫的方式達成求雨之目的？對此，許進雄先生有所推測，云：

> 焚巫以求雨的方式，可能是基於希望上帝不忍心讓其代理人的巫受火焚的苦楚，從而降雨以解除巫的困厄的天真想法。……焚燒巫師是種不文明的殘酷行爲，商代已少用焚人而多用樂舞的方式求雨了。但是此習到東漢還殘留着。《後漢書·獨行》記述戴封當西華令時，積薪坐其上以自焚，火起而大雨，後乃被升遷爲中山相[①]。

---

① 許進雄：《中國古代社會——文字與人類學的透視》（修訂本），臺灣商務印書館，1977，第 626~627 頁。

正如許先生所云，其實這種焚人求雨的古俗，早在商代就有存在，這於殷墟甲骨文中也有充分的反映①。如：

乙卯卜，今日炆，从雨？于己未雨？（《合集》34487）
貞：炆，有雨？勿炆，亡其雨？（《合集》12842正）
叀庚炆，有[雨]？其作龍于凡田，有雨？吉。（《合集》29990）
其炆，此有雨？（《合集》32300）
癸卯卜，其炆……于舟炆，雨？于淫炆，雨？于夫炆，雨？于□炆，雨？（《合集》30790+30167）
于癸炆，凡？于甲炆，凡？（《合集》32296）

在上引甲骨卜辭中，"炆"字作等形。羅振玉先生在其《殷虚書契》中首先將此字隸釋作"炆"，引《説文》中"炆，交木然也"、《玉篇》"交木然之，以燎祡天也"以說之②。王襄、郭沫若、饒宗頤等人皆從③，分別認爲是祭天的燎祭或郊祭。葉玉森先生則首先指出，字像投交脛人於火，祭是用人牲求雨之祭④。此後學術界對於此字的考釋，雖然異見甚多，但所指爲焚巫以祭則頗爲一致。許進雄先生認爲，該字作一雙脚交叉著之人接受火燒烤之痛苦狀，爲巫者在火上或烈日之下求雨的形態⑤。對於"炆"字，陳夢家先生曾有詳盡考釋。

以上之炆作炎或炎，象人立於火上之形，《説文》："炆，交木然也。"《玉篇》："炆，交木然之以燎祡天。"與此是否一字，尚不可必。炆與雨顯然有直接的關係，所以卜辭之炆所以求雨，是沒有問題的。由於它是以人立於火上以求雨，與文獻所記"暴巫"、"焚巫"之事相同。⑥

---

① 裘錫圭：《説卜辭的焚巫尪與作土龍》，《甲骨文與殷商史》，上海古籍出版社，1983，第31頁。
② 羅振玉：《殷虚書契考釋》卷中，藝文印書館，1981，第51葉下。
③ 王襄：《簠室殷契徵文考釋》"天象"六葉下、《簠室殷契類纂》"存疑"第十第四十九葉下；郭沫若《殷契粹編》"第六五八片考釋"，科學出版社，2002，第531頁；饒宗頤：《殷代貞卜人物通考》，香港大學出版社，1959，第80頁。
④ 葉玉森：《殷虚書契前編集釋》卷五，上海大東書局影印本，1934，第35~36頁。
⑤ 許進雄：《中國古代社會——文字與人類學的透視》（修訂本），第626頁。
⑥ 陳夢家：《殷虛卜辭綜述》，第602頁。

此後，李孝定、張秉權、王輝對此字續有分説，多承焚巫祈雨之意①。裘錫圭先生則認爲此字爲從黃從火的會意字，并且此黃字當爲"尪"，云：

"黃"、"尪"音近……☆（黃）當是"尪"的象形字的另一種寫法，特别强調尪者"突胸"的特徵。胸前的"8"像捆縛他的繩索。跟甲骨文裏有些"羌"字上所加的繩索形同意。"黃"或作☆，☆是由☆簡化而成的。

"蓂"字像"尪"在"火"上，應該是專用於"焚巫尪"的"焚"字異體……②

但單周堯先生則從字形分析角度認爲，"烄"字上面所從并非"黃"字之變體，該字所反映的求雨焚人者未必是"尪"③。

我們從上引諸卜辭辭例與祈雨内容，認爲"烄"（☆）字就是用以焚人或焚巫以求雨的專字。這就是反映在甲骨文中的商代"焚巫"的形式，即焚人求雨的現象。

除上述的"烄"字之外，甲骨文也常見從堇（莫）從火的"熯（☆☆☆☆）"字，作一人兩手相交按着肚子而張口呼叫於上，亦有作火在下焚燒之字形。許進雄先生認爲，乾旱無雨則無收穫，此字大致表示荒年肚餓，用手壓擠肚子向上天叫嚷，要求賜下食物的意思，則此字有飢饉及乾旱兩義。④

如果仔細考察這些被焚人的身份，就會發現，其中以女性爲多。而這些被焚以祭的女性，其身份多是女巫。

於旱灾時用女巫向上帝求雨，於先秦的古籍文獻中，即可見之，如《周禮·女巫》便有其記載，其云："女巫：掌歲時祓除、釁浴。旱暵，則舞雩。"《左傳》僖公十一年杜注："巫尪，女巫也，主祈禱請雨者。"

這是兩周時期求雨時以女巫舞雩的證據，其實女巫祈雨可能是上古時期（包括商代）較長時間習俗的一種延續而已。商代女巫也多參與祈雨儀式。

在商代甲骨卜辭中，這種焚燒女巫以祭祀求雨的情況也比較多見。如：

貞：烄婞，有雨？勿烄姏，亡其雨？（《合集》1121正）

甲申卜，賓貞：烄婞，有[从雨]？（《合集》1123正）

---

① 李孝定：《甲骨文字集釋》，"中央研究院"歷史語言研究所，1965，第3158頁；張秉權：《殷代的農業與氣象》，《"中央研究院"歷史語言研究所集刊》第四十二本第二分册，第317頁；王輝：《殷人火祭説》，《古文字研究論文集》，《四川大學學報叢刊》第十輯，四川人民出版社，1982，第267頁。
② 裘錫圭：《説卜辭的焚巫尪與作土龍》，第21~35頁。
③ 單周堯：《説☆☆》，《殷墟博物苑苑刊》（創刊號），中國社會科學出版社，1989，第165~168頁。
④ 許進雄：《中國古代社會——文字與人類學的透視》（修訂本），第626頁。

□□卜，争貞：烄奻？叀婞烄？（《合集》1125）

叀奻烄，有雨？勿烄奻，亡其雨？（《合集》1130甲、乙）

貞：今丙戌烄奻，有从雨？（《合集》9177）

□□卜，其烄永女，有大雨？大吉。（《合集》30172）

戊辰卜，烄嫨于尊，雨？戊辰卜：烄曼于東，雨？弜烄？辛未卜，烄矢于凡享？弜烄，雨？癸酉卜，烄嫨于……（《合集》32289）

壬辰卜，烄𡥪，雨？壬辰卜，烄長，雨？（《合集》32290）

戊申卜，其烄永女，雨？戊申□叀雨□求于□？（《合集》32297）

甲申貞：烄嬬，雨？在主京烄嬬。（《合集》32299）

丙戌卜，烄每？丙戌卜，烄婆？（《合集》32301）

丁未卜，烄庚女，有从雨？三月。（《屯南》3586）

上引卜辭辭例中，動詞"烄"之後的賓語，多數爲被焚以求雨的人名。其中有奻、婞、婆、嫨、𡥪、永女、曼、嬬、每、庚女等，無疑皆爲女子之名。

關於這些被焚求雨的女子的身份和地位，學術界也有不同的説法。于省吾先生認爲這些女子是女奴①；姚孝遂先生認爲是女俘②；陳夢家先生認爲是女巫③；而胡厚宣先生認爲可能是女巫，也可能是女俘，其中當以女巫爲多④。裘錫圭先生同意胡説，認爲其中一部分是女巫，另一些是女奴⑤。

何以在求雨祭祀的儀式中，會有焚燒女巫的現象存在呢？史前考古學的研究表明，舊石器時代形成母系社會，但至商代，男性王者地位既已極其鞏固，不唯政治武力操之於男性，宗教巫術亦爲男性所占有。换言之，商代男巫掌握宗教巫術的大權，與此相反，當時的女巫，已僅爲求雨舞雩的技藝人才，不復掌握宗教巫術的大權，故其權威便没落已極⑥。也就是説，女巫的地位不堪，已經不是祭祀的主持者了，而是求雨祭祀中被殺伐以祭的犧牲了。

殷墟晚期的甲骨卜辭中大量出現的焚人以祭以求雨的占卜記録，説明當時的旱情已不是偶爾一兩次出現的現象了，而是一段時期之中頻繁發生的事情。

---

① 于省吾：《甲骨文字釋林》，第 7~8、308 頁。
② 姚孝遂：《商代的俘虜》，《古文字研究》第一輯，中華書局，1979，第 373 頁。
③ 陳夢家：《殷虚卜辭綜述》，第 603 頁。
④ 胡厚宣：《中國奴隸社會的人殉和人祭》，《文物》1974 年第 8 期，第 60 頁。
⑤ 裘錫圭：《説卜辭的焚巫尪與作土龍》，第 31 頁。另見於胡厚宣《中國奴隸社會的人殉和人祭》，第 59~60 頁。
⑥ 陳夢家：《商代的神話與巫術》，第 533 頁。

（五）雩舞求雨古俗在甲骨文中的反映

上古時代的祈雨活動，除了占卜、祭祀等巫術手段之外，還常常帶有舞蹈活動。彼時的舞蹈活動，并不是娱樂的手段，而是具有濃厚的宗教意義和現實目的。

舞雩之祭祀活動，於先秦古籍文獻中，屢見不鮮。《周禮·司巫》云："司巫：掌群巫之政令。若國大旱，則帥巫而舞雩。"天若大旱，就由巫師率而舞雩。《周禮·舞師》也有記載：

> 舞師：掌教兵舞，帥而舞山川之祭祀。教帗舞，帥而舞社稷之祭祀。教羽舞，帥而舞四方之祭祀。教皇舞，帥而舞旱暵之事。

在周朝祭祀時的多種多樣之舞中，"舞旱暵之事"就是周人祈雨時的"舞雩"。

因爲作爲祈雨活動的主持者，巫者本身就是能歌善舞之人。《墨子·非樂上》引湯之官刑曰："其恒舞於宮，是謂巫風。"鄭玄《詩譜》："古代之巫，實以歌舞爲職。"許慎《説文》："巫，巫祝也，女能事無形，以舞降神者也。象人兩袖舞形。與工同意。"可見巫者能歌善舞，以歌舞事神爲職業。那麽，在由巫者主持的祈雨活動中，必然要伴之以舞蹈，以達到娱神媚鬼、祈求降雨的目的。

《爾雅·釋訓》記載："舞號，雩也。"郭注云："雩之祭，舞者籲嗟而請雨。"由此可知，於祈雨活動時，常以樂舞祈祭。又《春秋公羊傳》桓公五年云："大雩。大雩者何？旱祭也。"何休注云："使童男女各八人，舞而呼雩，故謂之雩。"舉行奏樂或舞蹈的"舞雩"求雨祭禮，在古代詩歌裏也有表現，如《詩經·小雅》云："琴瑟擊鼓，以御田祖，以祈甘雨，以介我稷黍，以穀我士女。"

甚至日本著名學者白川静直接認爲，舞蹈就是因爲求雨而舉行的活動："舞，是爲請雨而舉行的舞蹈，故謂之'舞雩'，因此，又有於'雨'下書以'舞'之字。雩，祭靈星以請雨之禮儀也。……在古代的巫術中，防旱乞雨亦關係着農作物的豐凶、村落的生活、人命等重大事情，被弑殺之王的故事及焚巫之俗等，也都留傳着乞雨之事。請雨之法，先跳舞，即舞雩也。"①

可能在古代舉行"舞雩"之祭有固定的地方，所以《論語·先進》稱："莫春者，春服既成，冠者五六人，童子六七人，浴乎沂，風乎舞雩，咏而歸。"所以後世舉行"舞雩"的地方爲"舞雩"，此地當是舉行祈雨舞雩之聖地。

此種先秦時期的舞蹈祈雨活動，至少可以追溯至殷商時期。據統計，甲骨卜辭言及

---

① 〔日〕白川静著，范月嬌、加地伸行合譯《中國古代文化》，文津出版社，1983，第156頁。

"舞"時，十有九次是與"雨"字并列而卜的①，可見當時以舞蹈求雨風俗之盛。如：

貞：舞，有雨？（《合集》5455）

丙辰卜，貞：今日奏舞，有从雨？（《合集》12818）

庚寅卜，辛卯奏舞，雨？庚寅卜，癸巳奏舞，雨？庚寅卜，甲午奏舞，雨？☐辰奏☐，雨？（《合集》12819）

戊辰卜，今日奏舞，有从雨？（《合集》12828）

辛巳卜，賓貞：乎舞，有从雨？（《合集》12831正）

貞：勿舞河，亡其雨？（《合集》14197）

貞：舞岳，有雨？（《合集》14207）

戊寅卜，于癸奏舞，雨不？三月。辛巳卜，取岳比，不比？乙酉卜，于丙奏岳比用，不雨？乙未卜，其雨丁不？四月。乙未卜，翌丁，不其雨？允不。乙未卜，丙出舞？乙未卜，于丁出舞？丙申卜，入岳？辛丑卜，奏㗊比，甲辰卜，雨少？四月。（《合集》20398）

己丑卜，舞羊从雨，于庚雨？己丑卜，舞庚从雨？允雨。（《合集》20975）

今日乙舞，亡雨？其舞☐，有大雨？于尋，有大雨？（《合集》30031）

☐卜，今日☐舞河眔岳，☐从雨？（《合集》34295）

乎舞，亡雨？乎舞，有雨？（《英藏》996）

丙寅卜，其乎雨？丁卯卜，叀今日方有雨？弗有雨？其方有雨？其舞于兮旬，有雨？其舞于蘭京，有雨？（《屯南》108）

叀万乎舞，有雨？叀戌乎舞，有大雨？（《安明》1821）

甲骨文中的"舞"字，作 等形，像一人拿着牛尾一類下垂的舞具，正在跳舞之狀。雖然對於該字中人手所執之物爲何認識有所歧別，甲骨學家對此字形考釋爲"舞"則向無異議。後來該字被借用爲"有無"之"無"，便是在表示舞蹈意義的本字上加了一對脚以顯明跳舞的動作。如金文中的"舞"字作 之形，晚期的金文"舞"字中就有了加"止（趾）"的字形。小篆"舞"作 之形，加兩"止（趾）"的字形於是固定下來了。不過這是後來的事。在甲骨文中，"舞"字祇有其本意的用法，表達有無之"無"意義的字用"亡"字，而不用"無（舞）"。

從上引辭例中不難發現，舞蹈祈雨儀式多爲向河及嶽之衆神乞雨。蓋降雨是爲自然

---

① 許進雄：《中國古代社會——文字與人類學的透視》（修訂本），第449頁。

現象，故於河、嶽等山川自然神祇舞蹈以祈求雲雨至降。

尤其值得注意的是，在此引卜辭中的兩例，即《合集》12819："庚寅卜，辛卯奏舞，雨？庚寅卜，癸巳奏舞，雨？庚寅卜，甲午奏舞，雨？□辰奏□，雨？"與《合集》20398和《屯南》4513+4518："戊寅卜，于癸奏舞，雨不？三月。辛巳卜，取岳比，不比？乙酉卜，于丙奏岳比用，不雨？乙未卜，其雨丁不？四月。乙未卜，翌丁，不其雨？允不。乙未卜，丙出舞？乙未卜，于丁出舞？丙申卜，入岳？辛丑卜，奏冊比，甲辰卩，雨少？四月。"前者自辛卯至甲午，前後達四天，或連續更多天，舉行奏樂舞蹈的求雨祭禮；後者於三月戊寅卜五日後癸未舞雨，又三日後丙戌奏岳求雨，又十日後的四月丙申納岳主而出舞求雨，至次日丁酉又出舞，又四日後辛丑奏冊祀雨，又三日後卜甲辰卩時降小雨，前後行事達27天。這些辭例都記錄了連續多天舉行奏樂舞蹈的求雨祭禮活動，生動地描述了殷人希冀快速降雨的迫切心情①。

而且在這兩例之中，"奏"字亦經常與"舞"字伴同出現。甲骨文"奏"作 等形，像雙手捧物或樂器以進獻供奉之狀，字有進獻之義。有學者認為，"奏"所像有表演進獻之狀。② 而這種"奏舞"也正是商代奏樂以舞用來求雨的一種儀式，是一種祈雨之舞。③

"奏"字在甲骨文中，也有一些是不與"舞"字同見伴出的辭例。如：

丁弜奏成，其雨？（《合集》31036）

叀各奏有正，有大雨？叀奏嘉，有大雨？叀商奏有正，有大雨？（《合集》30032）

辛丑卜，奏冊比，甲辰卩，雨少？四月。（《合集》20398）

不過這些辭例，較少涉及有關求雨之事。這樣，我們就有可能做一個分別："舞"指祈雨舞蹈的專名，"奏"則為娛樂神靈的他種舞蹈或音樂。甲骨文中的"奏"字前往往加有形容詞，如"盤奏""美奏""商奏""新奏""嘉奏""各奏"等繁多的名目，可能是表明演奏不同類型的音樂。宋鎮豪先生認為："各、嘉、商，或為商代歌樂之曲名。前引《合集》20398一辭云：'奏冊比，甲辰卩雨少。'似商代奏樂伴舞求雨時，不僅有歌聲籲嗟以辭禱告，又有'奏冊'，屬文於冊，焚以上達。"④ 可知"奏"與"舞"伴出同見，是借助於音樂演奏的祈雨舞蹈形式。

---

① 宋鎮豪：《夏商社會生活史》（增訂本），第657頁。
② 許進雄：《古文諧聲字根》，第420頁。
③ 許進雄：《中國古代社會——文字與人類學的透視》（修訂本），第450頁。
④ 宋鎮豪：《夏商社會生活史》（修訂本），第659頁。

當出現了很嚴重旱災的時候，常年不雨可能導致顆粒無收，會直接影響國家的統治和國計民生，就會引起王朝統治者的高度重視。這個時候，就不僅僅是日常負責占卜的巫師求雨了，關鍵時候商王自己也要出馬上陣，親自主持求雨的祭祀活動。《呂氏春秋·季秋紀》篇中，就記載了商代初年大旱不雨，商湯親自禱雨於桑林的史實。

在甲骨卜辭中，時王親自參與求雨的辭例也屢見不鮮，如：

☐王舞☐？允雨。（《合集》20979）
☐王其乎霖……？大吉。（《合集》31031）
王其乎万霖于……？吉。（《合集》31032）

這些由商王親自參加的雩舞祈雨活動，應該是比較隆重的，也說明了當時的旱災到了非常嚴重的地步。

（六）甲骨文所見的土龍祈雨活動

除了焚巫祈雨與舞蹈祈雨兩種方法之外，古人在遭遇旱災時，也往往作土龍以求雨。這與古代人的龍圖騰崇拜以及神龍能興雲致雨的觀念有直接關係。

對此，許進雄有這樣的一番解釋：

> 至於認為龍能飛翔和致雨，可能和棲息於長江兩岸的揚子鱷魚的生活習性有關。龍的特徵，臉部粗糙不平，嘴窄扁而長，且有利齒。在中國地區，除鱷魚以外，是他種動物所無的異徵。揚子鱷除了沒有角外，身軀、面容都酷似龍，可能就是龍形象取材的根源。何況遠古的龍是無角的。揚子鱷魚在雷雨之前出現，有秋天隱匿，春天復醒的冬眠習慣。古人每見揚子鱷與雷雨同時出現，雨下自空中，因此想像它能飛翔。但龍致雨的能力也可能來自龍捲風。龍捲風的威力奇大，且經常帶雨。捲曲風的形狀好像細長的龍身，故容易讓人以之與爬蟲的化石起聯想，誤認龍能大能小，能飛翔、致雨，是威力無邊的神物[①]。

正因為古人想象龍具有致雨的神秘能力，所以就產生龍神的信仰，於是每當乾旱不雨的時候，也都會想到拜祭龍王爺以祈求降雨。神靈都需要有一個偶像，人們見不到真龍的樣子，於是就人工製作一個"土龍"以替代真龍，向它祭拜從而達到求雨的目的。

---

① 許進雄：《中國古代社會——文字與人類學的透視》（修訂本），第625頁。

在先秦古典文獻中，就有古人向"土龍"祈雨的一些記載。如《山海經·大荒東經》：

> 大荒東北隅中有山，名曰"凶犁土丘"。應龍處南極，殺蚩尤與夸父，不得復上，故下數旱。旱而爲應龍之狀，乃得大雨。

晋郭璞注於其下，云："今之土龍本此，氣應自然冥感，非人所能爲也。"由此可見，作土龍祈雨的習俗在蚩尤和夸父的上古時代就已經産生了。此俗由來已久，并且流傳至後世。董仲舒《春秋繁露·求雨》篇記載：

> 春旱求雨，……以甲乙日爲大蒼龍一，長八丈，居中央。爲小龍七，各長四丈，於東方。皆東鄉，其間相去八尺。小童八人，皆齋三日，服青衣而舞之。……夏求雨，……以丙丁日爲大赤龍一，長七丈，居中央。又爲小龍六，各長三丈五尺，於南方。皆南鄉，其間相去七尺。壯者七人，皆齋三日，服赤衣而舞之。……秋暴巫尫，……以庚辛日爲大白龍一，長九丈，居中央。爲小龍八，各長四丈五尺，於西方。皆西鄉，其間相去九尺。鰥者九人，皆齋三日，服白衣而舞之。……冬舞龍六日，……以壬癸日爲大黑龍一，長六丈，居中央。又爲小龍五，各長三丈，於北方。皆北鄉，其間相去六尺。老者六人，皆齋三日，衣黑衣而舞之。

由此詳述可知，漢代建造土龍以祈雨時，依五行學説的原則，在不同的季節，建造不同數量、不同大小的土龍，面對不同的方向，塗以不同的顔色，并以不同的人數去舞蹈。每季節均有較煩瑣的作土龍的方法，反映作土龍求雨在漢代頗爲盛行。

這種風俗究竟早到何時，不可考知，但至少在商代，已經有了這種土龍求雨的觀念。《淮南子·墬形訓》："土龍致雨，燕鴈代飛。"高誘注云："湯遭旱，作土龍以象龍。雲從龍，故致雨也。"説明早在商代初年商湯之時，就曾因爲天旱不雨而作土龍求雨。這在商代晚期的殷墟甲骨文中，頗有些卜辭辭例記載這方面的一些活動。如：

> 貞：乎取龍？貞：其亦烈雨？貞：不亦烈雨？（《合集》6589）
> 乙未卜，龍，亡其雨？（《合集》13002）
> 十人又五□□。□龍□田，有雨？（《合集》27021）
> 叀鷹龍，亡有其雨？（《合集》28422）
> 叀庚炆，有□？其作龍于凡田，有雨？上吉。（《合集》29990）

尤其後引一辭"叀庚炆,有□?其作龍于凡田,有雨?上吉"(《合集》29990),"作龍"與焚人求雨卜辭同見於一版,卜辭中并明言作龍在凡田的目的爲求雨,其意思非常明顯。許進雄認爲,"作龍"可能爲化裝舞蹈,即裝扮龍神以祈雨[①]。但裘錫圭先生認爲,此處的"作龍"就是文獻中的"作土龍",這些卜辭都是飾龍神祈雨之辭例[②]。我們認爲裘先生的觀點無疑是正確的。

但是在甲骨文中向龍祈雨較爲少見,遠遠少於雩舞求雨的情況。這說明商代對於龍控制降雨的信念尚未完全建立,龍神的概念大概方萌芽,故當時常見的祈雨方式,仍然爲向神供奉樂舞及焚燒巫者或人牲。後來隨着中國農業社會的深入發展,龍的降雨神力,纔逐漸受到人們的重視,於是歷來受到世人特別的尊敬,遇旱之時向龍王求雨的風俗,纔日盛一日[③]。

三　甲骨文中所見蝗灾及驅逐儀式

旱灾之後必有蝗灾,其後果較水灾、旱灾尤爲嚴重。所以蝗灾歷來都是令人觸目驚心的自然灾害。蝗,又稱蟲蝗、蝗蟲、橫蟲,種類繁多,口器闊大,後足强壯,棲於草叢中,爲農林害蟲[④]。

先秦典籍文獻中有害蟲傷害穀類的例子,如《左傳》莊公十八年:"秋,有蜮爲灾也。"又《穀梁傳》宣公十五年云:"冬,蝝生。蝝非灾也。其曰:'蝝,非稅畝之灾也。'"引文中的蜮即蝗之別稱,蝝乃蝗之幼蟲,均描述有關蝗蟲之灾殃。

面對蝗灾泛濫的緊急時刻,古人并不是束手無策,而是積極采取措施——舉行驅逐蝗蟲的巫術儀式。《禮記·月令》云:"孟夏之月,……行春令,則蝗蟲爲灾,暴風來格,秀草不實。"又《詩經·大田》記載:"既方既皂,既堅既好,不稂不莠。去其螟螣,及其蟊賊,無害我田稚。田祖有神,秉畀炎火。"孔穎達正義:

> 《月令·仲夏》行春令,百螣時起。是陽行而生,陽盛則蟲起,消之則付於所生之本。今明君爲政,田祖之神,不受此害,故持之付於炎火,使自消亡也。……田祖不受者,以田祖主田之神,托而言耳。

據此可知,兩周時期人們對於蝗、螟、螣、蟊、賊等所造成的害蟲灾殃已有很系統的認

---

① 許進雄:《明義士收藏甲骨釋文篇》,加拿大多倫多皇家安大略博物館,1977,第137頁。
② 裘錫圭:《説卜辭的焚巫尪與作土龍》,第32~33頁。
③ 許進雄:《中國古代社會——文字與人類學的透視》(修訂本),第626頁。
④ 華夫主編《中國古代名物大典(上、下)·蟲豸類》,濟南出版社,1993,第1628頁。

識了，故古人運用陰陽五行的原理，以求去除其灾禍。

商代已經進入非常成熟的農業社會了，所以也當有對蝗灾的記載和一定的救治方法。甲骨文中有一字，作等形，過去一些學者認爲像蟬形，如葉玉森認爲："蟬乃最著名之夏蟲，聞其聲而知爲夏矣。"① 董作賓先生也認爲此字爲"甲骨文中夏之形，像蟬之側面"②。唐蘭先生首先釋此字爲"秋"字，認爲此字乃"龜屬而具兩角者，釋爲鼈，讀爲虯，假爲秋。"③ 郭沫若則認爲："龜屬絕無有角者，且字之原形亦不像龜。其像龜甚至誤爲龜字者，乃隸變耳。今按字形實像昆蟲之有觸角者，即蟋蟀之類。以秋季鳴，其聲啾啾然。""藉以名其所鳴之節季曰秋。"④

此字在甲骨文中爲多用字，或用作時間名詞，如"今秋""來秋"，表示季節的秋季；或用作地名人名，如"雍蒭于秋""于秋令"等；但在甲骨文中，此字更多是用來表示蟲灾的。可能古人認爲蝗蟲之灾，經常發生在夏季及秋季，故取其形狀以示秋意。商代的秋季既然以蝗蟲爲代表，以此類推，應以夏季合於秋季較爲合理⑤。

除了將此字釋"秋"之外，學術界還有不同的考釋。郭若愚先生釋爲鼉，即蝗蟲⑥。對於其中的一個字形（ ），范毓周先生徑釋爲"蝗"⑦。而彭邦炯先生則釋此字爲"螽"，也即蝗蟲之一種⑧。在此，我們贊同彭邦炯先生的釋法，稱此字爲"螽"字。

甲骨卜辭中多有對"螽"的占卜，這些就是對當時蝗灾情況的反映。如：

庚申卜，出貞：今歲，螽不至兹商？二月。貞：螽其至？（《合集》24225）

癸酉卜，其……弜亡雨？螽其出于田？弜？（《合集》28425）

癸酉卜，于……告螽舟？三三。（《合集》33232）

辛卯貞：于夕令方商？丁酉貞：螽不再？其再螽？甲辰卜，其求禾于河？甲辰卜，于岳求禾？（《合集》33281）

甲申螽夕至，寧，用三大牢？（《屯南》930）

癸酉貞：螽不至？一。（《懷特》1600）

---

① 葉玉森：《殷契鈎沉》，北平富晉書社玻璃版影印本，載《甲骨文研究資料彙編》，北京圖書出版社，2008，第589頁。
② 董作賓：《卜辭中所見的殷曆》，《安陽發掘報告》1933年第3期，第512頁。
③ 唐蘭：《殷虛文字記》，中華書局，1981，第13~15頁。
④ 郭沫若《殷契粹編》第二片考釋，《郭沫若全集》"考古編"第三卷，科學出版社，2002，第353頁。
⑤ 許進雄：《中國古代社會——文字與人類學的透視》（修訂本），第599頁。
⑥ 郭若愚：《釋鼉》，《上海師範學院學報》1979年第2期，第152~154頁。溫少峰、袁庭棟《殷墟卜辭研究——科學技術篇》（1983，第218頁）也持此觀點。
⑦ 范毓周：《殷代的蝗灾》，《農業考古》1983年第2期，第315頁。
⑧ 彭邦炯：《商人卜螽說——兼說甲骨文的秋字》，《農業考古》1983年第2期，第309~313頁。

這些辭例都表現了"螽斯"這種蝗蟲灾害出現的狀況。"螽至""螽出於田"等都容易理解，意思是説蝗蟲的到來和在田間出現并危害莊稼的情形。需要解釋的是"禹"字。禹字也作禹。《説文解字》："禹，并舉也。""螽禹""禹螽"有大量、大批集結的意思。

出現了蝗蟲的灾害，古人是知道其結果之嚴重的。它們對正在成熟的莊稼來説，無疑就是巨大的灾難。所以《合集》33281 片占卜："辛卯貞：于夕令方商？丁酉貞：螽不禹？其禹螽？甲辰卜，其求禾于河？甲辰卜，于岳求禾？"意思是説：螽斯會不會大量集結？爲了保住莊稼的收穫，是向"河"神祈求豐收，還是向"岳"神祈求豐收呢？蝗蟲泛濫是自然灾害，所以商人要向"河""岳"等自然神告祭，祈求這些神祇保佑莊稼不要受到太大的破壞。再如：

甲辰卜，賓貞：告螽于河？二。（《合集》9627）
庚□，告螽于河？□午，于岳告螽？（《合集》33229）

但也不僅僅如此，在甲骨文中出現更多的是向祖先神尤其是高祖先公告祭，祈求他們的神靈阻止蝗蟲灾難，保護莊稼的豐收。這裏涉及的祖先神包括上甲、高祖夒等，如：

甲辰卜，賓貞：其告螽于上甲，不[隹]……禹？（《合集》9628）
其告螽上甲，二牛？二，二，大吉。（《合集》28206）
戊申……其告螽上甲？弜？夒即宗？河[即]宗？（《合集》28207）
□□貞：……告螽斯，其用自上甲？（《合集》32033）
□戌貞：其告螽于高祖夒？（《合集》33227）
壬子貞：其□友，告螽于上甲？弜告螽于上甲？壬子貞：业米帝螽？业米帝螽？（《合集》33230）
其告螽于上甲一牛？壬戌卜，其□螽于上甲，卯牛？（《屯南》867）
乙亥貞：取岳舞，有雨？貞：其告螽于上甲，不[雨]？（《屯南》2906+3080）
丙辰卜，貞：告螽于祊？四月。（《懷特》22）

對於這一部分卜辭辭例，郭沫若先生認爲是古代的所謂"告秋"之禮，即"嘗新之禮"或"告一歲之收穫於祖也"[①]。我們認爲單從這些向祖先告祭的辭例來看，這樣的説法是可以説得通的，但是從其他辭例來看，比如前引之《合集》33232"癸酉卜，于……

---

① 郭沫若：《殷契粹編》第二片考釋，第353頁。

告䖝禹？"如果是"告秋"，那麼"告秋禹"又作何解釋？顯然這一說法就説不通了。再如前引之《屯南》930"甲申䖝夕至，寧，用三大牢？"如果"䖝"爲"秋"，指秋季收穫，那麼何以秋收會"夕至"；秋收是好的事情，何以會"寧"（阻止）其到來呢？可見，這裏的辭例不是指"告秋"，而是像"告土方于上甲""于上甲告工方"之類的辭例一樣，有禍患、災害等大事了，至於這些辭例反映的是出現蝗災了，故而向祖先告祭以求其保佑禳災。

在對蝗災進行禳除的對策之中，商代人似乎有一種專門之祭。這就是"寧䖝"。甲骨文"寧"字有止息安寧之義，已見前述，所以"寧䖝"與"寧風""寧雨""寧水""寧疾"一樣，是對蝗蟲進行禳除的巫術儀式。

乙亥卜，其寧䖝于㠯？（《合集》32028）
貞：其寧䖝，來辛卯酚？（《合集》33233）
庚辰貞：其寧䖝？二。（《合集》33234）
庚午貞：䖝大禹，于帝五工臣寧？……在祖乙宗卜。（《合集》34148）
貞：其寧䖝于帝，五工臣于日告？甲申，䖝夕至，寧，用三大牢？（《屯南》930）

由此可知，商代之時由蝗蟲所造成的災禍，已經非常嚴重。商人不得不舉行隆重的"寧䖝"儀式，對祖先神靈進行祭祀，以祈求驅逐蝗蟲，保佑莊稼的豐收。

除了"䖝"字之外，甲骨文中另有爨字，作 、 、 、 （《合集》29715、32854、32968等）等形。該字與"䖝斯"之"䖝"字應是同源字，皆作蝗蟲或火烤蝗蟲之狀[①]。楊升南先生云："甲骨文'蠱'（上下結構）從火，正是商人滅蝗的方法之一。"[②] 筆者尚記幼時在家鄉，多見蝗蟲（俗稱螞蚱）爲禍。村裏人多於夜晚在田間地頭和蘆葦蕩中點燃很多火堆，蝗蟲有向光性，見火光即向其飛去。如此許多蝗蟲就會自投火堆，葬身火海。以火堆滅蝗，正是民間多年積累的有效辦法。蓋這種辦法，其來尚矣，由此字形可知，至少可以追溯到甲骨文時代。

與蝗蟲爲災相類相關的，是鳥蟲爲災。甲骨文中有一字作 、 、 之形，象持棍以驅趕鳥形，可以隸定爲"敓"，也有隸定爲"攉"字者。陳邦懷先生釋爲"駃"字，認爲即《說文》之"駃，鳥也"，在卜辭中借爲"魃"，旱鬼也，"卜問其有降旱魃之

---

① 許進雄：《古文諧聲字根》，第348~349頁。
② 楊升南：《商代經濟史》，第180~181頁。

事"。① 朱培仁先生認爲:"敓字的字形,有手執長杆驅鳥的象徵。《廣韻》:'士咸切,音饞,鳥敓物也。'"所謂"鳥敓物"就是鳥類爲害的意思,也有鳥啄食作物的意思②。既有鳥害,當然就要驅趕害鳥保護農作。溫少峰、袁庭棟先生亦持此說③。彭邦炯先生認爲,"此字當爲《説文》敓字之本字,隹、鳥古文同形。説右邊從攴乃文之訛變。初義當爲驅趕鳥,後成爲某鳥之專稱,大概此鳥對人類危害大,故從手持棍驅趕或鞭打之形。卜辭言'降敓'即指鳥害。"④ 我們同意彭氏意見,但爲了行文方便起見,將此字直接隸釋爲"摧"字。

甲骨文中有"有摧""降摧""降大摧""來摧",可見當時的鳥害對農業生産來説是一種可怕的自然災禍。如:

貞:亡來摧?(《合集》809 反)
王占曰:其有摧?(《合集》6655 反)
今秋其有降摧?(《合集》13737)
貞:帝不隹降摧?貞:帝隹降摧?(《合集》14171)
貞:其有降摧?(《合集》17336)
[王]占曰:其有降大摧?(《合集》17337 反)
丙戌卜,亡摧?(《合集》32699)

同樣,作爲一種商人不願意見到的農業災害,像"寧風""寧雨""寧水""寧螽"一樣,甲骨文又有"寧摧""告摧"的占卜辭例,即以祭祀等巫術儀式,作爲商人對付鳥類災害的一種救助措施。如:

貞:于吉寧摧?(《合集》1314)
申卜,貞:方禘寧摧?九月。(《合集》14370 丙)
……于兕寧摧?(《合集》14675)
丙辰卜,賓貞:尋告摧于……一月(《合集》16073)

---

① 陳邦懷:《降敓》,《殷代社會史料徵存》(卷下),天津人民出版社,1959,第 26 頁。
② 朱培仁:《甲骨文所反映的上古植物水分生理學知識》,《南京農學院學報》1982 年第 2 期,第 205 頁。
③ 溫少峰、袁庭棟:《殷墟卜辭研究——科學技術篇》,第 220 頁。
④ 彭邦炯:《甲骨文農業資料考辨與研究》,吉林文史出版社,1997,第 429 頁。

四　甲骨文所見沙塵暴及祭祀禳除活動

據研究，商代晚期的乾旱導致了土壤沙化，其主要標志之一就是沙塵暴的出現。沙塵暴，指大量沙土沙粒被強勁陣風或大風吹起，飛揚於空中而使空氣渾濁，平均能見度小於 1 千米的現象，又稱沙暴、塵暴。沙塵暴一般發生在土地乾燥、土質鬆軟而無植被覆蓋的地區。沙塵暴天氣的出現，是氣候乾旱化和生態環境惡化的一個重要證據。

商代晚期已經開始出現沙塵暴天氣。《墨子·非攻下》稱，帝辛時"雨土於薄"。《竹書紀年》也載，帝辛"五年，雨土於亳。"研究者稱，"雨土"現象正是沙塵暴天氣的古代記録。

甲骨卜辭中有關於沙塵暴發生的信息，最早被郭沫若先生考釋并發現，他認爲甲骨文中的"霾""霾"字，"於雨下從一獸形如貓，决爲霾字無疑"。① 《詩經·邶風·終風》："終風且霾，惠然肯來。"《説文》："霾，風雨土也。"《爾雅·釋天》："風而雨土爲霾。"傳曰："霾，雨土也。"郝懿行疏曰："孫炎曰，大風揚塵，土從上下也。"可知商周秦漢時期的"霾"，并非今天氣象學中如同霧氣的陰霾之"霾"，而是沙塵暴天氣②。

甲骨卜辭中關於沙塵暴"霾"的記録以下列幾條爲代表：

己酉卜，爭貞：風隹有霾？（《合集》13465）
癸卯卜……王占曰：其……霾？甲辰……（《合集》13466）
貞：兹雨隹霾？貞：兹雨不隹霾？（《合集》13467）
……隹霾，有作 [禍]？（《合集》13469）
甲申卜，爭貞：貍（霾）其有禍？貞：貍（霾）亡禍？（《通纂》419）

最末一辭，"霾"字無雨字頭而作一獸形，對此郭沫若先生云："此片之獸形文，以前二片霾字例之，知即貍字。貍者野貓也，字在此蓋假爲霾。"③ 今從郭説爲是。

由以上所引諸辭可知，有"霾"的沙塵天氣從武丁時代就已經開始出現了，結合文獻記載的帝辛五年的"雨土"判斷，沙塵天氣橫行商代晚期二百多年的時間。而且這種"風霾雨土"的現象，曾給人們帶來巨大的禍患，所以一有風天雨天就心有餘悸，占問風雨會不會帶來塵霾，塵霾會不會帶來灾禍等。

---

① 郭沫若：《卜辭通纂》，科學出版社，1983，第 384 頁。
② 值得注意的是，"霾"字《釋名》釋作"晦"，或當作霧解，這正與今天氣象學上的"霾"氣象相同，與商周秦漢時期的"霾"即沙塵暴是兩個不同的概念。
③ 郭沫若：《卜辭通纂》，第 385 頁。

爲了防止塵霾天氣的發生，殷人還對神靈進行祭祀，以祈塵霾灾害不會帶來禍患。如：

貞：翌丁卯酒，丁霾？（《合集》13468）

五　小結

總之，對待自然灾害，商代時人更多是通過祭祀等巫術，向祖先神或自然神進行祭拜，來達到其禳除灾害的目的。因爲在他們的心目中，這些灾害正是這些天神地祇降禍於人類的，所以祇有通過奉獻豐盛的祭牲，通過隆重的儀式，來從源頭上解決問題。

在這一點上，我們不能超越歷史，指責古人的迷信和愚昧。後世直到明清時期，當人們遇到灾禍時，不往往還是向龍王爺求雨水，向老天爺求保佑嗎？甚至直到現在，當自然灾害來臨之時，我們不還是往往束手無策，祇有通過敬畏大自然，順從大自然來祈禱世界和平嗎？這些，應該都是我們從甲骨文中所獲得的一些啓示。

甲骨卜辭所見殷人的"上""下"方位觀念

鄧國軍[*]

摘 要：上、下方位本來是被先民用來標識物理垂直空間的高、低，起初并不含有任何尊卑等級因素。在原始物理空間中，方位上、下僅具有對稱性、秩序性等屬性。時至殷商，殷人已將自然方位秩序上、下引入廣闊的社會空間裏面，成爲殷人神靈體系、宗廟系統、祖先命名、地理地名、時間等領域内分類和命名的一種重要依據，上、下方位秩序因此也具有了地理、時間等屬性。圍繞上、下方位，殷人已經形成明顯的"上尊下卑"觀念，但尚未形成"上南下北"觀念。

關鍵詞：卜辭；殷人；上帝；上尊下卑；上南下北

引 言

上、下原本是被先民用來標識物理垂直空間的高、低，起初并不含有任何尊卑等級因素。不過，在原始物理空間中，方位上、下具有兩項特徵：一是對稱性，二是秩序性。先民在人事活動中，逐漸將上、下這一方位分類方法應用於日常的社會生活中，從而使上、下方位具有了濃重的人文氣息。從甲骨文資料來看，早在殷商時期，殷人對上、下方位的認識已經不再局限於物理空間這一範疇，而是將其引入廣闊的社會空間裏面，使上、下方位的内涵有了很大的擴展。在甲骨文中，方位詞上、下單獨使用表示方向時，是基於其本義的用法。方位上、下與其他載體相聯繫時，更多是基於其所内涵的"涇渭分明"的秩序感。

一 "上""下"的文字學考釋

"上"，在甲骨文中作 ⊂、⊂、⊂、⊂、⊂ 等形，在金文中作 ⊂（《集成》9454，西周早期）、⊂（《集成》2735，西周中期）、⊂（《集成》238，西周晚期）、⊂（《集成》267，春秋早期）、上（《集成》2590，戰國晚期）等，在戰國簡牘中作 上（曾50）、上

---

[*] 鄧國軍，湖南大學嶽麓書院副教授，"古文字與中華文明傳承發展工程"協同攻關創新平臺成員，歷史學博士，研究方向爲出土文獻與先秦史。
本文是國家社科基金青年項目"空間方位觀念與商周社會秩序研究"（20CZS012）階段性成果。

（郭.老乙.9）、上（包2.10）、上（睡.效3）等；"下"，在甲骨文中作 ニ、ニ、ニ、ニ 等形，在金文中作 ニ（《集成》9455，西周中期）、ニ（《集成》4326，西周晚期）、下（《集成》2782，春秋晚期）等，在戰國簡牘中作 下（郭.老甲.4）、下 ［上（2）.容.5］、下（包2.237）、下（睡.效22）等。"上""下"合文表示"上下"或"下上"時，又作 二、二、二、二 等。學界諸家關於"上""下"二字的考釋，一般從《説文解字》中的"上""下"釋義説起。許慎在《説文解字》中云："丄，高也，此古文上。指事也。凡上之屬皆从上。""丅，底也，指事也。"段玉裁注云："古文上作二，故帝下、旁下、示下皆云从古文上。可以證古文本作二，篆作丄。各本誤以爲丄謂古文，則不得不改篆文丄爲上，而用上爲部首。使下文从二之字皆無所統。示次於二之恉亦晦矣。""有物在一之下也，此古文下本如此，如丙字从古文下是也。後人改二爲丅，謂之古文。則不得不改丅爲下，謂之小篆文矣。"

段玉裁改古文"丄""丅"二字爲"二""二"的論斷得到了包括王國維、羅振玉在内的諸多學者的充分肯定。如羅振玉先生云："段先生注《説文解字》改正古文之上下二字爲二二，段君未嘗肆力於古金文而冥想古合，其精思至可驚矣。又卜辭中上下及下上二字連文者，皆合書之。古金文亦然。"① 之後，學界在段玉裁的基礎上，展開了對"上""下"二字造字本義的探討。羅振玉云："卜辭中上字下橫劃上仰者，以示别於一二之二也。"② 商承祚先生亦持同樣的觀點，他認爲："段改丄爲二，是也。甲骨文、金文皆同。或仰其末筆作 二，象大物承小物在上。與下之作 二，象大物覆小物在下，義一也。所以曲之者，殆因其易與紀數字二相混，故曲之以示别也。豎其短畫爲丄，亦此意。"③ "至改篆文上、下爲丄、丅則非。丄、丅亦古文也，何以知之。二、二 爲最初之古文，後因其易與一二之二字相亂，乃仰俯其下上筆作 二、二，然所别仍甚微，後遂豎其短畫爲丄、丅，於是形誼乃顯著，至秦整齊古文以爲小篆，乃參采二體而作上、下矣。段氏不明此，故有此誤，所謂千慮一失也。"④ 商承祚先生梳理了古文"上""下"的演變軌跡，即"二、二 → 丄、丅 → 上、下"。戴家祥先生關於"二""二"造字本義的認識與商承祚先生大同小異，他認爲："二 字，底下的長橫像物體之面，上面的短橫爲指示符號，特指在物體之上。篆文作丄字豎寫指示符號，可能是爲了示别數詞一二之二也。金文下作 二，上面長橫畫像物體之面，下面短橫畫爲指事符號，指在物體之下。篆文丅字乃指事符號的豎寫，可能爲了示别數詞一二之二也。"⑤ 戴家祥先生認爲 二、

---

① 羅振玉：《殷虚書契考釋》，永慕園石印本，1915，第24頁。
② 羅振玉：《增訂殷虚書契考釋》，東方學會石印本，1927，第14頁。
③ 商承祚：《説文中之古文考》，上海古籍出版社，1983，第4頁。
④ 商承祚：《甲骨文字研究》，天津古籍出版社，2008，第164~165頁。
⑤ 戴家祥：《金文大字典》（上），學林出版社，1995，第13頁。

一二字中的短横畫爲指事符號與商承祚先生"大物承/覆小物"之說大同小異，而且他也承認篆文上、丅字"乃指事符號的豎寫，可能爲了示别數詞一二之二也"。陳勝長等認爲商氏關於⌒、⌢之論斷有可商之處，指出"上""下"字形在甲骨文中，⌒、⌢要早於二、〓，"由⌒、⌢之演變爲二、〓，弧綫改爲長畫，蓋取刻寫較易而已，而早期作弧綫者，當別有命意"。他否定了自羅振玉以來⌒、⌢之曲筆是因爲易與數字二相混淆的觀點，他對⌒、⌢提出了自己的新認識，即⌒、⌢之取象龜甲之形，弧綫蓋表背甲，直短畫蓋表腹甲。貞卜以用腹甲爲常，故字之構形以腹甲在上表上字，以腹甲在下表下字。"① 朱彦民先生亦指出"卜辭中上字，下横畫上仰者，以示别於一二之二也"的觀點明顯不確，他認爲卜辭中的"⌒"與"二"二者的根本區别不在於筆畫的上仰或彎曲，而在於"二"字兩畫等齊長短，"⌒"之兩畫上短下長。② 綜合以上諸家的論述可知，先秦時期"上""下"二字字形的演變軌迹爲⌒、⌢→二、〓→上、丅→上、下。此外，關於"上""下"二字造字本義雖然仍有爭議，但二者内涵還是大致可以明了，以某一物爲參照物，"上"指示該參照物的垂直空間的上方，"下"指示該參照物垂直空間的下方。

二 甲骨卜辭所見殷人的"上""下"方位觀念

（一）"上帝"觀念

"帝"字在殷墟卜辭中習見，殷人有時在"帝"前冠以方位詞"上"，組成"上帝"一詞。"上帝"在卜辭中往往以合文的形式出現，見於以下諸辭：

（1）……卜，争[貞]……上帝……降……熯。《合集》10166）
（2）……祝……上帝……出……。（《合集》24979）
（3）叀五鼓……上帝若王……有祐。（《合集》30388）

在卜辭中，"上帝"的含義與"帝"的區别并不是很明顯，二者均指殷人心目中具有最高地位的至上神，擁有很大的權威，不僅掌管着風、雨、雷、電等自然神靈，還左右着時王的禍福吉凶。與"帝"相比，"上帝"之"上"客觀上説明了在殷人心目中，至上神——上帝處於殷人宇宙空間的最高處，"上帝"一詞保留了殷人原始時空觀念的遺迹。是故，"上帝"這種命名方式的出現可以説是殷人上、下方位觀念在神靈體系中的具體落實。此外，胡厚宣先生認爲："廪辛康丁時稱祖甲爲'帝甲'，因人王亦可名帝，故天神

---

① 陳勝長等：《釋内外上下》，載《第二届國際中國古文字研討會論文集》，問學社有限公司，1993，第171頁。
② 朱彦民：《商代社會的文化與觀念》，南開大學出版社，2014，第390頁。

之'帝'遂加'上'字以別之[①]。郭沫若先生云:"上、下本是相對之字,有'上帝'一定亦有'下帝'。殷末二王稱帝乙、帝辛,卜辭有'文武帝'的稱號,大約是帝乙對於其父文丁的追稱。可見帝的稱號在殷末年已由天帝兼攝到人王頭上來了。"[②] 郭、胡兩位先生皆認爲"上帝"一詞起源於殷商末期,殷人爲了區別祖先神稱帝者,就在天神的"帝"前冠以"上"字,以示區別。"上帝"指天神,祖先神稱帝者或意爲"下帝",祇不過殷人不這樣稱呼罷了。

(二) 祖先神靈系統中的"上"與"下":"上示"和"下示"

何爲"示"? 王國維先生在《殷卜辭所見先公先王續考》中指出卜辭中不僅先公先王的廟主可以稱"示",先臣的廟主亦可稱"示"[③]。姚孝遂、肖丁先生亦指出卜辭中的"示"指先王的廟主,"示"與"宗"的分別,即神主(或廟主)與神主所在宗廟、宗室的分別[④]。朱鳳瀚先生認爲:"殷墟卜辭中稱供奉在宗廟裏的祖先神主牌位爲'示',這些神主相互結合,構成不同的神主群,又稱爲'某示',如'大示''小示''下示'等。"[⑤] 在卜辭中,"示"既可以表示單個的廟主,如"伊示"(《合集》32484)、"黃示"(《合集》6354),又可以指示集合廟主,即在"示"字前冠以大、小、元、六、上、下、北、西等區別字而命名不同的廟主群。這些集合廟主群中有部分是以方位作爲該廟主群的命名依據,如"北示""西示""上示""下示",其中"北示"(《合集》19534)、"西示"(《合集》102)、"上示"(《合集》102)各見1例,"下示"在卜辭中習見。現擇其要者如下:

(4) [甲]戌卜,貞:卑見(獻)百牛,戠用自上示。
　　　□□[卜],貞:翌[丁]酒□□明歲。一月。
　　　……來舄,陟于西示。(《合集》102)

(5) 貞:下示……受余……。(《合集》1166甲)

(6) 己亥貞:卯于大其十宰,下示五宰,小示三宰。(《屯南》1115)
　　　庚子貞:伐卯于大示五宰,下示三宰。

(7) 乙亥,王卜……畢□方敦妾余一人,自上下示□,告于大邑商。(《合集》36966》)

---

① 胡厚宣:《殷代之天神崇拜》,《甲骨學商史論叢初集》,大通書局,1972,第329頁。
② 郭沫若:《郭沫若全集·歷史編》,人民出版社,1982,第31頁。
③ 王國維:《觀堂集林》(附別集),中華書局,2004,第444頁。
④ 姚孝遂、肖丁:《小屯南地甲骨考釋》,中華書局,1985,第25~26頁。
⑤ 朱鳳瀚:《論殷墟卜辭中的"大示"及相關問題》,《古文字研究》第16輯,中華書局,1989,第36頁。

(8) 貞：下上龏示弗其若，十三月。二告。(《合集》14269)

"上示"和"西示"見於辭(4)，"下示""大示""小示"見於辭(6)，"下示"有時單獨出現，如辭(5)。"上示""下示"分别指哪些祖先的集合廟主群呢？"下示"和"小示"有何不同？目前學者們對此的理解并不統一。陳夢家先生認爲："'上示'與'下示'是相對的，'上示'當是'自上甲'。'上示'當指'大示'，'下示'當指'小示'，上、下示與大、小示是相當的。"① 陳夢家先生將上、下示與大、小示對應起來的觀點是明顯錯誤的，有學者已經明確指出，如中國社會科學院考古研究所的學者認爲："'下示'和'小示'不是同一個概念，'上示'和'大示'也不是同一個概念。'下示'低於'大示'，而高於'小示'。"② 姚孝遂和肖丁先生亦指出："'大示''下示''小示'同見於一辭，爲前所未見，此可以糾正過去之誤解，即過去一般均認爲卜辭'大示'與'小示'相對，'上示'與'下示'相對，'大示'即'上示'，'小示'即'下示'的誤解。"姚孝遂、肖丁二位先生進而根據卜辭內容，對"大示""下示""小示"提出了自己的看法，他們進一步指出："'大示'在此指'上甲'至'示癸'的六大示。'下示'在此指'大乙'至'仲丁'六示，這些都是直系。'小示'則是除此之外的旁系先王。"③ 曹錦炎先生又指出："卜辭中的'大示'指'上甲'至'示癸'六個先王，'下示'是指大乙到戔甲的十一個先王……這裏所説的幾種'示'都没有直系和旁系的區分。"④ 曹錦炎先生否定了"大示""下示"皆爲直系説，曹錦炎先生的這一觀點得到了朱鳳瀚先生的認同，但朱鳳瀚先生并不同意曹錦炎先生關於"大示""下示"的認識，朱先生指出："(一)'大示'并非包括所有的直系先王。(二)'大示'衹包括六個直系先王，即'自上甲六大示'，上甲、大乙、大丁、大甲、大戊、大庚。(三)中丁以後的直系先王稱爲'下示'，'小示'是指旁系先王(或可能包括報乙至示癸五示)。"同時他指出："中丁以後的直系稱'下示'，可能是因爲於集合神主的序位上在'自上甲六大示'之下。……'上示'疑即"大示"的不同叫法。"⑤ 晁福林先生亦認爲"上示"和"元示"一樣是"大示"的別稱⑥。方述鑫先生也認爲"上示"就是指這種"下示"之外的"自上甲"的"大示"，不過，他認

---

① 陳夢家：《殷虚卜辭綜述》，中華書局，1988，第467頁。
② 中國社會科學院考古研究所：《小屯南地甲骨》，中華書局，1980，第929頁。
③ 姚孝遂、肖丁：《小屯南地甲骨考釋》，第25~26頁。
④ 曹錦炎：《論卜辭中的示》，《吉林大學研究生論文集刊(社會科學版)》1983年第1期。
⑤ 朱鳳瀚：《論殷墟卜辭中的"大示"及相關問題》，《古文字研究》第16輯，中華書局，1989，第45頁。
⑥ 晁福林：《關於殷墟卜辭中的"示"與"宗"的探討——簡論宗法制的若干問題》，《社會科學戰綫》1989年第3期，第158~166頁。

爲"下示"是上甲之後的三報二示五位直系先王，而不是其他直系先王。[①]

綜合以上諸家的意見，學者對於"上示"的看法較爲一致，認爲"上示"就是"大示"的別稱，即"上示"就是上甲、大乙、大丁、大甲、大戊、大庚之"六大"神主的集合名稱。對於"下示"的認識尚存有分歧，楊升南先生認爲"下示"當是指"未曾即位的諸王之兄弟行"[②]，朱鳳瀚先生認爲"下示"指"中丁以後的直系先王"，方述鑫先生認爲"下示"指"三報二示五位直系先王"。其中"下示爲未曾即位的諸王兄弟行"說，已遭到朱鳳瀚先生和方述鑫先生反駁，筆者這裏亦不認可"下示爲三報二示五位直系先王"說。方述鑫先生在論述這一觀點時，所用例子是辭（9）"……大[示]十宰，▨五宰，它示三宰。八月"（《合集》14353）。在具體論述過程中他引用的是張政烺先生的觀點，張先生的觀點如下："'大示十宰'是十個人各有一宰，這十個人是誰？就現有的甲骨文研究知識言，是上甲、大乙、大丁、大甲、大戊、大庚、中丁、祖乙、祖辛、祖丁十個人，即上甲加大乙九示。'▨五宰'是上甲以後的五個示各得一宰，這五個示是誰？祇可能是報乙、報丙、報丁、示壬、示癸五位了。至於▨究竟應當是什麼字……我曾做過一些擬測，尚未成熟，暫且不談。"方述鑫先生將辭（6）和（9）中的祭祀犧牲作了對比之後，認爲辭（9）中的"▨"字就是辭（6）中的"下示"，辭（9）中的"它示"就是辭（6）中的"小示"。而且他將"▨"字釋爲"希"字，又運用音韻學的知識認爲"下"與"希"相通，最後得出▨就是"下示"。

結合張政烺先生的上述結論，方述鑫先生推出"下示"爲"三報二示五位直系先王"這一觀點。分析方述鑫先生的上述論證過程，筆者有個疑惑，"▨"字即使釋爲"希"，又通爲"下"，但是"希"如何能够與"下示"等同起來呢？"希"是一個字，"下示"是兩個字，卜辭中還未見到省"下示五牢"爲"下五牢"的例子，由此可知方述鑫先生的觀點還不能令人信服，筆者這裏還是贊成朱鳳瀚先生的觀點，"下示"在集合神主的序位上可能在"大示"之下。朱彥民先生也持類似的觀點，認爲"上示"應是歷史上早先的先公先王祖廟的集合，"下示"應是歷史上晚近的先公先王祖廟的集合[③]。筆者認爲"上示"與"下示"不僅有早晚先後的區別，在殷人祖先神靈系統中，"上示"的地位也要高於"下示"，因爲"上示"祖先神主群享受的祭禮要比"下示"隆重。是故，"上示"和"下示"的區分，實際上也表明了這些集合廟主在宗法系統、王位系統和祭祀系統中的地位高低差別。總之，"上示""下示""西示""北示"的出現，表明殷人將方位系統引入祖先神靈系統，并將方位秩序作爲區分祖先神靈系統的一種重要手段，實質上是將抽象

[①] 方述鑫：《論殷墟卜辭中的"示"》，《夏商文明研究——91年洛陽"夏商文化國際研討會"專集》，中州古籍出版社，1995，第208頁。
[②] 楊升南：《從殷墟卜辭的"示"、"宗"說到商代的宗法制度》，《中國史研究》1985年第3期，第3~16頁。
[③] 朱彥民：《商代社會的文化與觀念》，南開大學出版社，2014，第391、393頁。

的祖先神靈系統空間化了。在殷人祖先神靈系統中，方位"上、下"已經具有了人文内涵，即"上、下"方位已不是單純地指示物理空間中的高、低，而是指示祖先神主序位的早晚以及地位的高下。

（三）祖先稱謂系統中的"上""下"："上乙"和"下乙"

與"上示"和"下示"類似的是"上乙"和"下乙"。"上乙"和"下乙"在卜辭中應是特定祖先的專名而非集合名稱。"上乙"在卜辭中僅見1例，而"下乙"在卜辭中較爲常見，現移錄部分辭例於下：

（10）……上乙三……（《合集》22160）

（11）卜貞：翌丑告方下乙牛。（《懷特》23）

（12）壬寅卜，殻貞：興方以羌，用自上甲至下乙。（《合集》270）

（13）貞：……方以羌自上甲用至下乙。（《合集》271反）

（14）勿衣（卒）侑于下乙。（《合集》811反）

（15）甲辰卜，殻貞：下乙賓于咸。
　　　貞：下乙不賓于咸。（《合集》1402）

（16）辛酉卜，爭貞：今日侑于下乙一牛，曹十宰□。（《合集》6947）

（17）辛卯卜，爭貞：我狩下乙弗若，二告。（《合集》10608）

（18）貞：唐……于下乙……十一月在。（《合集》1335）

（19）貞：王其入，勿祝于下乙。（《合集》1666）

（20）辛亥卜，翌用于下乙。有歲于下乙。（《合集》22044）

由以上辭例觀之，"下乙"應爲殷人祖先之名。與"下乙"相對的"上乙"，我們亦可推知其也應爲殷人祖先之名。那麼，"上乙""下乙"分別指何人呢？關於這一問題，胡厚宣先生曾做過考察，他在《卜辭下乙説》中認爲"下乙者既非小乙、大乙、報乙，則殷先王以乙名者，僅餘一祖乙，是必爲祖乙無疑……稱下乙者，疑與大乙唐相對而言，猶言前有唐後有祖乙，皆有爲之君。卜辭中别有上乙之稱，殘缺過甚，不知是否即爲大乙也。"[①]陳煒湛先生亦認爲"下乙"爲"祖乙"，他對比了以下兩條卜辭，辭（21）"翌乙酉又伐于五示：上甲、成、大丁、大甲、祖乙"（《丙編》41）和辭（22）"求上甲、成、大丁、大甲、下乙"（《乙編》5303）後，得出"下乙"即爲"祖乙"的結論。[②]由胡、陳

---

① 胡厚宣：《甲骨學商史論叢初集》，大通書局，1972，第407頁。
② 陳煒湛：《甲骨文論集》，上海古籍出版社，2003，第21頁。

兩位先生的意見可知，"下乙"即爲"祖乙"，"上乙"很可能爲"大乙"。那麼"祖乙"爲何又稱爲"下乙"，"大乙"又因何被稱爲"上乙"呢？朱鳳瀚先生認爲："在'下示'諸王中，被奉爲中宗的祖乙在卜辭中又被稱爲下乙，陳夢家先生曾提到：祖乙之稱下乙'亦可能是由於'上示''下示'的區別'，意即'下乙'之稱或可能是因爲祖乙列於'下示'之故，這是很有啓發性的。"① 此外，朱彥民先生認爲："'上'字用在祖先神先公先王廟號名稱之中，可能在祖廟中被放置於較高較上的位置，表示地位較高的先公先王。帶有'下'字的祖先廟號是在祖廟中放置於較低下的位置，表示地位較低的先公先王。"② 考慮到"下乙""上乙"與"上示""下示"難以判定究竟孰先孰後這一事實，筆者認爲朱彥民先生之說較優，也符合上、下之本義。

總之，"上乙"和"下乙"是上、下方位秩序在殷人祖先廟號系統中的具體體現，"上""下"除了具有區別同名祖先的功能之外，更主要的功能在於彰顯同名祖先排位的高低。因爲如果將殷人祖先世系想象爲一個垂直分布的空間，那麼"上乙""下乙"在這一空間中的相對位置就一目了然，"上乙"因其出現的時間較早，排在世系的上方，"下乙"因其出現的時間較晚，位於下方。這一點可以通過殷人祖先"上甲"在殷人世系中的位置看出來，如下辭："于上甲，成，大丁，大甲，下乙。二告。"（《合集》6947）在殷人"甲"名先公先王中，"上甲"排在"大甲"之前，因爲"上甲"出現的時間較早，是第一位甲名先王。卜辭中雖然沒有"下甲"與之對應，但如陳夢家先生所言，"上可以專指第一"。③ 此外，上、下方位秩序還體現在殷人的祭祀順序方面，殷人祭祀一般爲順祀，但偶爾也有逆祀，如下辭："禱其下自小乙"（《合集》32615）；"禱其上自祖乙"（《合集》32616）。裘錫圭先生說："商代祭祀雖以順祀爲常，但在有些祭祀裏也允許逆祀，似乎并不認爲失禮。"④ 據此來看，"禱其下自小乙"是說從小乙往下順祀，"禱其上自祖乙"是指從祖乙往上逆祀。由此亦可證明，殷人確實是將祖先世系理解爲一個垂直分布的空間體系。

（四）田地命名系統中的"上"與"下"："上田"與"隩田"

卜辭中僅見"上田"，未見"下田"。不過，與"上田"同版的卜辭中出現了"隩田"。載有"上田"和"隩田"的相關辭例如下：

（23）叀上田盈延，受年。惟隩田盈延，受年。大吉（《屯南》715）

---

① 朱鳳瀚：《論殷墟卜辭中的"大示"及相關問題》，《古文字研究》第16輯，中華書局，1989，第45頁。
② 朱彥民：《商代的文化與觀念》，第391、393頁。
③ 陳夢家：《殷虛卜辭綜述》，第441頁。
④ 裘錫圭：《甲骨卜辭所見的逆祀》，載《古文字論集》，中華書局，1992，第227~230頁。

（24）叀新眔屯用上田有正。吉。（《屯南》3004）

由辭（23）可知，"上田"和"隰田"均與農業有關系。關於"上田""隰田"的具體內涵，裘錫圭、黄天樹、朱彥民三位先生曾做過解釋[1]，三者的釋義大致相似，現將他們的觀點摘録如下："隰田"與"上田"對舉。《詩經》中屢以"隰"與"原"、"阪"與"山"對言。《邶風·簡兮》毛傳："下濕曰隰。"可知隰田就是地勢低下土質比較潮濕的田。《大雅·公劉》説："度其隰原，徹田爲糧。"這説明原田和隰田是古代最重要的兩類田。《毛傳》："下曰隰。"隰田也未嘗不可以稱"下田"，"上田"大概就是原田。由此可知，殷人在"田"字前冠以方位詞上、下，作爲"地"命名和分類的依據，實際上是基於上、下方位本義的應用，"上田"即地勢較高的田地，"下田"即地勢低窪的田地。

（五）殷人在地名前冠以"上""下"來區別同名異地

卜辭中已見殷人在地名前冠以方位詞"上""下"來區分異地同名的現象。卜辭所見冠以方位詞"上""下"的地名有"上𩵋""下偖""下危""下兮"。現擇相關辭例如下：

（25）癸巳卜，在反貞：王旬亡禍，在五月，王趚于𩵋。

癸卯卜，在□貞：王旬亡禍，在六月，王趚于上𩵋。

癸丑卜，在□貞：王旬亡禍，在六月，王趚于上𩵋。

癸亥卜，在向貞：王旬亡禍，在六月，王趚于上𩵋。

癸酉卜，在上𩵋貞：王旬亡禍，在七月。（《合集》36537）

（26）癸未王卜，貞：旬亡禍。在九月，在上𩵋，王廿司。

癸巳王卜，貞：旬亡禍。吉，王在𩵋。（《合集》37863）

（27）不受禾。

在酒、盂田受禾。

勿受禾。

在下偖南田受禾。（《合集》28231）

（28）貞：今早登下危呼盡伐，受有祐。（《合集》7311）

（29）乙卯卜，貞：王比望乘伐下危，受有祐。（《合集》32）

（30）……作比望乘伐下危，下上弗若不我其受祐。（《合集》6505）

---

[1] 裘錫圭：《甲骨文中所見的商代農業》，載《古文字論集》，中華書局，1992，第177頁。黄天樹：《説殷墟甲骨文中的方位詞》，《黄天樹古文字論集》，學苑出版社，2006，第208~209頁。朱彥民：《商代社會的文化與觀念》，第392頁。

（31）戊辰卜，尹貞：王其田無灾在正月在危卜。（《合集》41075）
（32）甲子卜，其豐［在］下兮，北鄉（向）。（《屯南》2294）

卜辭（25）（26）中出現"䲴"和"上䲴"兩個地名。有學者指出"䲴"和"上䲴"所指應爲同一地，"䲴"是"上䲴"的簡稱①。筆者這裏認爲"䲴"并不是"上䲴"的簡稱，"䲴"和"上䲴"應是指兩個名"䲴"的地方，殷人爲了區别二者，在其中一個"䲴"字前，冠以"上"字。"䲴"和"上䲴"不僅出現於同版卜辭中，而且在卜辭（25）（26）兩版卜辭中出現了兩次，這表明"䲴"和"上䲴"應是兩地，而非一地。"䲴"和"上䲴"的情況與卜辭中"危"與"下危"的情況十分相似。辭（28）（29）（30）（31）中出現了"下危"和"危"，"下危"和"危"應是兩地，"危"應非"下危"之簡稱。于省吾先生曾云："早期甲骨文以'下危'與'危方'爲方國者習見。第五期甲骨文之征人方，往往言'才危''才危貞''步于危'，又均以'危'爲地名，其地望有待考。"②饒宗頤先生云："危地所在，據征人方卜辭云：'在□貞：步于危。'（《前編》2.19.6）'在危貞：今日步于攸。'（《續編》3.30.7）'在□貞：今日卜于危。'危地當在今蘇皖交界處。疑下危在危地附近，其名稱之上，冠以'下'字，如杜之有下杜（《水經注》下杜城即杜伯國），相之有下相也。（應劭云：相水出佩國相縣，於水下流置縣故名下相。）"③饒宗頤先生所云甚是，筆者從之。此外，辭（27）中出現了"下徲"一詞，"下徲"是否爲地名還需要考證。裘錫圭先生認爲"徲"是與後世的行宮相類的一種建築④。姚孝遂先生也認爲"徲"當爲行宮離館之類，商代於田獵之地多有"徲"，爲商王休息之所。卜辭習見"作徲"於某地，又祖妣亦多有"徲"，乃宗廟之建築，商王於此進行祭祀⑤。王恩田先生將"徲"釋爲"偓"，是一種臨時性設施而非永久性建築，其功能不僅是休止住宿之所，同時也可以是祭祀祖先神祇的地方⑥。以上諸家皆認爲"徲"是一類建築，而非地名。可是，由卜辭（27）所載"下徲南田受禾"一語可知，此處"南田"應屬於"下徲"，而且"下徲南田受禾"與"在洒、盂田受禾"屬於同版卜辭，洒、盂都是地名，那麽"下徲"也應當爲地名。因此，"下徲"亦可以看作地名前冠以方位詞"上、下"的具體例證。此外，辭（32）中出現"下兮"，"下兮"應指地名。因爲卜辭中還見到了"南兮"一詞，如辭（33）云："癸酉貞：于上甲。于南兮。于正京北。""南兮"與"正京北"相對而言，"正京北"確指

---
① 韋心瀅：《殷代商王國政治地理結構研究》，上海古籍出版社，2013，第244頁。
② 于省吾：《釋危》，《甲骨文字釋林》，商務印書館，2010，第19頁。
③ 饒宗頤：《殷代貞卜人物通考》，中華書局，2015，第308頁。
④ 裘錫圭：《釋殷墟甲骨文的"遠""迩"及相關諸字》，《古文字研究》第12輯，中華書局，1985，第86頁。
⑤ 于省吾主編《甲骨文字詁林》，中華書局，1996，第3135頁。
⑥ 王恩田：《釋冉、再、冓、莘、徲》，《紀念殷墟甲骨文發現一百周年國際學術研討會論文集》，社會科學文獻出版社，2003，第196~199頁。

地名，那麽"南兮"也應指"地名"。與"南兮"命名方式相似的"下兮"也應指地名。總之，殷人已經形成了在地名前冠以方位詞上、下來區別同名異地的習慣。不過，由於文辭簡略，我們還不確定地名中上、下劃分的具體依據。

（六）時間領域中的"上"和"下"："下歲"

"上""下"方位被明確用於指示時間先後，在卜辭中僅見1例，其辭如下：

（34）……巳卜，三佲父下歲重羊。（《合集》27494）

朱彥民先生釋"佲"爲"公"①，"三公父"所指何人，由於文辭簡略，我們現在還不大清楚。"下歲"一詞的含義至關重要，殷人有稱"年"爲"歲"的習俗，"下歲"應該相當於下一年。如果以上理解沒錯的話，那麽這條卜辭就非常重要了，它預示着在殷商時期方位"上""下"就與時間有了交集，即用空間方位的"上""下"來指示時間的先後，這標志着空間方位"上""下"的時間化，它開啓了後世用"上""下"來標識時間先後順序的先河。

（七）軍事編制中的"上"和"下"："上行"

殷人將上、下方位分類方法應用於軍事領域，目前僅見到"上行"一例，如：

（35）重旝用，東行，王受祐。
　　　重售比，上行，左旝，王受祐。
　　　重售，右旝，王受祐。（《懷特》1464）

"上行"與"東行"在同版卜辭中。除"上行""東行"之外，卜辭中還見"中行"一詞，如："戊戌……缶[南行征方]……戊戌卜，扶缶中行征方，九日丙午冓。"（《懷特》1504）前文已經指出"行"爲殷人的步兵武裝組織，"上行""東行""中行"都是以其方位來命名的軍事組織。

（八）人名中的"上"和"下"："上子""上紃""上絲"

卜辭中有在人名前冠以方位詞"上、下"的辭例，如：

---

① 朱彥民：《商代社會的文化與觀念》，第393頁。

（36）貞：上子受我祐。

貞：上子不我受其祐。

貞：上子不我受其祐。

翌丁未不其易日。（《合集》14260）

（37）……酉……令……上紳……侯二……□周。（《合集》6819）

（38）戊子卜，疑貞：王曰：余其曰多尹，其令二侯：上絲梁□侯，其……。

（《合集》23560）

辭（36）中的"上子"還見於其他辭例，我們大致可判斷出"上子"是對"子"的一種稱呼。"上子"可能與卜辭中的"中子"相對，卜辭中有"戊申卜，侑中子"（《合集》20056）的辭例，遺憾的是卜辭中并未見到"下子"的稱謂。"上子"地位很可能高於"中子"。辭（37）中的"上紳"和辭（38）中的"上絲"應是人名，但具體所指不大清楚，有待考察。

（九）基於上、下方位本義的應用

有部分辭例中的"上""下"是基於其本義的用法，還保留了"上""下"的原始痕迹，"上""下"或單獨使用，或與介詞"于"搭配使用，亦或放在動詞前表示動作趨向，如：

（39）王立……于上……。（《合集》27815）

（40）示其从上涉。（《合集》35320）

（41）貞：菁于下禦方。（《合集》6800）

（42）□酉卜貞：[菁]于上禦方。（《合集》6801）

（39）為殘辭，不過還是可以看出"王立……于上……"之"上"應是指"王站在某地的上面"。（40）"示其从上涉"之"上"，由於"其"指代不明，可能是指河流上游。辭（41）（42）黃天樹先生曾作過解釋，他認為，"下"指地勢低下之處，"上"指地勢高亢明敞之處。[①]（41）（42）是一組選貞卜辭，卜問"菁"抵禦敵人時所處的方位是在地勢低下之處好，還是在地勢高亢明敞處好。

---

① . 黃天樹：《黃天樹古文字論集》，學苑出版社，2006，第208頁。

（十）上、下連用組成"下上"或"上下"

卜辭中"上""下"除了分開使用之外，也出現了聯合使用的情形，如下辭：

（43）丙寅卜，亘貞：王戠多屯，若于下上。（《合集》808 正）

（44）貞：王戠多屯，不若，佐于下上。（《合集》809 正）

（45）己卯卜，㱿貞：舌方出，王自征，下上若，受我。（《合集》6098）

（46）癸酉卜，爭貞：王勿逆伐舌方，下上弗若，不我[其受祐]。（《合集》6202）

（47）辛未卜，㱿貞：王勿逆伐舌方，下上弗若，不我其受祐。（《合集》6204）

（48）癸丑卜，㱿貞：勿唯王征舌方，下上弗若，不我受其祐。（《合集》6315）

（49）己卯卜，㱿貞：有奏循，下上弗若。（《合集》7239）

（50）貞：不唯下上肇王疾。二告。（《合集》14222）

（51）……余一人……田□征盂方，自上下□示……。（《合集》36514）

（52）……□月，在□彝……自上下于□，余……□，亡尤。（《合集》36747）

辭（43）至（50）中"上""下"連用組成"下上"，辭（51）（52）"上""下"組成"上下"。陳夢家先生將"上下"裏的"上"解釋爲"上帝神名祖先"，"下"指地祇①，并舉《周禮·小宗伯》"禱祠於上下神示"和《論語·述而》"禱爾于上下神祇"的例子來説明。事實上，"下上"與"上下"內涵相同，在以上諸辭中并不是指示方位，而是"泛指天神地祇，即所有神祇，猶如後世所稱的'天地七十二位全神'的概念一般"。②

此外，卜辭中還有一些辭例，由於文辭殘泐，"上""下"含義不明，如：

（53）其禦羌方，其下盟人羌方……大吉。（《合集》27973）

（54）甲子貞：于下人刖堅田。（《合集》33211）

（55）□□王卜，曰：兹下卜若，兹……王帝□□見。（《合集》24980）

（56）……其上……（《合集》19697）

（57）戊午卜，王上祟子辟我。（《合集》20024）

辭（53）中的"其下"，辭（54）中的"下人"，辭（55）中的"下卜"，辭（56）

---

① 陳夢家：《殷虛卜辭綜述》，第 567~568 頁。
② 朱彥民：《商代社會的文化與觀念》，第 395 頁。

中的"其上",辭(57)中的"上帝",由於文辭簡略,難判定其用法。

綜上,殷人已將上、下方位秩序當作一種原始的分類方法,并將其應用於神靈系統、祖先稱謂、人名、地名、軍事、時間等諸多領域,客觀上賦予了左、右方位以時間、高低、地理等價值屬性,從而構成了殷人方位觀念的複雜面向。

三 結語

上、下方位的產生,意味着人類認知視野已由平面空間擴展到了立體空間,亦即由二維世界發展爲三維世界。在三維物理空間中,有上必有下,有下必有上,二者相互依存。上、下方位具體是通過不同事物之間物理位置的高、低體現出來的。是故,在方位標識功能方面,上、下方位既區別於平面空間的東、南、西、北,也不同於前、後、左、右。上、下方位的最大功能,就是可以顯著、直觀地標識出不同事物、人物之間位置的高低關系。隨着上、下含義的引申和擴展,二者逐漸與禮制、時間等内容結合在一起。殷人圍繞上、下形成了一些内涵豐富的觀念,并對中國古代思想史和文化史的發展產生了深遠影響。圍繞上、下方位,殷人已經形成了明顯的"上尊下卑"觀念,但尚未形成"上南下北"觀念。

簡牘所見戰國秦漢時期的禱疾之禮*

楊　勇

摘　要：禱疾是戰國秦漢疾病禮制的重要內容。卜祟、修祀、祝禱、賽禱是整個禱疾禮中前後相續的環節。占卜主要是卜病因、卜日、卜祭等，秦漢時期《日書》成爲疾病占卜的主要方式。禱前有祭，祭禱相連，卜祭所得之祭法本身就是一種儀式，楚地卜筮祭禱簡中所擬議的祭法也真正得到踐履。戰國秦漢，禱疾的對象是天神、地祇、人鬼，其中五祀頻繁出現，幾乎成爲疾病祝禱的固定對象。戰國秦漢疾病禱辭包含陳述病情、求福以及請祠三個方面，出土文獻所見民間禱疾之禱辭多爲範本或者活套，充滿了巫術色彩，反映了戰國秦漢以降人神關係的重要變化以及疾病禮制的重要轉折。

關鍵詞：禱疾；禱辭；疾病禮制；戰國秦漢

　　禱是先秦時期重要的祭祀禮儀之一。禱不同於祭祀，祭祀是四時常祀，而禱則是因事而禱，屬因祭，具有臨時性和隨機性，但禱又屬於廣義的祀，因此文獻中常常禱祀連言。禱即向神祝告以求福佑，禱的對象可以是天神、地祇，也可以是人鬼，禱的主體可以是自己也可由他人代禱，具體的禱法也多種多樣。至晚在商代，禱已經成爲國家禮制的重要組成部分，先秦時期廣泛流傳着久旱不雨，湯以身爲牲而禱雨的傳說。[①]

　　古人相信，疾病與鬼神相關，要使人疾病痊癒，則需使鬼神喜悦，降下福報，這樣的觀念在商、西周時期普遍流行。東周以降，鬼神致病的疾病觀念仍是社會層面占主流地位的疾病觀。《左傳·僖公二十六年》："夔子不祀祝融與鬻熊。楚人讓之，對曰：'我先王熊摯有疾，鬼神弗赦而自竄於夔。吾是以失楚，又何祀焉？'"[②] 春秋時期夔子因其先君有疾未得祝融、鬻熊之福佑，而拒絕祠祀楚人先祖，恰好從反面印證了祈求鬼神佑疾在春秋時期仍是重要的疾病觀。戰國秦漢時期，這種疾病觀仍然在各個階層中具有無可比擬的影響力，以至於東漢時期的王充在《訂鬼篇》《辨祟篇》中對時人深信不疑的鬼祟致病的疾病觀進行了深刻的揭露。

---

*　楊勇，歷史學博士，湖南大學嶽麓書院、湖南大學簡帛文獻與書法藝術研究中心、"古文字與中華文明傳承發展工程"協同攻關創新平臺副教授。研究方向爲出土文獻與秦漢史、禮制史、醫療史。
　　本文是"古文字與中華文明傳承發展工程"項目"新出醫藥簡牘集注與秦漢醫療史研究"（G3947）的階段性成果。
①　這一傳說有多種不同版本，參見樓勁《湯禱傳說的文本系統》，《中國社會科學院歷史研究所學刊》第六集，商務印書館，2010，第29~56頁。
②　楊伯峻：《春秋左傳注》（修訂本），中華書局，2009，第440~441頁。

由於禱是求得鬼神福佑的重要形式，所以時人患病之時也會以禱的方式去疾，由此而將禱疾發展爲疾病禮制的重要内容之一，廣泛流行於先秦秦漢時期的社會各個階層。上海博物館藏戰國楚簡《内禮》篇：

> 君子曰：孝子，父母有疾，冠不介（櫛），行不頌（容），不衰（哀）立（泣），不庶語。時昧祂（攻）、縈，行祝於五祀，豈必有益？君子以成其孝。（8）①

"内禮"即家内禮儀，按照家禮，父母患病時，孝子在儀容、舉止、言語上都要有所改變。爲求父母康復，孝子還要舉行攻、縈的祭祀活動以及祝禱家居五祀之神，以幫助父母獲得鬼神的福佑而消除疾病。由此可見，爲父母禱疾已經作爲一種疾病禮制，至晚在戰國時期已經被確定下來。揆諸史料，這種疾病禮制的源頭當更爲久遠。著名的《尚書·金縢》即記載周武王有疾，周公向祖先禱告願意以身自代的歷史典故，這是禱疾法在周初的運用和實踐。病而求禱也在春秋戰國時期列國貴族階層中被普遍使用，應當説已經成爲時人應對疾病的主要方法之一。知禮莫過於孔子，孔子病時，子路請求禱神寧疾，《論語·述而》："子疾病，子路請禱。子曰：'有諸？'子路對曰：'有之。《誄》曰："禱爾於上下神祇。"'子曰：'丘之禱久矣。'"② 春秋時，晉平公疾，禱祀晉國境内山川而疾不愈，"鄭子産聘於晉。晉侯有疾，韓宣子逆客，私焉。曰：'寡君寢疾，於今三月矣，并走群望，有加而無瘳'"，③ 後晉公夢黄熊入寢，子産認爲黄熊"實爲夏郊，三代祀之"，晉人祠之而晉公疾瘳，④ 在晉平公患疾期間的前後祭祀均屬於臨時性的禱祀。魯襄公十年，晉侯自宋返晉，於雍病，卜筮爲桑林作祟，"荀偃、士匄欲奔請禱焉"，爲晉侯所止，⑤ 同屬禱祀去疾之禮。上引《左傳·昭公二十年》齊侯疥疾，經年不愈，齊大祝固、大史嚚負責祝禱齊侯之疾，齊侯嬖臣梁丘據與裔款請殺齊大祝固、大史嚚以謝來探病之列國賓客，其理由便是大祝、大史禱祀不謹，未能悦神，⑥ 其所用也是禱疾之禮。哀公六年，楚昭王有疾，大夫請用禱疾之禮。《左傳·哀公六年》："初，昭王有疾。卜曰：'河爲祟。'王弗祭。大夫請祭諸郊。王曰：'三代命祀，祭不越望。江、漢、雎、漳，楚

---

① 釋文綜合了諸家意見。參見馬承源主編《上海博物館藏戰國楚竹書》（四），上海古籍出版社，2004，第226頁。黄人二：《讀上博藏簡第四册内禮書後》，《出土文獻論集》，（臺灣）高文出版社，2005，第276~282頁。楊華：《"五祀"祭禱與楚漢文化的繼承》，《古禮新研》，商務印書館，2012，第379頁。
② 程樹德：《論語集釋》，中華書局，2006，第646頁。
③ 楊伯峻：《春秋左傳注》（修訂本），第1289頁。
④ 楊伯峻：《春秋左傳注》（修訂本），第1290頁。
⑤ 楊伯峻：《春秋左傳注》（修訂本），第977頁。
⑥ 楊伯峻：《春秋左傳注》（修訂本），第1415頁。

之望也。禍福之至，不是過也。不穀雖不德，河非所獲罪也。'遂弗祭。"① 大夫建議昭王郊祭，但昭王認爲"祭不越望"，最終沒有舉行祭祀，并不是因爲祭祀不符合疾病禮制，而是祭祀求福的對象與禮不合，此處所謂祭，并非四時常祀，也是臨事之禱祀。實際上，禱祀去疾本是春秋時期疾病禮制的常規内容，遇有疾患，祇需循禮即可，本不需史書大書特書，以上史書所記載的禱疾之禮多是與常規禱疾之禮存有相異之處，或因禱祀對象特殊，或因禱疾牽涉到政治與外交活動，或因病者反對濫禱等而被史家記録下來，其中頗有微言大義存焉。

禱疾作爲先秦時期疾病禮制的重要内容之一，除了具備制度化特徵外，還自有其完整的禮儀程式，卜祟、修祀、祝禱、賽禱是整個禱疾禮中前後相續的環節，必先卜祟而後方能修祀，必先修祀而方能祝禱，禱祀得福則必賽之。有學者指出，先秦時代禱疾儀式的主要儀節包括舉行儀式前的占卜和對占卜結果的踐履，占卜涉及卜病因、卜日、卜祭等内容，正式的禱疾儀式則有致祭、祝告、驅疫等節目。②

一 禱疾之占

禱疾始於占卜。禱疾禮儀在商周即已成熟并被各階層廣泛使用，禱疾之禮雖不及天地宗廟之祭那樣級別高，但作爲一種正式的禮儀也要慎重其事。由占卜絶嫌疑、定吉凶，其主要目的是確定病祟以及祭祀之法。《禮記·曲禮上》："卜筮者，先聖王之所以使民信時日，敬鬼神，畏法令也；所以使民決嫌疑、定猶與也。故曰：疑而筮之，則弗非也；日而行事，則必踐之。"③ 人在患疾後不知道是否有祟，也不知道是否該在何時舉行何種祭祀，因此必須卜筮以決嫌疑。禱疾前的占卜主要卜問病因、疾病吉凶、預後，祭禱日期、方法、對象、玉帛犧牲等。商人在疾病時已行占卜之事，學者指出商人的疾病占卜與禱疾前的卜問病因有關，④ 至確。前述《左傳》中幾次重要的疾病禱祀也是先由卜者確定致病之鬼神。如《左傳》"昭公元年"，晋侯有疾，叔向請教子産時曰："寡君之疾病，卜人曰'實沈、臺駘爲祟'，史莫之知，敢問此何神也？"⑤ 對於卜人所占卜出來的鬼神實沈、臺駘，史不知爲何神，故叔向以占卜之神請教之。魯襄公十年，晋侯自宋返晋，在雍地病，爲確定病因也是先行占卜，後卜得爲桑林作祟，"荀偃、士匄欲奔請禱焉"，爲

---

① 楊伯峻：《春秋左傳注》（修訂本），第1636頁。
② 賈海生：《禱疾儀式的主要儀節》，《北方論叢》2006年第4期，第1~7頁。
③ （漢）鄭玄注、（唐）孔穎達疏《禮記正義》卷3《曲禮上》，阮元校刻《十三經注疏》，中華書局，1980，第1252頁。
④ 賈海生：《禱疾儀式的主要儀節》，第1~7頁。
⑤ 楊伯峻：《春秋左傳注》（修訂本），第1217頁。

晋侯所止。① 《左傳·哀公六年》楚昭王有疾，占卜結果爲河神作祟。②

幸賴出土簡牘材料，我們有機會對戰國時期楚地疾病占卜的基本内容有一個大致的認識。戰國楚地出土筮祭禱簡較爲完好地記錄了楚人禱疾儀式，其中有大量簡牘是對疾病占卜占辭的完整記錄，從中可見楚人從高級貴族到低級士階層的疾病占卜均包含占卜病因、預後、卜日、卜祭等諸多内容。目前所見楚地卜筮祭禱簡主要有江陵天星觀 1 號楚墓、包山 2 號楚墓、望山 1 號楚墓、葛陵 1 號楚墓、望山橋 M1、唐維寺 M126、秦家嘴楚簡、熊家灣 M43、彭家灣 M183 及 264、湖北嚴倉 1 號楚墓等 10 批。③ 我們從中可以得出如下認識：

第一，戰國楚人對疾病占卜極爲重視，疾病占卜是楚地通行的疾病禮制，不論階層，有病皆可卜，而且反復多次占卜。《論語·述而》："子之所慎，齊、戰、疾。"④ 楚人的疾病占卜可以説是對上述觀念的生動踐行，上述幾批卜筮祭禱簡都顯示，楚人有病即卜，而且是多次反復使用不同卜法進行占卜。包山 2 號楚墓所出簡牘中的第 197 至 250 號簡被學界稱爲卜筮祭禱簡，其中簡 207~208、218~223、236~250 是關於疾病占卜的占辭。占辭顯示，墓主邵佗對疾病十分關心和擔憂，分别在三個不同的年份請不同的貞人爲自己的疾病進行了占卜。在"東周之客許䋫歸胙於葴郢之歲糯月己酉之日"這天，四位貞人分别用四種不同的卜法（保家、長惻、少寶、彤筅）同時爲邵佗進行了四次占卜。在"大司馬悼愲送楚邦之師以救郙之歲荆尿之月己卯之日"這天，五位貞人分别用五種不同的卜法（保家、共命、長靈、丞惠、駁靈）同時爲邵佗進行了五次占卜。在該年接下來的夏桀之月己亥之日，觀義還以保家之法爲邵佗再次進行了疾病占卜。⑤ 望山 1 號楚墓所出卜筮祭禱簡雖然嚴重殘斷，但也能看出墓主悼固在生前也多次進行了疾病占卜。據能辨識的占辭，數位卜者用小籌、寶家、黄龜、日書等占卜法爲其進行了貞問。⑥ 葛陵 1 號楚墓的卜筮祭禱簡也包含有占疾之占辭，文辭、格式與包山楚簡相類，貞問的内容

---

① 楊伯峻：《春秋左傳注》（修訂本），第 977 頁。
② 楊伯峻：《春秋左傳注》（修訂本），第 1636 頁。
③ 湖北省荆州地區博物館：《江陵天星觀 1 號楚墓》，《考古學報》1982 年第 1 期，第 71~115 頁。陳偉主編《楚地出土戰國簡册［十四種］》，武漢大學出版社，2016，第 92~96、271~277、395~423 頁。晏昌貴：《秦家嘴"卜筮祭禱"簡釋文輯校》，《湖北大學學報》2005 年第 1 期，第 10~13 頁。晏昌貴：《天星觀"卜筮祭禱"簡釋文輯校》，《楚地簡帛思想研究（二）》，湖北教育出版社，2005，第 265~298 頁。荆州博物館：《湖北荆州望山橋一號楚墓發掘簡報》，《文物》2017 年第 2 期，第 4~37 頁。蔣魯敬、劉建業：《荆州望山橋一號楚墓出土卜筮祭禱簡及墓葬年代初探》，《江漢考古》2017 年第 1 期，第 81~84 頁。趙曉斌：《荆州棗林鋪楚墓卜筮祭禱簡》，《簡帛》第 19 輯，上海古籍出版社，2019，第 21~28 頁。趙曉斌：《荆州棗林鋪彭家灣 183 號、264 號楚墓出土卜筮祭禱簡》，《出土文獻》2022 年第 1 期，第 1~5 頁。湖北省文物考古研究所、武漢大學簡帛研究中心：《湖北荆門嚴倉 1 號楚墓出土竹簡》，《文物》2020 年第 3 期，第 58~62 頁。
④ 程樹德：《論語集釋》卷 13《述而上》，第 456 頁。
⑤ 陳偉主編《楚地出土戰國簡册［十四種］》，第 91~118 頁。
⑥ 陳偉主編《楚地出土戰國簡册［十四種］》，第 271~286 頁。

也涉及上述幾個方面，選用的卜法似更爲複雜。① 新出唐維寺 M126、熊家灣 M43、彭家灣 M183 及 264 其墓主皆爲戰國楚地的士階層，四墓所出卜筮祭禱簡也包含有若干疾病占辭。如唐維寺 M126 墓主產爲士階層，所出之卜筮祭禱簡記録了巫公等兩位卜者爲墓主產所占疾之占辭，熊家灣 M43 卜筮祭禱簡記載一位卜者爲墓主占疾的占辭。② 彭家灣 M183 卜筮祭禱簡記録了在兩個不同年份，至少三位卜者爲女性墓主娥舉行了不少於七次占卜，其中包括在同一天進行的三次占卜。M264 衹有一枚卜筮祭禱簡，記録了卜者真爲墓主色所進行的 1 次疾病占卜。③

第二，禱疾始於卜，疾病占卜是爲禱疾做準備。從楚地卜筮祭禱簡的占辭來看，單次占疾分爲兩次貞問，占卜的内容主要包括占卜病因和占卜祭法兩大方面。第一次主要是貞問疾病的吉凶、病程進展、預後、是否有祟等，包山 2 號楚墓卜筮祭禱簡 219"甲寅之日，病良瘥"是對病程進展的預測。④ 其中對病者之疾是否由祟所引發的確認最爲關鍵，因爲這是決定是否需要進行二次貞問的依據，也是判斷是否需要禱疾的關鍵證據。在實際貞問中確實出現了無需二次貞問的實例，如葛陵 1 號楚墓甲三 235-2："☐占之：宜速有間，占之無咎無説☐"，⑤ 甲三 208："應憎寅習之以大夬，占之：【吉】，速有間，無祟"，⑥ 因其無祟，也無需説，就不需要進一步貞問。但如果占得有祟，則需要進一步進行占卜，卜筮祭禱簡通常稱爲"以其故説之"。第二次貞問就是"説之"的内容，具體而言即貞問該用何種祭祀對何種神靈進行祭祀。也就是説，第二次貞問將確定禱疾的具體對象和方法。下面以包山 2 號楚墓卜筮祭禱簡爲例進行説明，先將完整的疾病占辭引述於下：

> 東周之客許經歸胙於葴郢之歲遠栾之月癸卯之日，苛光以長惻爲左尹邵佗貞：病腹疾，以少氣，尚毋有咎。貞之：貞吉，少未已。以其故説之。薦於野地主一豭，宮地主一豭。（207）賽於行，一白犬，酒食。占之曰：吉。荆厡且見王。（208）
>
> 東周之客許經歸胙於葴郢之歲䉛月己酉之日，郬脮以少寶爲左尹邵佗貞：既有病，病心疾，少氣，不納食，䉛月幾中尚毋有恙。（221）郬脮占曰：恒貞吉，有祟見親王父、殤。以其故説之。與禱，特牛，饋之。殤因其常牲。郬脮占之曰：吉。（222）

---

① 陳偉主編《楚地出土戰國簡册［十四種］》，第 271~286 頁。
② 趙曉斌：《荆州棗林鋪楚墓出土卜筮祭禱簡》，第 21~28 頁。
③ 趙曉斌：《荆州棗林鋪彭家灣 183 號、264 號楚墓出土卜筮祭禱簡》，第 1~5 頁。
④ 陳偉主編《楚地出土戰國簡册［十四種］》，第 94 頁。
⑤ 陳偉主編《楚地出土戰國簡册［十四種］》，第 407 頁。
⑥ 陳偉主編《楚地出土戰國簡册［十四種］》，第 411 頁。

大司馬悼愲遂楚邦之師以救郙之歲荊尸之月己卯之日，許吉以駁靈爲左尹佗貞：
既腹心疾，以上氣，不甘食，久不瘥，尚速瘥，毋有祟。貞之：恒貞吉，病有□。
以（247）其故說之。與禱大水，一犠馬；與禱吾公子春、司馬子音、蔡公子家，各
特豢，饋之；與禱社，一豭。思攻解日月與不辜。許吉占之曰：吉。（248）①

簡 207 中的"貞之：貞吉，少未已"，簡 222 中的"占曰：恒貞吉，有祟見親王父、殤"，簡 247 中的"貞之：恒貞吉，病有□"均是對第一貞問結果的記錄，涉及對疾病吉凶的判斷、預後，病祟等。三次占卜均有"祟"，但占辭中第一次貞問結果的記錄中并不都對病祟進行了完整記錄，如簡 207、247 并未交待是否有祟，這可能和不同卜者的記錄習慣有關，但我們仍能從"以其故說之"中推知已經卜得病祟。裘錫圭先生曾經將"以其故說之"與蔽志聯繫起來，指出"我想卜筮祭禱簡中'以其故敔之'後面所說的禱於某鬼神用某牲等文，就是所蔽之志的記錄"，②這一記錄實際上就是擬議的關於病祟的祝禱方案，該方案是否可行，仍需經過占卜以確認。具體而言，卜者需要將這一方案說給神靈，以讓神靈決斷。以上三次占卜關於第二次貞問的結果都是"占之曰：吉"，足見神靈認可了這一結果，於是這一方案將被踐履。

第三，舉行祭祀的時日尚不包括在疾病占辭之中，但禱疾禮仍需另行卜日。學者指出，"簡文雖無卜日的明文，實際有卜日的儀節"。③傳世文獻并沒有關於禱疾是否需要卜日的明確記載，但從出土卜筮祭禱簡來看，卜日也應該屬於禱疾禮的一個儀節，祇是卜筮祭禱簡中的占辭沒有明確記錄。部分有關時日選擇的卜筮祭禱簡文尤其值得注意。如包山 2 號楚墓簡 219 "壁琥，擇良月良日歸之"，④所謂的擇即占擇，通過占卜以確定祭祀日期。唐維寺 M126 墓所出卜筮祭禱簡 2 "至冬三月擇良日賽之"，簡 5 "見產將擇良月良日，將賽其一牂之禱，司命、土主、將賽其禱各一牂"，簡 6 "見產將擇良月良日"等都提到將另行占擇時日以祭祀。⑤另外簡 7 "曾臣產敢告北方：以其室之有疾之故，陳目筮之，有祟見，以其未可以禱，蔽佩玉一環，將至秋三月，擇良日而賽之"，⑥明確提到因爲有病祟出現而不可以禱，故再擇良日於秋三月按照擬議的祭禱方案（蔽）進行賽禱。以上均說明雖然疾病占辭中并不包含卜日的內容，但實際禱疾仍需要卜日。根據上引唐維寺 M126 墓簡 7 的內容似可推斷，占疾時不卜日可能還是"有祟見，以其未可以

---

① 陳偉主編《楚地出土戰國簡册 [十四種]》，第 91~118 頁。
② 裘錫圭：《說清華簡〈程寤〉篇的"敔"》，《出土文獻與古文字研究》第 4 輯，第 143~144 頁。
③ 賈海生：《禱疾儀式的主要儀節》，第 3 頁。
④ 陳偉主編《楚地出土戰國簡册 [十四種]》，第 94 頁。
⑤ 趙曉斌：《荊州棗林鋪楚墓出土卜筮祭禱簡》，第 24 頁。
⑥ 趙曉斌：《荊州棗林鋪楚墓出土卜筮祭禱簡》，第 24 頁。

禱"的緣故，這是新出簡牘帶給我們關於戰國楚地疾病禮制的新認識。

兩漢時期禱疾禮儀的流程與先秦時期大致相同，包括卜祟、祭祀、卜日等，其中卜祟仍是首要環節。王充曾對之進行了總結，《論衡·祀義篇》："世信祭祀，以爲祭祀者必有福，不祭祀者必有禍。是以病作卜祟，祟得修祀，祀畢意解，意解病已，執意以爲祭祀之助，勉奉不絶。"① 在時人看來，非卜筮無以定祟，非修祀無以去祟，實際上仍是遵循先秦禱疾禮儀的基本原則。但從出土文獻來看，秦漢時期的疾病占卜已經出現了新的明顯變化，這就是《日書》成爲疾病占卜的主要方式。

二 禱疾之祭

非潔净清潔無以事神，在舉行正式的祭禱儀式之前需要齋戒、沐浴以使自己身心潔净、志意安定，如此方能交通神明。《禮記·祭義》："致齊於内，散齊於外。……齊三日，乃見其所爲齊者。"鄭注："散齊七日，不御，不樂，不吊耳。"②《禮記·祭統》："故散齊七日以定之，致齊三日以齊之。定之謂齊，齊者精明之至也，然後可以交於神明也。"③ "齊"同"齋"。散齋七日，致齋三日，共計十日，必須通過齋戒來慎重其事。秦代齋戒也是祠祀活動進行前的必備儀節，《嶽麓秦簡》0116："□詔：泰宰、祠祀、泰祝，歙（飲）酹，大祠殿（也），其謹齋戒鬃〈髼（沐）〉浴絜（潔）清辨治之，加敬它時，及令"，④ 非齋戒無以表達敬慎之情。禱疾同樣有齋戒之禮，在占卜確定禱疾各項事宜之後至禱疾儀式舉行之前擇日進行齋戒。西周時期周公爲武王禱疾，在卜筮確定祭祀之禮後，周公即行齋戒，《史記·周本紀》："武王病。天下未集，群公懼，穆卜，周公乃祓齋，自爲質，欲代武王，武王有瘳。"⑤ 戰國楚地卜筮祭禱簡也見有祭祀前的齋戒儀節。望山1號楚墓卜筮祭禱簡"内齋"凡四見，簡106 "□歸玉東大王。己巳内齋□"，簡132 "□君，特牛。己未之日□，庚申内齋"，簡137 "喪祭，甲戌、己巳内齋□"，簡155 "□□己巳、甲子之日内齋"。⑥ 葛陵1號楚墓卜筮祭禱簡甲三134、138："□甲戌□乙亥禱楚先與五山，庚午之夕内齋。□"⑦ 甲戌後一字未識，從簡文來看，當是與禱相對之祭名。簡文提到從庚午之夕始"内齋"，甲戌之日始祭，庚午與甲戌之間相隔三日，這正好是"内齋"的時長，與上文所引的"致齊"時長一致，我們懷疑所謂"内齋"或即

---

① 黄暉：《論衡校釋》卷25《祀義篇》，中華書局，2018，第1047頁。
② （漢）鄭玄注、（唐）孔穎達疏《禮記正義》卷47《祭義第二十四》，第1592頁。
③ （漢）鄭玄注、（唐）孔穎達疏《禮記正義》卷49《祭統第二十五》，第1603頁。
④ 陳松長主編《嶽麓書院藏秦簡（陸）》，上海辭書出版社，2020，第100頁。
⑤ （漢）司馬遷：《史記》卷4《周本紀》，中華書局，1959，第169頁。
⑥ 陳偉主編《楚地出土戰國簡册［十四種］》，第274~276頁。
⑦ 陳偉主編《楚地出土戰國簡册［十四種］》，第415頁。

"致齊"的另一種説法。雖然我們不能確知這裏的"內齋"就是專爲舉行疾病祭禱而進行的齋戒，但至少可以説明楚地舉行祭祀前存在齋戒的儀節。由於齋戒是祭祀前的通用儀節，由此我們不難推想，楚地禱疾禮中也應包含齋戒環節。另外，疾病占卜與實際禱疾之間還存在一定時間間隔，這也爲齋戒提供了可能。如包山2號楚墓墓主邵佗的疾病占辭中頻見爲去祟求福而將要舉行的多種禱祀，上引包山楚簡221、222記載己酉之日占卜，要爲左尹邵佗行與禱於親王父、殤死者，實際行與禱之祭發生在七日之後的丙辰之日，①從占卜到祭祀之日的七日間隔，足以行散齋或者致齋之禮。

禱前有祭，在正式禱疾前還需對卜筮所得之祟進行祭祀，祭禱相連，祀畢方禱，祭祀也是正式禱疾前不可缺少的儀節。禱疾前的祭祀之禮已見於甲骨文中，賈海生綜合學者們的意見指出，甲骨卜辭中與禱疾相關的祭法本身就是一種儀式。②禱疾前的祭祀還見於傳世文獻的記載。《尚書·金縢》記載了西周初年武王有疾，周公爲武王禱疾所行的祭儀："公乃自以爲功，爲三壇同墠。爲壇於南方，北面，周公立焉。植璧秉珪，乃告大王、王季、文王。"③其中有幾點信息值得注意：其一，周公在爲武王禱疾前所舉行的祭祀儀式需要設壇，壇因土而成，《公羊傳·莊公十三年》何休注云："土基三尺，土階三等曰壇。"④除草爲墠，清除一地後立三壇即"三壇同墠"，三壇即大王、王季、文王各一壇。周公另在三壇的南面設一壇，於其上舉行儀式。其二，周公祭禱的對象是祖先神，即人鬼。《尚書·金縢》所記載的祭祀儀式，正是先秦禱疾禮儀中位於疾病占卜之後和正式祝禱之前的中間環節，前文提到有"穆卜"的儀節，祭祀的對象及祭法當是在此前的疾病占卜中的"穆卜"環節便已確定下來。

戰國楚地卜筮祭禱簡以疾病占辭、禱祠記録爲主，也包含少量的自禱以及祝告的文辭記録等，從中可以窺見禱疾的祭法及相關儀節。卜筮祭禱簡中的祭法本身就是一種儀式，主要被記録在疾病占辭的第二次貞問記録之中，也就是擬議的祭祀方案之中。祭法的等級以及數量的多少與疾病的輕重程度以及病者的身份等級相關，同一病者，疾病愈重，使用的祭法數量越多，規格越高。如包山2號楚墓墓主邵佗在三個不同年份所進行的三組疾病占卜，便預卜了諸多不同的祭法。在"東周之客許綎歸胙於蔵郢之歲遠栾之月癸卯之日"這天病情較輕，占卜確定的祭法包括薦、賽兩種。因邵佗病情遷延，在"東周之客許綎歸胙於蔵郢之歲爨月己酉之日"這天所卜得的祭法包括厭、賽、饋、與禱

---

① 陳偉主編《楚地出土戰國簡册[十四種]》，第94頁。
② 賈海生：《禱疾儀式的主要儀節》，第4頁。
③ （漢）孔安國傳、（唐）孔穎達疏《尚書正義》卷13《周書·金縢》，阮元校刻《十三經注疏》，中華書局，1980，第196頁。
④ （漢）何休注、（唐）徐彦疏《春秋公羊傳注疏》卷3，阮元校刻《十三經注疏》，中華書局，1980，第2233頁。

四種，使用的卜法更多，與前次所使用祭法相比多了厭、與禱等，尤其是與禱的出現，說明祭祀的規格較前次有所提高。① 在"大司馬悼愲送楚邦之師以救郙之歲荆尿之月己卯之日"所確定的祭法有與禱、享祭、解，此次占卜是因爲邵佗疾病"久不瘥"，② 與前次相比祭法上少了饋，但多了針對厲鬼的"解"，同時與禱、享祭的對象明顯增多，因疾病更加嚴重，祭祀的規格仍在不斷提高。相對其他幾個病者，葛陵1號楚墓墓主平夜君成的病情更爲複雜，遷延日久，久病不愈，所採用的祭法在數量和規格上都超出前三者，但由於所出卜筮祭禱簡殘斷比較嚴重，目前能從中辨識出來的爲墓主平夜君成所舉行的疾病祭祀大致有就禱、與禱、祝、祈福等不同祭法。③ 與悼愲和平夜君相比，其他墓主禱疾所用的祭法在數量和等級上則偏低。如望山1號楚墓卜筮祭禱簡記載，爲墓主悼固所舉行的疾病祭祀有與禱等。④ 唐維寺 M126、熊家灣 M43、彭家灣 M183 及 264 所出卜筮祭禱簡中的祭法主要是舉禱、罷禱、賽禱⑤，與爲平夜君成所舉行的那種複雜、盛大的禱疾之禮已經不可同日而語。

楚地卜筮祭禱簡中擬議的祭法并非虛文，而是真正得到踐履。包山楚簡221、222："東周之客許綎歸胙於蔵郢之歲爨月己酉之日，郙脁以少寳爲左尹邵佗貞：既有病，病心疾，少氣，不納食，爨月幾中尚毋有恙。郙脁占曰：恒貞吉，有祟見親王父、殤。以其故敓之。與禱，特牛，饋之。殤因其常牲。郙脁占之曰：吉。"⑥ 簡224、225正好是對親王父及殤死者行與禱的記録，所用祭法與占辭中所記一致。

    東周客許綎歸胙於蔵郢之歲爨月丙辰之日，攻尹之䢼執事人睍與衛牅爲子左尹
    佗與禱於親王父司馬子音，特牛，饋之。蔵敢爲位，既禱致命。（224）
    東周之客綎歸胙於蔵郢之歲爨月丙辰之日，攻尹之䢼執事人睍與衛牅爲子左尹
    佗與禱於殤東陵連囂子發，肥塚，蒿祭之。蔵敢爲位，既禱致命。（225）⑦

陳偉根據月名和卜筮祭禱簡之間的對應關係指出簡224、225是對簡221、222所卜得祭禱儀式的踐履，⑧ 可謂得之。關於平夜君成的疾病禱祀也得到踐履。葛陵楚簡乙一

---

① 陳偉主編《楚地出土戰國簡册〔十四種〕》，第93頁。
② 陳偉主編《楚地出土戰國簡册〔十四種〕》，第95~96頁。
③ 陳偉主編《楚地出土戰國簡册〔十四種〕》，第395~423頁。
④ 陳偉主編《楚地出土戰國簡册〔十四種〕》，第271~277頁。
⑤ 趙曉斌：《荆州棗林鋪楚墓出土卜筮祭禱簡》，第21~28頁。趙曉斌：《荆州棗林鋪彭家灣183號、264號楚墓出土卜筮祭禱簡》，第1~5頁。
⑥ 陳偉主編《楚地出土戰國簡册〔十四種〕》，第94頁。
⑦ 陳偉主編《楚地出土戰國簡册〔十四種〕》，第94頁。
⑧ 陳偉：《包山楚簡初探》，武漢大學出版社，1996，第167~168頁。

28："夏栾之月己丑之日，以君不悡之故，就禱霝君子一獵，就禱門、户屯一殺，就禱行一犬。壬辰之日【禱之】。☐"，簡乙一4、10、乙二12："夏栾之月己丑【之日】，以君不悡之故，就禱陳宗一獵，壬辰之日禱之。☐"簡乙一17："夏栾之月己丑之日，以君不悡之故，就禱三楚先屯一牂，纓之勳玉。壬辰之日禱之☐"① 此外，簡零40："☐王大牢，百之，貢。壬辰之日禱之。☐"，簡零147："☐禱子西君特。壬辰之日禱之。☐"，簡乙二23、零253："☐兩牂，纓之勳玉。壬辰之日禱之。☐"，簡乙一24："融、穴熊各一牂，纓之勳玉。壬辰之日禱之。☐"② 同是在壬辰之日禱祀，也應屬於己丑之日擬議的禱祀方案。如此，上述竹簡所載於己丑之日擬議的對各種神靈的禱祀均在二日之後的壬辰之日得到踐履。同批簡牘材料中還見平夜君成親自禱疾的記録，簡甲三16："☐小臣成速瘳，是"③，也是對擬議的禱疾方案的踐履。唐維寺M126簡4、5、6是爲墓主禱祀疾病的禱辭的記録，④ 同樣也説明其所擬議的禱疾之法切實得到了施行。同時我們也要注意，某些卜筮祭禱簡中并未包含關於禱疾踐履的信息，但這并不是説這些擬議的禱疾方案并未執行，祇是文不具。

梳理簡牘材料，與禱疾相關的祭法主要有薦、饋、賽、厭、與禱、罷禱、就禱、祈福、祝、享祭、蒿祭、解等，其中與禱、罷禱、賽、解最爲常見，與禱、罷禱的内涵和關聯，學界討論多年，未有定論。我們可以借助簡牘材料對楚地禱疾儀式的具體情况略作探討。與禱之祭，既可用於親王父之祭禱，也可用於殤死者之祭。對親王父行與禱之祭，用"特牛，饋之"，"饋"又稱"饋祭"，是一種薦牲法，望山1號卜筮祭禱簡110有"各特牛，饋祭之"。⑤ 對殤死者也行與禱，"殤因其常牲"即犧牲用其常用之牲，言下之意即可對其常用之牲進行損益以滿足不同的祭祀對象和要求。是以，與禱祇是一個較爲寬泛的祭名，祭祀時可以根據不同的祭祀對象通過祭儀、犧牲幣帛的增減，來體現禮的等差，滿足不同的祭祀需求，這也是與禱被廣泛使用和頻繁出現的原因之所在。罷禱的性質和與禱類似，至於兩者之間是何關係，目前學界的爭議頗大，也尚未有新材料能爲解決這一問題提供新證據。⑥

包山楚簡225中有對殤死者的與禱，其中用到"肥冢，蒿祭"之法。男女未成年而死謂之殤，其所享受的喪葬、祭祀規格均小於成人。其墳墓在規制上小於成人無疑，因此要爲之增制，這或許即"肥冢"之祭的含義。蒿祭，又寫作"蒿之"，賈海生指出，殷

---

① 陳偉主編《楚地出土戰國簡册［十四種］》，第403頁。
② 陳偉主編《楚地出土戰國簡册［十四種］》，第403頁。
③ 陳偉主編《楚地出土戰國簡册［十四種］》，第404頁。
④ 趙曉斌：《荆州棗林鋪楚墓出土卜筮祭禱簡》，第23頁。
⑤ 陳偉主編《楚地出土戰國簡册［十四種］》，第274頁。
⑥ 參見蔡一峰《出土文獻與上古音若干問題探研》，中山大學博士學位論文，2018，第135~137頁。

墟卜辭、西周甲骨以及青銅器銘文中，"蒿"往往讀爲"郊"，郊祭之，即在郊外禱疾，①其說可從，之所以在郊外祭之，或由於殤死者神主不入廟之故。

禱疾禮也用"解"法。包山卜筮祭禱簡中"思攻解於某"頻見，其中"某"一般指厲鬼，如盟詛、不辜、歲、兵死、水上、溺人、日月、絶無後者、漸木立等。學者早已指出，思字用例與"命"相當，思可讀爲"使"。②攻，過去學者以《周禮》六祈之一解之，認爲是以攻祭之禮責讓作祟神靈，以求解脱。《楚地出土戰國簡册［十四種］》著者則指出，"攻"與"玒"有關，是掌握禱祠、解除的專職人員。③此說可從。楚國有專司禱祀的官員稱爲玒尹，簡224、225是對簡221、222、223所擬議禱祀方案的踐履，實際解於厲鬼的是玒尹下面的兩位執事人瞁與衛腸，由此可見，"思攻"即"使玒尹之玒執事人"之意。如此，戰國楚地針對厲鬼的疾病禱祀所使用的祭法便衹是"解"，而不是"攻解"。解或即爲解除術，目的是去祟解禍，至於"解"的具體儀式及動作無從得知，《論衡·解除篇》可以參考，"世信祭祀，謂祭祀必有福。又然解除，謂解除必去凶。解除初禮，先設祭祀。比夫祭祀，若生人相賓客矣，先爲賓客設膳；食已，驅以刃杖"。④解除前先行祭祀，與楚地卜筮祭禱簡同。也有食物的饋享，最後纔以刃杖驅除。禱疾之祭中可能還會用到樂舞。葛陵楚簡部分占辭中也可見擬用之祭儀，包括饋牲、娛神以樂舞等，如簡零13+甲三200記載擬用之祭儀包括饋以太牢、棧鐘樂之等。葛陵楚墓墓主平夜君成身份是封君，樂舞的使用或許與其身份地位有關。

三 禱祀對象

中國古代的神靈大致可分爲天神、地祇、人鬼三大系統，從目前材料來看，戰國秦漢禱疾實踐也是圍繞着天神、地祇、人鬼進行，總括起來就是上下內外之神祇皆是時人疾病禱祀的對象，至於每次禱疾要向哪些神靈舉行何種祭祀，則取决於占卜之結果。

天神系統。向天神禱疾自商周已然，甲骨卜辭多有記載。上引《左傳》"昭公元年"晉侯有疾，需要向實沈、臺駘舉行祭祀，實沈即參神，爲晉星，是爲向天神禱疾。楚人禱疾的天神主要有太一、司命、司禍、日月、雲君等。僅就戰國卜筮祭禱簡來看疾病禱祀的對象及範圍可能與病者的身份等級并不嚴格對應，無論是楚國類似平夜君成、悼固、邵佗等高等級貴族還是身份相當於士級別的唐維寺M126墓主產等均能禱祀天神、地祇、人鬼三大系統的鬼神，其中高級别的天神、地祇仍是可以上下同禱。秦駰禱病玉版所見

---

① 賈海生:《禱疾儀式的主要儀節》，第5頁。
② 陳偉主編《楚地出土戰國簡册［十四種］》，第62頁注釋31。
③ 陳偉主編《楚地出土戰國簡册［十四種］》，第99頁注釋10。
④ 黃暉:《論衡校釋》卷25《解除篇》，第1041頁。

有四極、三光、太一等。秦漢《日書》疾病占卜所見天神有二十八宿、太一、公外等。向天神禱疾并不是貴族的專利，普通的士階層乃至庶民皆可禱之，尤其是在秦漢時期，隨着《日書》等選擇術的興起和普及，禮下庶人的現象日益明顯，天神與普通百姓的禍福休咎日益密切。

地祇系統。《左傳》中屢見禱疾於山川之祀，也就是關於地祇的祭祀。《左傳》"昭公二十六年"："至於夷王，王愆於厥身，諸侯莫不并走其望，以祈王身。"① 周夷王有疾，諸侯各祭祀其境内之山川，爲王祈疾。《左傳》"哀公六年"，楚昭王有疾，卜得河爲祟，楚昭王認爲"三代命祀，祭不越望"，拒絕祭祀河神。② 河神屬地祇，足見當時諸侯禱疾禮祭祀對象也包括地祇，但禮制規定祇能是其境内之山川，祭如越望，則不受其福。楚地卜筮祭禱簡中的地祇包括后土、野地主、宫地主、二天子、大水、大川、江、漢、沮、漳、淮、北方等。秦駰病玉版所見有華大山、山川等。秦駰有病，向華大山進行禱祀，華大山正屬秦境内之地祇。秦始皇有病，曾使蒙毅還禱山川，當時始皇出遊在外，仍要還禱秦境内的山川，以求福佑。雖然秦已混一海内，始皇帝已貴爲天子，但秦始皇在主觀上還是認同秦境内之地祇，遵守了祀不過望的原則，不能不說，這是先秦禱疾禮制的遺留。秦漢出土材料中所見禱疾之地祇也十分豐富，如大水、九州、三土君、北君取主、社等。

人鬼系統。人鬼系統最爲複雜，大致可以分爲内外兩個類别。針對人鬼的禱疾也可追溯至商周。周公爲武王禱疾的對象即周之先祖大王、王季、文王，是對直系祖先的禱祀。楚人的疾病禱祀涉及的人鬼數量非常多。陳偉曾借助卜筮祭禱簡對楚人的人鬼系統進行了梳理，指出楚人對人鬼的禱辭有規律可循，楚公族祭祀楚先君，非楚公族祇能祭祀其本族之先，因大宗、小宗的身份差别，祭祀祖先的遠近也有所不同，禱祀五祀祖先頻現，是時人宗法血緣關係的表現。③ 以上討論的是人鬼系統中的"内"，毫無疑問，楚人禱疾時對人鬼的選擇也遵循了上述原則。同時楚人禱疾的人鬼對象還包括外鬼，所謂"神不歆非類，民不祀非族"并不符合戰國以降的禱祠實踐。從卜筮祭禱簡來看，楚人疾病占卜的人鬼有三楚先、昭王、東陵連囂子發、兄弟無後者、親王父、絶無後者、柬大王、聖聲王、子西君、巫、五世祖先等，數量非常多，而且不同病者所祭祀人鬼的對象和範圍并不一致，此不贅述。秦漢《日書》揭示禱疾之人鬼對象有父母、王父、王母、外鬼、外鬼傷（殤）死、高王父等，包含了内外之鬼，内鬼也處在五世、三世的範疇之内，可見這樣的宗法觀念在當時確實比較普遍，并進一步滲透到疾病占卜領域。

---

① 楊伯峻：《春秋左傳注》（修訂本），第1475~1476頁。
② 楊伯峻：《春秋左傳注》（修訂本），第1636頁。
③ 陳偉：《楚人禱祠記録中的人鬼系統以及相關問題》，《古文字與古代史》第1輯，"中央研究院"歷史語言研究所，2007，第363~389頁。

除此之外，戰國秦漢時期的禱疾禮中，某些神靈受到特殊重視。比如五祀在先秦的疾病禱祀中頻繁出現，成爲疾病祝禱的重要對象。《儀禮·既夕》記載病人在彌留之際，親屬"乃行禱於五祀"，鄭注："五祀，博言之。士二祀，曰門，曰行。"[①] 禱祀五祀是爲了求得五祀之神的福佑，此五祀即五祀小祀，爲門、户、中霤、竈、行，鄭玄認爲根據禮的等差，士階層祇祭禱門、行二祀，此説并不可靠，學者已經指出對於五祀祭祀的疾病祭禱并無上下等差之别。[②] 此處五祀的對象是確定的，又處於臨終彌留之際，禱祀五祀之神似乎不需占卜和齋戒等儀式。

一般性疾病中，五祀也是祝禱對象，而且很可能已經常態化，也就是説五祀已經成爲疾病禱祀中的常祀。上引上海博物館藏戰國楚簡《内禮》篇"君子曰：孝子，父母有疾，冠不介（櫛），行不頌（容），不裦（哀）立（泣），不庶語。時昧訌（攻）、縈，行祝於五祀，豈必有益？君子以成其孝"，[③] 是以但凡家中有病人，子孫行祝禱於五祀已經禮制化，在整個疾病過程中，對五祀的祝禱可能并非祇有一次。

戰國楚地也流行五祀祭祀。卜筮祭禱簡中多見五祀禱祀，如新蔡葛陵卜筮祭禱簡多見分禱五祀，但因簡文殘泐，部分不確知是否爲疾病禱祀。如簡甲一2："□一犬，門一羊。□"，簡甲三56："□特牛，樂之。就禱户一羊，就禱行一犬，就禱門□"，簡乙一28："夏柰之月己丑之日，以君不懌之故，就禱靈君子一豬，就禱門、户屯一殺，就禱行一犬。壬辰之日【禱之】。□"，簡零442："□禱門、户"，簡甲三：213"□户、門。有祟見於邵王、惠王、文君、文夫人、子西君，就禱□"，簡甲三76："靈君子、户、步、門□"。[④] 望山1號楚墓卜筮祭禱簡也出現了分禱五祀之行、竈等神靈。如簡28："□志事，以其故説之。享歸佩玉一環束大王。舉禱宫行，一白犬，酒食"，簡115："□於東石公，社、北子、行【既】□□"，簡119："□舉禱大夫之私巫，舉禱行，白犬，罷禱王孫皋，塚豕"，簡139："□【祭】竈。已巳，【祭】"[⑤] 以上所舉均是關於戰國楚地五祀之神的禱祀記録。

也有明確的簡牘材料記載戰國楚地的疾病禮制也禱祀五祀，或五祀分禱，或五祀同禱。包山楚簡兩次占疾與五祀有關，如簡208"賽於行，一白犬"，簡219"賽禱行，一白犬"，同批其他非疾病占卜的卜辭中出現有"與禱宫行，一白犬""與禱行，一白犬"。疾病占卜與非疾病占卜中對行神的祭法有别，前者用"賽禱"，後者用"與禱"。"賽"

---

① （漢）鄭玄注、（唐）賈公彥疏《儀禮注疏》卷40《既夕》，第1158頁。
② 楊華：《"五祀"祭禱與楚漢文化的繼承》，《古禮新研》，第379~401頁。
③ 釋文綜合了諸家意見。參見馬承源主編《上海博物館藏戰國楚竹書（四）》，第226頁。黄人二：《讀上博藏簡第四册内禮書後》，第276~282頁。楊華：《"五祀"祭禱與楚漢文化的繼承》，第379頁。
④ 陳偉主編《楚地出土戰國簡册［十四種］》，第395~423頁。
⑤ 陳偉主編《楚地出土戰國簡册［十四種］》，第271~275頁。

是報祭，結合其他簡文來看，白犬是禱行神之常牲，以一白犬賽禱行就意味着在舉行疾病占卜之前已對行進行了禱祀，否則便不能"賽禱"。我們似可由此推測，在患病後及舉行疾病占卜之前的時段便可分禱五祀，以求病癒。由此可知，五祀確是禱疾之常禮，因其是家居之小神，故可以不假卜筮而祝禱。秦駰禱病玉版也記載，秦駰病時也曾禱祀五祀，是爲同禱。新蔡葛陵卜筮祭禱簡年代爲戰國中期，其中簡零 282 原釋爲"是日就禱五世"，宋華强將之改釋爲"就禱五祀"，①說明墓主平夜君生前疾病時也曾在某日同禱五祀。結合《儀禮·既夕》的記載來看，"就禱五祀"之時病人可能已經病篤，也就是說上述五祀祭禱，很可能是爲病人的臨終之禱。湖北荆門包山 2 號楚墓還出土有祭禱五祀的神牌，考古報告指出："五塊小木牌形狀不一，分圭形、亞腰形、尖頂弧形、凹弧頂燕尾等，均爲長方形的變形，長 6、寬 1.8、厚 0.2 厘米。每塊書一字，共書'室、門、户、行、竈'"五字。②其中室、門、户、行、竈即五祀的具體名稱，與《禮記·月令》所記載五祀名稱完全一致。以五祀神主隨葬，以供地下世界之用，足見五祀在時人生活中的重要性。聯繫前文所述之疾病禮制及該墓所出卜筮祭禱簡的相關記録來看，該墓所出祭禱五祀的神牌或爲墓主生前因病禱祀五祀之用。

出土秦漢《日書》中有大量關於五祀祭祀的時日選擇。如睡虎地秦簡《日書》甲種"除"篇："害日，利以除凶癘（厲），兑（説）不羊（祥）。祭門、行，吉。以祭、冣（聚）衆，必亂者。"③害日能驅除凶厲、不祥，而這些往往是致病之祟，將祭門、行之吉日安排在害日，或許與祝禱五祀能驅除病祟有關。直至東漢時期，五祀仍是疾病祝禱的重要對象。香港中文大學藏東漢時期的"序寧禱券"包含有死者在患病之時由家人代爲禱神的記録。④序寧爲田氏之妻，病時田氏皇男、皇婦、皇弟、君吳爲序寧請禱外家西南請子社，張氏請子社、官社等。建初四年七月初一以及七月十二日序寧始死這天，都爲序寧向竈、炊進行過禱祀，二者都可視作疾病禱祀之禮。由此足見，五祀祭祀在疾病禱祀中具有連續性和穩定性。

---

① 宋華强：《新蔡楚簡的初步研究》，北京大學博士學位論文，2007，第 149~152 頁。
② 湖北荆沙鐵路考古隊：《包山楚墓》，文物出版社，1991，第 156 頁。
③ 陳偉主編《秦簡牘合集》[釋文注釋修訂本（二）]，武漢大學出版社，2016，第 329 頁。
④ 此組禱神簡牘一共 14 枚，由香港中文大學收藏。這批簡又稱"序寧病簡""巫禱券書""序寧簡"等。楊華綜合諸家之説稱之爲"序寧禱券"，可從。根據簡文、形制，該 14 枚簡可分爲券書、券刺兩類。簡文所記之祭禱進程分爲三大步驟，第一階段是序寧之子媳、婦爲其舉行的疾病禱，時間在七月甲寅；第二階段是序寧病死，序寧之子媳、婦爲其舉行的始死禱，時間在七月十二日乙丑；第三階段是序寧之子媳、婦爲其舉行的死後禱，共分兩次，一次在七月二十日癸酉，即序寧死後的第八天，一次在八月十八日庚子，即序寧死後的第三十五天。其中序寧的始死禱仍可視作疾病禱祀的範疇。參見楊華《〈序寧禱券〉集釋》，《古禮新研》，第 483~508 頁。

四　祝禱之辭

禱疾禮儀還有祝告的環節。"祝"與"禱"含義接近，二者往往混用。但二者之間又有細微差別，"祝"更多地指祝願歌頌而求福，"禱"側重於祓除殃咎而祈福。① 祝禱需有禱辭。《周禮·春官》下有"大祝"，掌"六祝之辭"以及"作六辭以通上下……五曰禱"。② 可見，禱辭是非常重要的一種祝辭，根據《周禮》掌管禱辭是太祝之職。疾病祝禱在商代禱疾中已經出現，衹不過在卜辭中往往不稱"祝"而稱"告"。賈海生指出："就禱疾的儀注而言，以言辭告神求福佑，或稱祝或稱告。商代卜問禱疾的刻辭，不見'祝於某'而恒見'告於某'。"③ 既是祝告則當有祝辭，這種祝辭一般由史或祝作成，書寫於簡册之上，甲骨文中常見不同種類的"册"。李學勤指出，兹册謂指定的禱辭，新册、舊册指新、舊禱辭，兩册指新、舊禱辭并用。④ 可見，在實際祝禱時既用舊册也臨事製作新册，這些册由當時"祝宗卜史"中的"祝"或"史"典理，撰寫祝辭也是當時"祝"或"史"的重要技能。

疾病禱辭包含陳述病情、求福以及請祠三個方面，由此可見禱辭的基本結構和目的。疾病禱辭與其他禱辭有着大致相同的格式，一般以禱者的語氣寫就，以"皋"作爲發語詞，以引起神靈的注意，接着向神靈報告所祝禱的内容，以"敢告"引出具體請求，最後以請祠結束。一般而言，大部分禱辭都會講究使用韻語，以增強語言的力量。

傳世文獻和出土文獻保留了大量與疾病相關的禱辭。《尚書·金縢》記載了周公爲武王禱疾的禱辭：

> 史乃册，祝曰："惟爾元孫某，遘厲虐疾。若爾三王，是有丕子之責於天，以旦代某之身。予仁若考，能多材多藝，能事鬼神。乃元孫不若旦多材多藝，不能事鬼神。乃命於帝庭，敷佑四方，用能定爾子孫於下地。四方之民，罔不祇畏。嗚呼！無墜天之降寶命，我先王亦永有依歸。今我即命於元龜，爾之許我，我其以璧與珪，歸俟爾命；爾不許我，我乃屏璧與珪。"⑤

"史乃册"交代了這篇禱辭由史製作，由周公代武王禱，祝者即周公。"元孫某"指武王

---

① 羅新慧：《禳災與祈福：周代禱辭與信仰觀念研究》，《歷史研究》2008年第5期，第5頁。
② （清）孫詒讓：《周禮正義》卷49《大祝》，阮元校刻《十三經注疏》，中華書局，1980，第1992頁。
③ 賈海生：《禱疾儀式的主要儀節》，第4頁。
④ 李學勤：《談叔矢方鼎及其他》，《中國古代文明研究》，華東師範大學出版社，2005，第83~84頁。
⑤ （漢）孔安國傳、（唐）孔穎達疏《尚書正義》卷13《周書·金縢》，第196頁。

發，在實際祝禱中"某"應被替換爲病者之私名。周公親禱是爲了實現以身代武王，使武王康復如初的目的。在禱辭中，周公强調與武王相比，各有長處，自己"多材多藝"，善事鬼神，而武王能安定子孫，使宗廟長存。最後，周公許諾神靈，若能以己身代則會以珪璧饋享神靈。這篇禱辭没有一般禱辭所具有的"皋""敢告"等用語。

近年來隨着出土材料的不斷發現和刊布，有關戰國秦漢時期的疾病禱辭多有所見，極大地豐富了我們對疾病禱辭的格式、内涵、功用等方面内容的認識。目前在葛陵1號楚墓、唐維寺M126楚墓等地所出戰國楚地卜筮祭禱簡中有少量的疾病禱辭，戰國秦駰禱病玉版、漢代的序寧禱券等也有疾病禱辭的記載。另外出土《日書》或一些被稱爲疾病巫術的簡牘材料中也有與疾病祝禱相關的内容，實際也屬於疾病禱辭的範疇，但尚未引起學界重視。

著名的戰國秦駰禱病玉版便記載了秦駰因病向形法氏、華大山祝禱之事，其篇幅之大，内容之完整，實屬罕見。秦駰玉版記載，秦王之曾孫駰在孟冬十月發病，身體不快，心中不樂，疾病完全没有好轉的迹象，所謂"無間無瘳"。秦駰周邊之人包括他自己都對病由一無所知，自己想祭祀天地、四極、三光、山川、神祇、五祀、先祖等神靈而又不得其法。病情纏綿不愈，秦駰準備好犧牲、幣帛向東方形法氏及華大山禱告請求釋罪。

> 有秦曾孫小子駰曰：孟冬十月，厥氣敗凋。余身遭病，爲我慽憂。□□反側，無間無瘳。衆弗知，余亦弗知，而靡有鼎休。吾窮而無奈之何，永慼憂愁。周世既没，典法散亡，惴惴小子，欲事天地、四極、三光、山川、神祇、五祀、先祖，而不得厥方。犧牲既美，玉帛既精，余毓子厥惑，西東若蠢。東方有士姓，爲形法氏，其名曰隉。潔可以爲法，净可以爲正。吾敢告之：余無罪也，使明神知吾情。若明神不□其行，而無罪□宥刑，賢賢烝民之事明神，孰敢不精？小子駰敢以玠圭、吉璧、吉瑶以告華大山。大山有賜，八月□已吾腹心以下至於足踝之病，能自復如故。請有祠用牛犧二，其齒七，潔□□及羊、豢、路車四馬三，人一家，一璧先之，而覆華大山之陰陽，以□□答，□答既□，其□□及裏，世萬子孫，以此爲常。苟令小子駰之病日復，故告太一、大將軍，人一家，□王室相如。①

---

① 秦駰禱病玉版引起了學術界的廣泛討論和研究，主要涉及玉版的銘文、年代、性質等。相關研究參見李零《秦駰禱病玉版的研究》，《國學研究》第6卷，北京大學出版社，1999，第525~547頁。李學勤：《秦玉牘索隱》，《故宫博物院院刊》2000年第2期，第41~45頁。周鳳五：《〈秦惠文王禱祠華山玉版〉新探》，《"中央研究院"歷史語言研究所集刊》第72本第1分，2001，第217~232頁。李家浩：《秦駰玉版銘文研究》，《北京大學中國古文獻研究中心集刊》第2輯，北京大學出版社，2000，第99~128頁。王輝：《秦曾孫駰告華大山明神文考釋》，《考古學報》2001年第2期，第143~158頁。連劭名：《秦惠文王禱祠華山簡文研究》，《中國歷史博物館館刊》2001年第1期，第49~57頁。曾憲通、楊澤生、肖毅：《秦駰玉版文字初探》，《考古與文物》2001年第1期，第53~54頁。侯乃峰：《秦駰禱病玉版銘文集解》，《文博》2005年第6期，第69~75頁。

該禱辭書寫於玉製版狀物上，延續了先秦禱辭類的書寫傳統。該禱辭以秦駰的口吻寫就，大致可分爲三部分：第一部分陳述病情，講秦駰染病不愈。秦駰對神稱其私名"駰"，以表謙卑，以無助的口吻向神靈自述疾病的痛苦，"無間無瘳"，疾病既不減輕也不痊癒，"永戀憂愁"，描繪出染疾後痛苦難耐的境況，疾病確實給他帶來了無盡的痛楚，秦駰祭神無方，以"惴惴小子"表明自己在神靈面前的謙卑、弱小、惶恐無助，他準備向天地、四極、三光、山川、神祇、五祀、先祖等神靈進行祭禱，無奈不得其方，疾病未愈。第二部分是求福，請神釋罪，秦駰精心準備好了犧牲和玉帛先後向東方形法氏和華大山進行禱告，告知神靈己身無罪，請求神靈寬宥。對於形法氏之"告"重在説理，對於處於秦境内之地祇華大山之"告"則隆重得多，明確指出"以玠圭、吉璧、吉瑶以告華大山"，後果得大山賜福，使其"腹心以下至於足髀之病，能自復如故"。第三部分是請祠，在這篇禱文中，秦駰向華大山進行祭祀，所用犧牲、幣帛極爲豐富，包括用七齒牛犧二、羊、豢、路車、玉璧等酬神。酬神所用祭品包括牛、羊、豕三牲皆備的太牢以及天子、諸侯所用之路車，酬神的規格相當之高，充分表達了對神靈的敬意。此外還和神靈強調，如能福佑自己，將使神靈萬世受祀，所謂"世萬子孫，以此爲常"，或即將華大山之祀列入常祀。禱文最後還交代了對太一、大將軍的祝禱，學者推測可能是附帶祭禱。[①] 整體上看，這是一篇結構完整、敘事清晰的禱祀文本。

新蔡葛陵楚墓所出卜筮祭禱簡也顯示，爲平夜君成所進行的禱祀活動也使用了禱辭。有部分禱祀用到了祝法，有祝則必有辭。如簡乙四128："☐君、文夫人，祝其太牢，百"，簡乙四145："☐靈君子祝其特牛之禱。鄭憲占之：㸤☐"，簡零209："不憚病之故，祝云☐"，[②] "祝云"之後即禱辭的内容。簡文中還出現了册告，有册必有文。如簡甲三137："册告自文王以就聲桓王，各束錦加璧"，甲三267："册告自文王以就聲桓王☐"。[③] 尚不知簡文中的祝以及册告是否專爲禱疾而設，但至少説明在平夜君的禱祀活動中禱辭頻繁出現。仔細梳理簡文也不難發現，平夜君成還因疾進行了自禱，惜相關簡文殘缺較多。如：

☐小臣成速瘳，是（甲三16）[④]

☐食，昭告大川有洿，曰：嗚呼哀哉！小臣成暮生早孤（零9、甲三23、57）

小臣成逢害虐（甲三64）

☐食，昭告大川有洿。小臣（甲三21）成敢用解過釋憂，若（甲三61）

---

① 侯乃峰：《秦駰禱病玉版銘文集解》，第74頁。
② 陳偉主編《楚地出土戰國簡册［十四種］》，第413~418頁。
③ 陳偉主編《楚地出土戰國簡册［十四種］》，第417~418頁。
④ 陳偉主編《楚地出土戰國簡册［十四種］》，第404頁。

□昔我先出自□□，宅兹沮、漳，以徙遷處（甲三11、24）
□渚沮、漳、及江，上逾取□□
小臣成拜手稽手，敢用一元□（乙四70）
□饋，棧鐘樂之□（甲三145）①

此類自禱之辭在卜筮祭禱簡中并不多見，因而顯得更加彌足珍貴。從殘存的簡文來看，其禱辭也包括陳述病情、求福、請祠三個方面的内容。平夜君私名"成"，於諸神面前自稱"小臣成"是禱者在神靈面前謙卑的稱呼。在陳述病情環節，平夜君追述了自己的家世，强調自己"暮生早孤"，現在又"逢害虐"病，以博得神靈的垂憐。求福環節，由於簡文殘泐衹能見到請求速瘳的記載。請祠儀節，平夜君對神靈行拜手稽手禮，即頭手皆觸地之大禮。根據卜筮記録，"一元"之後可補"×牂"，即以羊牲享神，并配以金石之樂。我們推測，平夜君成在禱疾時可能使用了自己所能使用的最高級别的禮儀來祭禱諸神。

唐維寺M126楚墓共出土8枚卜筮祭禱簡，簡4、5、6、7是以"告"開頭的疾病禱辭，從語辭看似都是病者的自禱，這四枚禱辭簡帶來了關於戰國禱疾禮儀前所未有的新發現。簡5、6是關於卜日的禱辭：

告又大神有皇：産以其有病之故，筮之，見産將擇良月良日，將賽其一牂之禱，司命、土主，將賽其禱各一拜。（5）
告又北方：産以其有病之故，筮之，見産將擇良月良日，將忻禩其一紑環。（6）②

兩條禱辭的結構及句式完全一致，"産以其有病之故，筮之"陳述了祝告的緣由，其中"見"讀爲"現"，"見産將擇良月良日"點明了此次祝告的主題是擇取良辰吉日，卜日的目的是爲病者賽禱或者舉行忻禩之祭。上述兩條禱辭有兩點值得注意：其一，卜辭證實了禱疾禮儀中卜日儀節的存在；其二，卜辭表明卜日也需要祝告，并展示了禱疾儀禮中卜日禱辭的基本内容與結構。簡7是關於延遲賽禱的禱辭：

曾臣産敢告北方：以其室之有疾之故，陳目筮之，有祟見，以其未可以禱，蔽

---

① 陳偉主編《楚地出土戰國簡册［十四種］》，第406頁。
② 趙曉斌:《荆州棗林鋪楚墓出土卜筮祭禱簡》，第23頁。

佩玉一環，將至秋三月，擇良日而賽之。（7）①

延遲疾病賽禱的原因是"有祟見"，豐富了我們關於人神關係的認識。其中簡4是對疾病占卜結果的踐履，也是對實際禱祀活動的記錄：

告又大神釱祓：燕客臧之賓問王於葴郢之歲，享月孃以其有疾之故，戀遂筮之，有祟見於君之所。今日己酉之日，產以志其食之期肥豢……（4）②

禱辭先追述了禱疾者的疾病及占卜情況，接着講述"今日己酉之日"根據預卜祭法的祭祀情況。與秦駰禱病玉版以及葛陵1號禱疾記錄相比，衹見陳述病情、請祠的儀節，不見求福的內容，稍顯簡略。簡文中的"己酉之日"當是在正式祝禱之前卜日的結果，根據前述禱疾禮的基本儀節，祝禱前，病者產還應當齋戒數日。

上舉周公爲武王禱疾、秦駰自禱、平夜君成自禱以及產的禱祀記錄都屬於士以及以上的貴族階層的禱疾禮儀，與普通民眾的禱疾禮儀相比，上述疾病的禱祀可能更具有禮制的意味，更加程式化。文獻揭示，禱疾之風在戰國秦漢民間社會也十分流行。如《韓非子·外儲説右下》："秦昭王有病，百姓里買牛而家爲王禱"，③都是通過向神靈祝禱來祈求疾病痊癒。前引上博簡內禮也強調，父母有疾，孝子要禱祀五祀等。而秦漢出土《日書》中疾病占卜的流行以及關於疾病禱祀選擇術的發達均顯示禱疾是當時上下通行的醫療習俗。

秦漢民間禱疾無論是在儀式還是在禱辭層面都與貴族階層的禱疾儀式有着程度不等的區別，主要表現在祭禱對象、禮儀程式以及禮儀用語上的不同。上文所列舉的禱辭皆在禱疾活動中實際使用，而目前出土文獻所見民間禱疾所用之禱辭却多爲範本或者活套，此類禱疾範本在民間傳抄，正足以説明民間禱疾之風的盛行。

根據出土材料，民間禱疾可能并不需要煩瑣、完整的禱疾儀式，而是直接對疾病所對應的特定神靈進行祭禱。古人視惡夢爲一種疾病，睡虎地秦簡《日書》甲種"夢"篇記載，人有惡夢，醒後即散髮向西北而坐，向神靈禱疾：

人有惡夢，覺，乃釋髮西北面坐，禱之曰："皋！敢告爾琴琦。某有惡夢，走歸琴琦之所。琴琦強飲強食，賜某大幅，非錢乃布，非繭（13背/154反）乃絮。"則

---

① 趙曉斌：《荆州棗林鋪楚墓出土卜筮祭禱簡》，第22~23頁。
② 趙曉斌：《荆州棗林鋪楚墓出土卜筮祭禱簡》，第22頁。
③ （清）王先慎：《韓非子集解》卷14《外儲説右下》，中華書局，2013，第335頁。

止矣。（14背一/153反一）①

其中"某"指禱病者，病者禱病時以自己私名代入即可。禱病的對象是豼琦，禱前并不需要蔽志，更不需卜日、齋戒等。相似的内容也見於睡虎地秦簡《日書》乙種"夢"篇：

人有惡夢，覺而釋之，西北向釋髮而咒，祝曰："皋，敢告爾宛奇，某有惡夢，老來□（194）之，宛奇强飲食，賜某大幅，不錢則布，不繭（13背/154反）則絮。"（195一）②

之所以不需舉行占卜以確定造成惡夢的鬼祟是因爲禱病者根據禱辭的指引已經知曉了病祟。也就是説，病祟與特定疾病之間已經出現了對應關係，這可能是戰國以降神靈譜系的新發展，越來越多的專職神靈開始出現。睡虎地秦簡《日書》"詰"篇，也提到鬼恒爲人惡夢，醒後不舉行占卜而直接以桑杖辟鬼的做法。

鬼恒爲人惡夢，覺而弗占，是圖夫，（44背二/123反二）爲桑杖倚户内，覆䩺户外，不來矣。（45背二/122反二）③

根據簡文，造成人惡夢的鬼神名字叫做"圖夫"，説明在時人的觀念中，惡夢與鬼之間具備了對應關係，當有惡夢時直接對圖夫行以辟除術即可，而不必通過煩瑣的占卜來確定病祟，這是簡文之所以明確交代"覺而弗占"的原因之所在。戰國秦漢時期的民間信仰中，專職鬼神的出現可能是一個大的趨勢。就目前所見，在戰國時期的禱辭中具有專門職能的神靈，比如望山楚簡"告武夷"中的武夷即司兵死者，楚地卜筮祭禱簡中頻繁出現司命等。

與《尚書·金縢》、楚地卜筮祭禱簡中的禱辭相比，民間禱辭充滿了巫術色彩，所禱告的對象多是百姓日常生活中所接觸到的小神，所使用的靈物也是日常生活中多見或常用之物。周家臺秦簡中也保留了若干民間疾病禱辭，涉及齲齒病、心病、癰、生子等諸多情況，其中涉及齲齒病的禱辭有三條：

已齲方：見東陳垣，禹步三步，曰："皋！敢告東陳垣君子，某病齲齒，苟令某

---

① 陳偉主編《秦簡牘合集》[釋文注釋修訂本（二）]，第407~408頁。
② 陳偉主編《秦簡牘合集》[釋文注釋修訂本（二）]，第517頁。
③ 陳偉主編《秦簡牘合集》[釋文注釋修訂本（二）]，第417頁。

齲已，请（326）獻驪牛子母。"前見地瓦，操。見垣有瓦，乃禹步，已，即取垣瓦埋東陳垣（327）址下。置垣瓦下，置牛上，乃以所操瓦蓋之，堅埋之。所謂"牛"者，頭蠱也。（328）

已齲方：以叔（菽）七，税（脱）去黑者。操兩瓦，之東西垣日出所燭，先埋一瓦垣址下，複環禹步三（329）步，祝曰："呼！垣址，苟令某齲已，予若菽子而徹之齲已。"即以所操瓦而蓋□。（330）

其一曰：以米亦可。男子以米七，女子以米二七。（331）①

簡文對禱疾的儀節、用物、禱辭等均有詳細説明，抄寫者之所以如此不厭其煩地交代禱疾的各種細節，想是與使用者能够準確地完成禱疾儀式的考慮有關。簡文中的"禹步"是上文提到的巫舞，起到降神的作用。"皋"和"呼"都是發語詞，以引起神靈的注意。上述兩種儀式均在病者熟悉的生活場景中展開，所禱告的對象均是垣君。第一例中酬神的物品是黑色頭蠱，第二例中酬神的物品是豆子或者米，而且男、女患者在數量上有別。至於爲何要向垣君禱告，可能是牙齒排列狀似墻垣之故。②不論其原因如何，我們可以確認的是在時人的觀念中，齲齒病已經與墻垣建立了對應關係。在周家臺秦簡第三例已齲方中，則是向輔車進行祝禱，以求病癒。"已齲方：見車，禹步三步，曰：'輔車車輔，某病齒齲，苟能令某齲已，令（332）若毋見風雨。'即取車轄，毋令人見之，及毋與人言。操歸，匿屋中，令（333）毋見，見復發。（334）"③有學者指出，向輔車祈禱齒疾與春秋以後人們以輔、車分別比喻面頰、牙齒有關。④此條禱辭意在讓輔車顯靈，使齒疾愈，回報輔車的辦法是不使其見風雨，祝禱後取車轄而藏之即讓其"毋見風雨"。周家臺秦簡中的"病心者"所祈禱對象是泰山，"病心者，禹步三，曰：'皋！敢告泰山，泰山高也，人居之，□□之孟也。人席之，不智知（335）而心疾，不智（知）而咸。'即令病心者南首卧，而左足踐之二七。（337）"⑤向泰山祈禱，可能與泰山上的某物能治療心疾有關。簡336："赤隗獨指，搗某瘩心疾。"⑥病癰方所祈禱的對象是曲池，"操杯米之池，東向，禹【步三】步，投米，祝曰：'皋！敢告（338）曲池，某癰某破。禹步擴房棅，令某癰數去。'（339）"⑦大概曲池有水與人有腫瘍類似，故禱之以求愈。婦女妊娠欲疾生子則向"鬻"進行禱告，"禹步三，汲井，以左手袤繘，令可下免甕，□（340）下

---

① 陳偉主編《秦簡牘合集》[釋文注釋修訂本（三）]，武漢大學出版社，2016，第232~233頁。
② 王貴元：《周家臺秦墓簡牘釋讀補正》，《考古》2009年第2期，第71頁。
③ 陳偉主編《秦簡牘合集》[釋文注釋修訂本（三）]，第233頁。
④ 羅新慧：《禳災與祈福：周代禱辭與信仰觀念研究》，第7頁。
⑤ 陳偉主編《秦簡牘合集》[釋文注釋修訂本（三）]，第234頁。
⑥ 陳偉主編《秦簡牘合集》[釋文注釋修訂本（三）]，第234頁。
⑦ 陳偉主編《秦簡牘合集》[釋文注釋修訂本（三）]，第235頁。

免繘甕，左操杯，鯖甕水；以一杯盛米，毋（341）下一升。前置杯水女子前，即操杯米，禹步【三步】，（342）祝曰：'皋！敢告鬻。'□步，投米地，祝投米曰：'某有子三旬，（343）疾生。'即以左手撟杯水飲女子，而投杯地，杯□□（344）"① 在當時的民間習俗中，鬻可能與生育有關。總之，目前所出秦漢時期民間禱疾的巫術色彩越來越濃，意味着戰國秦漢以降人神關係的重要變化以及疾病禮制的重要轉折。

結　語

隨着方技之學的興起，至晚在戰國時期，巫術、禮儀、方技共同構成了戰國秦漢醫療的基本結構。其中巫術和禮儀都是上古以來的舊傳統，方技之學是東周以降的新內容。禮與巫術，在疾病治療過程中其實從未缺位，以往學界多關注巫術與醫療的關係，很少關注醫療中禮儀與禮制的維度，究其原因主要在於文獻的匱乏、史料記載的零散以及禮制材料的晦澀難懂。

禱疾是戰國秦漢疾病禮制的重要内容。卜祟、修祀、祝禱、賽禱是整個禱疾禮中前後相續的環節，必先卜祟而後方能修祀，必先修祀而方能祝禱，禱祀得福則必賽之。占卜涉及卜病因、卜日、卜祭等内容，這在戰國楚地卜筮祭禱簡中都能見到。其中，楚地爲疾病祝禱而進行的卜日還有專門的祝禱環節。秦漢時期，疾病占卜已經不必借助職業的貞人，而祇需借助《日書》即可完成，這是疾病占卜方式在戰國秦漢時期的重大變化，但其所卜問的内容相差無幾。正式禱疾前還有齋戒、祭祀的儀節。楚地卜筮祭禱簡顯示，在占卜和祭祀之間還有一定的時間間隔，可供齋戒之用。禱前有祭，在正式禱疾前還需對卜筮所得之祟進行祭祀，祭禱相連，祀畢方禱，卜筮祭禱簡中與疾病相關的祭法本身就是一種儀式。楚地卜筮祭禱簡中擬議的祭法并非虛文，而是真正得到踐履。戰國秦漢禱疾對象是完整的天神、地祇、人鬼等上下内外之神，至於每次禱疾要向哪些神靈舉行何種祭祀，則取決於占卜之結果。戰國秦漢時期的禱疾禮中五祀頻繁出現，成爲疾病祝禱的重要對象。從出土文獻來看，戰國秦漢疾病禱辭包含陳述病情、求福以及請祠三個方面，由此可見禱辭的基本結構和目的。秦漢民間禱疾無論是在儀式還是在禱辭層面都與貴族階層的禱疾儀式有着程度不等的區別。目前出土文獻所見民間禱疾所用之禱辭多爲範本或者活套，此類禱疾範本在民間傳抄，足以説明民間禱疾之風的盛行。就其内容而言，民間禱辭充滿了巫術色彩，所禱告的對象多是百姓日常生活中所接觸到的小神，所使用的靈物也是日常生活中多見或常用之物。秦漢時期民間禱疾的巫術色彩日益濃厚，意味着戰國秦漢以降人神關係的重要變化以及疾病禮制的重要轉折。

---

① 陳偉主編《秦簡牘合集》[釋文注釋修訂本（三）]，第236頁。

戰國兵器題銘札記（二則）

曹 磊[*]

摘 要：十七年夫酉令戈縣名"夫酉"、特徵字"冶"的字形均首次見於三晋兵器題銘，是戰國晚期趙惠文王十七年或者趙孝成王十七年鑄造的兵器。十八年屬邦買戈銘文寫法較爲拙劣，題銘格式用語隨意拼湊，銘文較爲可疑。

關鍵詞：戰國兵器；十七年夫酉令戈；十八年屬邦買戈

一

《紫塞珍萃——承德館藏文物精品圖録》著録一件出土於圍場縣龍頭山鄉小錐子山的戰國三穿戈（見圖1）。此戈通長22.6厘米，援長13.6厘米，胡長11.7厘米。銅質，鋒胡鋭利，微上翹，中間較平，近闌處有梯形穿三個。援和胡的夾角稍大於直角。平内，内前端有一梯形穿，末端稍殘。内正面陰刻銘文，部分字迹不清。[①]

此戈目前尚未見學者引述，[②] 筆者將銘文釋寫如下：

十七年，酞=（扶柳）佮（令）陽城莊、右[庫]帀=（工師）肖豹、冶耳所爲執齋（劑）。

縣名"夫酉"首次見於兵器題銘，此前見於"夫酉"三孔布（《先秦貨幣研究》200頁）和"夫酉厰"三晋古璽（《中國古印——程訓義古璽印集存》1~157），黄錫全

---

[*] 曹磊，吉林大學考古學院、"古文字與中華文明傳承發展工程"協同攻關創新平臺在讀博士研究生，研究方向爲出土文獻與古文字學。

本文爲國家社科基金青年項目"簡牘所見秦區域治理之圈層理念研究"（22CZS006）和吉林大學2022年研究生創新研究計劃項目"晚清民國時期的戰國文字考釋研究"（2022108）的階段性成果。小文承蒙單育辰、吴良寶等老師的審閲指正，匿名審稿專家及趙垾燊同學、許世和師兄、湛秀芳師妹提供寶貴修改意見，趙祥延、李鵬、靳亞萱等好友惠賜相關圖版信息，謹致謝忱。文中尚有疏漏，概由筆者本人負責。

① 承德市文物局編《紫塞珍萃——承德館藏文物精品圖録》，文物出版社，2011，第250頁。

② 此則内容筆者寫定於2023年3月初，隨後得到吴良寶老師的審閲指正，謹此致謝。吴老師在《戰國古璽地名及相關問題》（故宫古文獻學術講座第九講），2023年4月7日的騰訊會議講座中亦提及此戈，請讀者一并參看。

先生釋讀幣文爲"大（夫）酉",[①] 即"扶柳",《戰國策·趙策四》："趙攻中山,取扶柳。"地在今河北冀縣西北,原屬中山國,戰國晚期屬趙。[②] 吳良寶先生讀璽文"夫酉"爲"扶柳",《漢書·地理志》信都國有扶柳縣,在今河北冀州市西北,該複姓屬"以地爲氏"類型,從三孔布"夫酉""南行唐""封斯"等資料看,"扶柳"也是趙國的縣名。[③] 二説可從。結合《史記·韓世家》"（韓襄王）十四年,與齊、魏共擊秦,至函谷而軍焉",《戰國策·趙策四》"（惠文王元年）三國攻秦,趙攻中山,取扶柳",《史記·趙世家》"（惠文王）三年,滅中山,遷其王於膚施"等史書記載,趙國攻滅中山、置縣扶柳的時間當在趙惠文王元年（前298）以後。

圖1　十七年夫酉令戈器影及銘文照片

戈銘"所爲"是趙國題銘常用語,[④] "爲"字 中上部的寫法,又見於 （《銘圖》17187）、 （《銘圖》18069）、 （《銘圖》2167）等戰國晚期趙國文字材料。[⑤] 銘末二字雖略有殘泐,但據其輪廓及"冶馭所爲執劑"（《銘三》[⑥]1608）、"冶尹頯所爲,級

---

① 實際上,三孔布和古璽"夫酉"的"夫"字上方均明顯有一圓點,當逕釋爲"夫",戈銘又變圓點爲一横,更可證之。
② 黃錫全：《三孔布奥秘試探》,《安徽錢幣》2000年第2期,第15頁；修改後收入《先秦貨幣研究》,中華書局,2001,第187頁。黃錫全：《先秦貨幣通論》,紫禁城出版社,2001,第150頁。
③ 吳良寶：《古璽複姓統計及相關説明》,《新果集（二）——慶祝林澐先生八十華誕論文集》,科學出版社,2018,第587頁。
④ 也見於戰國時期的燕國右中戚鼎（《銘圖》1950）和雍王戈（《銘圖》16741）、魏國七年宅陽令陽登矛（《銘續》1286）及國別待定的四年戈（《銘圖》17185,據此戈銘文"御庶子"和"所爲",疑爲趙國兵器）和所爲矛（《銘續》1284）。吳鎮烽編著《商周青銅器銘文暨圖像集成》,上海古籍出版社,2012。本文簡稱"《銘圖》"。吳鎮烽編著《商周青銅器銘文暨圖像集成續編》,上海古籍出版社,2016。本文簡稱"《銘續》"。
⑤ 湯志彪：《三晋文字編》,吉林大學博士學位論文,2009,第153~156頁。徐在國、程燕、張振謙：《戰國文字字形表》,上海古籍出版社,2017,第384~386頁。
⑥ 吳鎮烽編著《商周青銅器銘文暨圖像集成三編》,上海古籍出版社,2020。本文簡稱"《銘三》"。

（给）^①事爲執劑"（《銘圖》18069）、"冶尹頪所爲，級＝（級事）^②爲執［劑］"（《銘三》1615）、"冶尹明所爲，級（给）事恣鬲執劑"（《銘圖》18074）等趙國兵器相關題銘格式，^③實爲"執劑"二字，習見於趙國兵器，指掌握調劑銅錫合金比例的具體職事。^④戰國中晚期符合"十七年"在位年限，"令＋某庫工帀＋冶"的趙國地方鑄造兵器制度暫衹見於趙惠文王和趙孝成王時期。^⑤而目前明確爲趙孝成王時期的戈僅3見，^⑥在形制上也與趙惠文工時期的戈近似，無法作爲判定絕對年代的標準。故綜合來看，十七年夫酉令戈是趙惠文王十七年（前282）或者趙孝成王十七年（前249）鑄造的兵器。

值得注意的是，戈銘"冶"字从火、从二、从口作❍，在目前所見戰國三晉文字中爲首次出現，^⑦或許可以作爲判定國別的標準之一。

二

《隴南金石校錄》著錄一件"屬邦買戈"，據介紹現藏宕昌縣文化館，雷黎明先生釋文作"十八年屬邦買之造庫綿工奭戈"，認爲其鑄造於秦孝公十八年（前344），編者趙逵夫先生從之。^⑧其後，茹實先生又公布了此戈的彩色照片和銘文摹本（見圖2），據介紹，此戈藏於宕昌縣博物館，出土於甘肅宕昌縣新城子鄉烽火臺遺址，係群衆挖土造田時發現，1991年由宕昌縣文化館從村民手中徵集入館。戈通長25.9厘米、援長12.1厘米、寬2.9厘米、内寬2.4厘米、闌長12.1厘米。援狹長上揚，中胡三穿，穿呈半圓形孔，穿徑0.3厘米。内呈長方形，正中有一穿。援、内、胡均開刃。内正面竪刻3行15字銘文。被博物館定爲戰國時期器物，名爲"銘文銅戈"。茹實先生釋文作"十八年，屬邦買之造，庫綿，工奭。弟卅五"，定名爲"十八年屬邦銅戈"，認爲刻銘制度符合秦王政時期的特徵，斷爲戰國中晚期，"卅五"爲戈的編號，"庫綿"指設在綿諸道的兵器庫，此戈

---

① 陳劍先生讀"級"爲"给"，并指出"級（给）事"作動詞有供職的意思，作名詞可理解爲職官名。詳見董珊《讀珍秦齋藏吳越三晉銘文札記》，《珍秦齋藏金——吳越三晋篇》，澳門基金會，2008，第299~302頁。
② 許世和先生認爲"級"後"＝"爲省代符，用"級＝"代指"級（给）事"這個習見的成詞、用語。詳見許世和《"＝"符省代功能與戰國金文、戰國秦漢簡帛叢考》，首屆"樸學之光"研究生學術論壇會議論文，江蘇南京，2022。
③ 周波先生認爲"冶某所爲執劑"或爲"冶尹某所爲，给事爲執劑"題銘格式的簡省。詳見周波《〈嶽麓書院藏秦簡（柒）〉研讀》，《戰國文字研究青年學者論壇論文集》，安徽合肥，2022，第371頁。
④ 于省吾編著《〈商周金文錄遺〉序》，科學出版社，1957，第2頁。
⑤ 吳良寶：《兵器銘文札記兩則》，《中國文字學報》第8輯，商務印書館，2017，第57頁。
⑥ 參見張建宇《三晋紀年兵器的整理與相關問題研究》，吉林大學碩士學位論文，2018，第104~106頁。其中，十四年武城令戈（《銘圖》17317）僅殘存内部。
⑦ 吳良寶、徐俊剛：《戰國三晋"冶"字新考察》，《古文字研究》第31輯，中華書局，2016，第205~210頁。
⑧ 趙逵夫主編《隴南金石校錄》，社會科學文獻出版社，2018，第308、426頁。

是由中央少數民族管理機構屬邦工室製造，撥交至綿諸道兵器庫的一件兵器。①

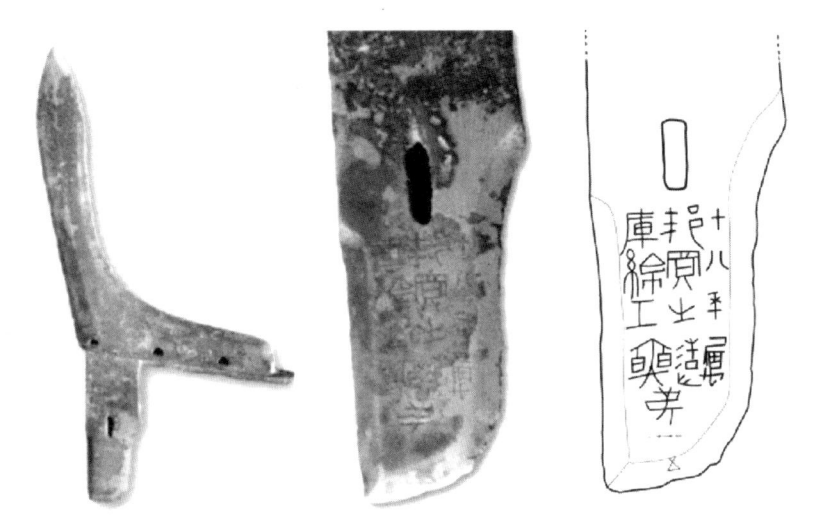

圖2　十八年屬邦買戈器影及銘文照片和摹本

此戈的形制和銘文風格明顯具有戰國秦戈的特點，但戈銘"屬""買""造""綿""奧""弟"等字寫法總體上較爲拙劣，與標準的秦文字存在較大差距（見下表②）：

屬	屬	屬	屬
	《銘圖》17259	《銘圖》17662	《銘圖》17671
買	買	買	買
	《睡虎地秦墓竹簡·法律答問》140	《里耶秦簡（壹）》8-664 正	《北京大學藏秦代簡牘書迹選粹》6 頁
造	造	造	造
	《銘圖》18548	《銘圖》17275	《銘圖》17276
綿①	綿	綿	綿
	《石鼓匯觀》5 頁	《石鼓匯觀》5 頁	《睡虎地秦墓竹簡·法律答問》162

---

① 茹實：《宕昌縣博物館藏"十八年屬邦"銅戈》，《大衆考古》2021年第5期，第55~58頁。
② 單育辰老師指出用秦簡字形與兵器刻銘進行比較而認爲戈銘寫法較爲拙劣并不一定合適，匿名審稿專家建議筆者儘量選擇時代相近的秦系標準器字形進行比較，兩説均很有道理，謹此致謝。由於可資比較的秦系標準器字形實在太少，故筆者不得不選取部分時代籠統、書風相對謹嚴的秦簡、秦印及石鼓文等材料中的相關字形加以比較。

· 99 ·

續表

字			
臾	《銘圖》17259	《秦印》135 頁	《秦印》135 頁
弟	《睡虎地秦墓竹簡·法律答問》71	《關沮秦簡》193	《秦印》195 頁

① 秦印有𦣞（《秦印》304頁）、𦣝（《秦印》304頁）等字，舊多釋爲"白"，吳良寶老師告知筆者有學者改釋爲"旨"，謹此致謝。許雄志編著《秦印文字彙編》（增訂本），河南美術出版社，2021。本文簡稱《秦印》。

此戈使用"屬邦之造""庫某＋工某""弟＋數字"等題銘格式用語，而目前所見與"屬邦"有關的12件秦兵器，①其中4件均使用"造"，未見"庫某＋工某"的形式，"弟＋數字"的編號方式主要見於漢代銅器，②戰國秦兵器暫未見在銘末後綴編號的情況。③秦系題銘，或以干支編號，如工右銀耳杯（《銘圖》19606）以地支"寅"爲編號，咸陽釿（《銘圖》12389）以"名"爲編號的標識、以天干"唐（庚）"爲編號；④或以數字編號，如三年詔事鼎（《銘圖》2223）編號作"冊四"；或二者兼用，如二十九年漆樽以"午""九"爲編號，⑤秦始皇陵所出兵器見"三""八十七""戊六""子五九""子壬五"等編號，⑥均與之明顯有別。由此，十八年屬邦買戈文字寫法較爲生硬，題銘格式隨意拼湊，銘文較爲可疑，但器應是真器。⑦

綜上所述，十七年夫酉令戈縣名"夫酉"、特徵字"冶"的字形均首次見於三晉兵器題銘，是戰國晚期趙惠文王十七年或者趙孝成王十七年鑄造的兵器。十八年屬邦買戈銘文寫法較爲拙劣，題銘格式用語隨意拼湊，銘文較爲可疑。

---

① 詳見郭永秉、广瀨薫雄《紹興博物館藏西施山遺址出土二年屬邦守薄戈研究——附論所謂秦廿二年丞相戈》，《出土文獻與古文字研究》第4輯，上海古籍出版社，2011，第117~119頁。徐占勇、傅雲抒：《有銘青銅兵器圖錄》，河北美術出版社，2007，第58頁。
② 李學勤：《漢代青銅器的幾個問題——滿城、茂陵所出金文的分析》，《文物研究》第2輯，黃山書社，1986，第101~105頁。徐正考：《漢代銅器銘文中的編號》，《史學集刊》1998年第2期，第62~66頁。
③ 此承吳良寶老師在2021年末博士課上告知，謹此致謝。
④ 王輝、蕭春源：《珍秦齋藏秦銅器銘文選釋（八篇）》，《珍秦齋藏金·秦銅器篇》，澳門基金會，2006，第203頁。王磊：《戰國文字考釋方法研究》，安徽大學博士學位論文，2021，第116頁。
⑤ 李學勤：《海外訪古記（一）》，《文博》1986年第5期，第21頁。
⑥ 陝西省考古研究所、始皇陵秦俑坑考古發掘隊編著《秦始皇陵兵馬俑坑一號坑發掘報告1974~1984（上）》，文物出版社，1988，第253、265、270頁。
⑦ 此則內容筆者在2021年末博士課上匯報時，多位老師也認爲此戈銘文生硬，顯爲偽作，但器不假，謹此致謝。

清華簡《筮法・祟》叢考

蔡飛舟

摘　要：清華簡《筮法・祟》所見鬼神名中，"山"非地祇或動物類精怪，而當解作山厲，無嗣之人鬼所化也。"殀"不當讀作辜磔之字，而當徑讀作枯，謂因枯瘦而死之人鬼。"柆"當讀作"位"，特指社叢中主神"社"木之外衆鬼所居諸木之合稱。

關鍵詞：《筮法》；山；殀；柆

清華大學藏戰國楚竹書《筮法・祟》章所見鬼神學者研討既久，然而疑義仍多。《祟》章旨在枚舉八卦筮見惡爻時作祟之鬼神名，每卦之下諸鬼神名目、次序之安排，鮮見内在聯繫。然自《祟》章通篇觀之，散落於各卦之鬼神名實構成若干系列，學者於此措意較少，因於部分鬼神名未獲框定條件，故而難得確解。兹既參稽楚地出土簡牘所見鬼神資料，亦極重視《祟》章内在理路之推考，竊於部分鬼神名别有新見。謹擇思而有得者三事，裒爲此篇，以就正於方家。三事者，一曰乾祟之"山"，一曰勞、離祟之"殀者"，一曰巽祟之"柆"。謹試説之如下。

一　山

《筮法・祟》：

　　軋（乾）祟：屯（純）、五，寊（泯）宗。九乃山。肴（淆）乃父之不瓶=（葬死）。莫屯（純）乃室中，乃父。（簡四三）①

文獻中鬼神涉"山"者，蓋有三解。

一爲山神，地祇之屬。楚簡所見山嶽之神如"五山"（包山簡二四〇）、"峗山"（包

---

*　蔡飛舟，福建師範大學社會歷史學院副教授，主研易學。
　　本文爲國家社科基金青年項目"出土文獻所見先秦象數易例研究"（20CZS011）階段性成果。
①　《筮法》原簡圖版見李學勤主編《清華大學藏戰國竹簡（肆）》，中西書局，2013，第2~9頁。

山簡二一五）①者，皆地祇也。又北京大學藏秦簡《禹九策·四》曰："山恆爲祟。"（簡一四）又曰："山恆者，高＝者＝（高者。高者）䇂遏也。"（簡一七）②"山恆"，疑即恆山，此大名冠小名之例。恆山爲北嶽，則楚簡"五山"蓋即五方之山。

一爲山精，狀似動物。《莊子·達生》："水有罔象，丘有峷，山有夔，野有彷徨，澤有委蛇。"成玄英疏謂"夔"云："大如牛，狀如鼓，一足行也。"③又《楚辭·九歌》"山鬼"洪興祖《補注》："《莊子》曰：'山有夔。'《淮南》曰：'山出嘄陽。'楚人所祠，豈此類乎？"④《淮南子·氾論訓》高誘注："嘄陽，山精也。人形長大，面黑色，身有毛，若反踵，見人而笑。"⑤審其形貌，夔似牛而嘄陽似狒，取象動物，形貌怪異。北大秦簡《禹九策》除自然神"山恆"外，又有"山神"之名。《禹九策·九》曰："其祟兵死外死者及山神，凶。山神者，即山鬼也，大浴（谷）大木下之鬼也。"（簡三八至三九）此以山神爲山鬼，而謂此山鬼居於山谷大樹下，此鬼蓋亦山中精怪。《楚辭·九歌》所云"山鬼"是也。⑥

一爲山厲⑦，人鬼所變。《禮記·祭法》："王爲群姓立七祀：曰司命，曰中霤，曰國門，曰國行，曰泰厲，曰户，曰竈。王自爲立七祀。諸侯爲國立五祀：曰司命，曰中霤，曰國門，曰國行，曰公厲。諸侯自爲立五祀。大夫立三祀：曰族厲，曰門，曰行。庶士、庶人立一祀，或立户，或立竈。"鄭注："此非大神所祈報大事者也，小神居人之間，司察小過，作譴告者爾。司命主督察三命，中霤主堂室居處，門户主出入，行主道路行作，厲主殺罰，竈主飲食之事。"《祭法》所見七祀，唯五祀見於《明堂月令》《聘禮》《士喪禮》等篇，未見司命與厲。鄭氏又曰："司命與厲，其時不著，今時民家或春秋祠司命、行神、山神，門、户、竈在旁。是必春祠司命，秋祠厲也。或者合而祠之。山即厲也，民惡言厲。巫祝以厲山爲之，謬乎。《春秋傳》曰：'鬼有所歸，乃不爲厲。'"⑧鄭氏以著中未見司命、厲二祀，而以漢時民家祀見司命、山神，因推得"山即厲也"。夫鬼無所歸爲厲，鄭氏因推知巫祝以"厲山氏"爲祀之謬，厲山氏有後，固非七祀之厲也。由此

---

① 朱曉雪：《包山楚簡綜述》第三章 "包山楚簡集釋"，福建人民出版社，2013，第607、559頁。
② 釋文見李零《北大藏秦簡〈禹九策〉》，《北京大學學報》（哲學社會科學版）2017年第5期，第42~52頁。
③ （唐）成玄英疏，（清）郭慶藩集釋《莊子集釋》卷七上，清光緒間思賢講舍刻本，第11頁b。
④ （漢）王逸注，（宋）洪興祖補注《楚辭補注》，中華書局，2002，第82頁。
⑤ （漢）高誘注《淮南鴻烈解》卷一三，清乾隆間金谿王氏刻增訂漢魏叢書本，第23頁b。
⑥ 《禹九策》中"山鬼"形象辨析，詳見楊繼承《北大秦簡〈禹九策〉所見鬼神考釋》，《簡帛研究二〇一九（秋冬卷）》，廣西師範大學出版社，2020，第210~212頁。
⑦ 山厲之稱，典籍未見。拙文爲區別不同地域之厲鬼而設，謂山中之人鬼也，猶後世郡厲、邑厲、鄉厲云云，亦因地域之別而造詞。
⑧ （漢）鄭玄注，（唐）孔穎達疏《禮記正義》卷四六，清嘉慶二十年江西南昌府學刻《十三經注疏》本，第12b~13a頁。

觀之，山即厲，謂無後之人鬼。包山楚簡所謂"絶無後者"（簡二五〇）[①]、望山楚簡所謂"㻰（厲）"（簡一二四）[②]者、睡虎地秦簡《日書》所謂"剌（厲）鬼"（簡二七背壹）[③]者，蓋皆此類。又睡虎地秦簡《日書·詰咎》有所謂"丘鬼"者，亦與山鬼略近。《詰咎》："人毋（無）故，鬼昔（藉）其宫，是是丘鬼。"（簡二九背壹）此言人無故而鬼踐擾其宫者，是爲丘鬼也。又曰："故丘鬼恆畏人，畏人所。"（簡二四背貳）此言丘鬼常恐嚇人及人之居所。丘鬼之丘，蓋可解作山，亦可解作墓。二訓孰是，不可不稍作辨析。《詰咎》云："人過丘虚，女鼠抱子逐人。"（簡四五背叁）所言"丘虚"一詞，亦有山、墳二義，以後文"女鼠"視之，亦不能定其意旨，蓋山與墳，俱多鼠之地也。《詰咎》又云："人有思哀也弗忘，取丘下之蒡，完掇其葉二七，東北鄉（嚮）如（茹）之乃卧，則止矣。"（簡六三背壹、六四背壹）此言去哀思之法，需取丘下之蒡，則所謂"丘下"者，當謂墳墓。又《詰咎》言去丘鬼藉宫之法，需"取故丘之土，以爲僞人犬，置蘠（牆）上"（簡二九背壹、三〇背壹）[④]云云，所言"故丘"，亦當解作舊墳爲是。是《詰咎》所謂"丘鬼"者，舊墓之鬼也。舊墓之鬼，因何而踐人之宫室？蓋丘墳頹弊而不可居也。又爲何丘墳頹弊而不得修治？蓋時遠而後裔凋零。此故丘之鬼，亦多湮没而爲無歸之厲矣。且也丘墳多在山中，是山之故訓亦有丘墳之義。[⑤]故丘鬼與山厲略可通。

　　以上三解，《筮法·祟》章中，似各有證。《祟》有"風"、"雨市（師）"、"監（炎）天"、"〔昊〕天"云云，皆自然神，可見"山"似可解作地祇之山神。山解作地祇，學者多主之。[⑥]《祟》有"祟（虡）"、"戉（牡）祟（虡）"，皆是動物精怪，故"山"又似可解作山精。《祟》中"山"前之祟，爲"宴（泯）宗"，謂無宗廟之鬼。"山"後之祟爲"父之不殔＝（葬死）"，謂死而未葬之父，蓋父無嗣則未葬，"山"居其中，或是人鬼之一種，則"山"又似可解作山厲。細揣《祟》章内在理路，前述三解，蓋當以山厲説爲最佳。《祟》雖則泛舉鬼神，然鬼神名目之間必形成某種内在聯繫。"山"雖可解作自然神，然"山"神習與"水"神相配，《禮記·祭法》云："山林、川谷、丘陵能出雲，

---

① 朱曉雪：《包山楚簡綜述》第三章"包山楚簡集釋"，福建人民出版社，2013，第617頁。
② 武漢大學簡帛研究中心、湖北省文物考古研究所、黃岡市博物館編《楚地出土戰國簡册合集（四）：望山楚墓竹簡、曹家崗楚墓竹簡》，文物出版社，2019，第12頁。
③ 睡虎地秦墓竹簡整理小組編《睡虎地秦墓竹簡》，文物出版社，1990，第212頁。原釋文作刺，誤。
④ 上舉《詰咎》五例，見《睡虎地秦墓竹簡》第212、213、215、213、212頁。
⑤ 如《漢書·地理志下》："後世世徙吏二千石、高訾富人及豪傑并兼之家於諸陵，蓋亦以強幹弱支，非獨爲奉山園也。"顏師古注引如淳曰："《黃圖》謂陵冢爲山。"案，拙文《清華簡〈筮法·爻象〉芻論》（《周易研究》2017年第3期）云："《祟》云'九乃山'，謂禍起於山，山者，蓋陵冢也。"
⑥ 季旭昇曰："山，各家都没有意見，大概都認爲是一般的山。包山楚簡有賽禱'嶢山'（簡二一四）與禱'五山'（簡二四〇）。"說見季旭昇主編《清華大學藏戰國竹簡（肆）讀本》，萬卷樓圖書股份有限公司，2019，第113頁。

爲風雨，見怪物，皆曰神。"①《墨子·迎敵祠》："祝史乃告於四望、山川、社稷。"② 清華簡《程寤》曰："忎（祈）于六末山川。"（簡三）③ 又望山楚簡第九六號簡記占後祭禱之神"山川"（簡九六）④，皆是也。故前舉"風""雨市""炎天""昊天"云云，俱是自然神之屬天者，甚難與屬地之"山"相配。楚簡云水神，別有"大水"（見包山簡二一五、天星觀簡九六、葛陵簡乙四·四三、望山簡一三一）⑤、"大川有泟"（見葛陵簡零一九八、甲三·六四）⑥、"大波"（見天星觀簡八六）⑦ 云云，而《祟》中鬼神與水事相關者，唯離祟之"氽（溺）者"，"溺者"謂溺亡於水中之人鬼，猶包山簡所謂"屚（溺）人"（簡二四六）⑧ 者，由"溺者"可推知"山"當爲山中之人鬼，其非地祇可知。《祟》中地祇似但見四方神，坤祟之"西祭"、震祟之"東方"是也，"山"神側居其間，亦弗類焉。然則"山"是否可解作山中動物精怪？《祟》中言山中精怪者，必直呼其名⑨，如艮祟之"祡（虡）"、勞祟之"戊（牡）祡（虡）"皆是，學者或讀巽祟之"兹子"爲"蠱子"，謂即睡虎地秦簡《日甲·詰》之"幼蠱"，幼蠱或與《莊子·達生》"鮭蠱"有關。⑩ 其說若是，則"蠱子"亦動物精怪也。故《祟》中動物精怪無不揭其小名，"山"爲大名，顯非一事。《莊子》云"山有夔"、《淮南子》曰"山出嗚陽"，若《祟》"山"果爲山精，其出文必"夔""嗚陽"之屬，不應泛作"山"字。由此可推《祟》之"山"當釋作"山厲"爲較是。"山"爲山中厲鬼，與水中"溺者"，正構成一組鬼祟名目。

　　《禮記·祭法》厲分泰、公、族三名，稱古帝王、古諸侯、古大夫之無後者，說見孔疏。《祭法》言五祀爲諸侯之禮，然《筮法》爲卿之卜筮書⑪，篇中已見五祀：室中，猶中霤也，見乾（乾）祟；門、行，見巺（坤）祟；寁（竈）⑫，見羅（離）祟；戶，見巽

---

① 《禮記正義》卷四六，第 4a~4b 頁。
② （清）孫詒讓：《墨子閒詁》卷一五，清光緒三十三年刻本，第 4 頁 a。
③ 李學勤主編《清華大學藏戰國竹簡（壹）》，中西書局，2010，第 136 頁。
④ 《楚地出土戰國簡冊合集（四）：望山楚墓竹簡、曹家崗楚墓竹簡》，第 10 頁。
⑤ 《包山楚簡綜述》第 559 頁；朱曉雪：《天星觀卜辭祭禱簡文整理》，簡帛網，2018 年 2 月 2 日；武漢大學簡帛研究中心、河南省文物考古研究所編著《楚地出土戰國簡冊合集（二）：葛陵楚墓竹簡、長臺關楚墓竹簡》，文物出版社，2013，第 11 頁；《楚地出土戰國簡冊合集（四）：望山楚墓竹簡、曹家崗楚墓竹簡》，第 131 頁。
⑥ 《楚地出土戰國簡冊合集（二）：葛陵楚墓竹簡、長臺關楚墓竹簡》，第 21、22 頁。
⑦ 朱曉雪：《天星觀卜辭祭禱簡文整理》，簡帛網，2018 年 2 月 2 日。
⑧ 《包山楚簡綜述》，第 613 頁。
⑨ 蒙匿名評審專家提示："今所見傳世及出土文獻，記述精怪必呼其名，此與古代精怪知名厭劾方術有關。"案此說甚可參考。覈出土文獻，其最典型者，即睡虎地秦簡《日書甲種·詰》所錄諸鬼神，彼所以不厭其煩臚列具體鬼神名，甚而微殊之鬼亦細加區分，蓋出於某種精準厭劾之需要。
⑩ 袁金平、李偉偉：《清華簡〈筮法·祟〉與睡虎地秦簡〈日書甲種·詰〉》，《周易研究》2015 年第 5 期。
⑪ 《筮法》墓主人位居楚國卿爵，此據《筮法·四位卦》推出。推導過程詳見拙文《〈左傳〉〈國語〉涉"八"筮例考》，《周易研究》2019 年第 3 期，第 22~34+112 頁。
⑫ "竈"之釋讀，見賈連翔《釋清華簡〈筮法〉中的"竈"祀》，《周易研究》2021 年第 1 期，第 5~8 頁。

（震）祟。① 漢時民家有六祀，則諸祀自戰國以降，實爲天下之泛祀，或未因等級高下而有多寡之分。《筮法》作者職在卿位，爵近大夫，則所謂"山"者，殆族厲也。②《祟》中已見五祀，五祀之外，今又考得"山"爲"厲"，"司命"一祀於《祟》中則未見。《祭法》司命在王七祀、諸侯五祀中，《筮法》未見，蓋與卿位有關。

二 殀者

《筮法·祟》：

> 裝（勞）祟：風，長殤（殤）。五，伏鐱（劍）者。九，戉（牡）祟（虞）。四，蓆（縊）者。弌（一）四弋（一）五，乃殀者。
>
> 羅（離）祟：窯（竈）、㲿（溺）者。四，縞（縊）者。一四一五，長女殤（殤）。二五夾四，殀者。（簡四七至四八）

"殀"者，見於勞、離祟中。整理者讀作"辜"，彼云："辜，《周禮·掌戮》注：'謂磔之。'"③ 此説可商。案"殀"當徑讀作"枯"，謂枯槁而死，猶典籍所謂"槁死""橋死"者。枯、槁從木作，本謂草木枯萎而死。《史記·殷本紀》："太戊從之，而祥桑枯死而去。"④ 引申之，則謂人或動物之死。《韓非子·説疑》："此十二人者，或伏死於窟穴，或槁死於草木，或飢餓於山谷，或沈溺於水泉。"⑤ 此謂人枯死者。《吕氏春秋·介立》："四蛇從之，得其露雨；一蛇羞之，橋死於中野。"許維遹案："《類聚》九十六引作'槁死中野'。"⑥ 橋與槁音近相通，橋死即槁死。此謂動物枯死者。至於"殀"從歺作，從歺之字多與死相關，如殪殂殈殤之類，字已含死義，且"殀"之異體"殀"（包山簡二四八）⑦ 即從死作，故"殀"當是動物枯死之專字，本不勞改字，今姑讀之以通

---

① 此五祀與《禮記·月令》鄭注説同。《禮記·月令》：孟冬之月"天子乃祈來年於天宗，大割祠于公社及門閭，臘先祖五祀。"鄭玄注："五祀，門、户、中霤、竈、行也。"見《禮記正義》卷一七，第14頁a。
② 案，太炎先生《大夫五祀三祀辯》謂："《楚辭·九歌》之《大司命》，即《祭法》所謂王所祀者也；其《少司命》，即《祭法》所謂諸侯所祀者也；《九歌》之《國殤》，即《祭法》所謂泰厲、公厲也；《九歌》之《山鬼》，《祭法》注曰：今時民家祠山神，山即厲也，是山鬼即《祭法》所謂族厲也。"見章太炎《太炎文録初編》卷一，《章氏叢書》本，第19a~19b頁。太炎先生以《九歌》所祭諸神比對三厲，推得山鬼爲族厲，與愚據《筮法》作者卿位所斷接近。
③ 《清華大學藏戰國竹簡（肆）》，第116頁。
④ （漢）司馬遷：《史記》，中華書局，1963，第100頁。
⑤ （清）王先慎：《韓非子集解》卷一七，清光緒二十二年刊本，第11頁b。
⑥ 許維遹《吕氏春秋集釋》，中華書局，2009，第264頁。
⑦ 《包山楚簡綜述》，第616頁。

用之"枯"。

《筮法·祟》兑祟有鬼名曰"女子大面端虡死"者,以《祟》章辭例觀之,"大面端虡"當爲死因,"大面端虡"可讀作"大面團額",爲并列短語,義爲大臉圓額,指向肥胖。"女子大面端虡死",謂由肥致死之女鬼。① 《祟》所録鬼神名,常構成某種類型,如五祀之神、方位之神、親屬之鬼云云。由女子大面團額死,可推知"殆者"宜讀作"枯者",訓作因臞瘦而死之鬼,以與因肥腴而死之鬼相對應。生前枯瘦而死,或罹疾,或受飢,枯瘦非直接死因,不過具體死因呈現於人體形貌之最爲顯見者而已,此與"大面團額死"相類,肥胖非根本死因,然卻是最爲直觀之生前外貌。此間有一事當略作説明,以《祟》之通例觀之,人鬼之命名,悉用死因,故肥瘦并非描寫死後情狀。因此《祟》之"殆者"與秦簡所見"餓鬼",宜略有分辨。睡虎地秦簡《詰咎》:"凡鬼恆執匴入人室,曰'氣(餼)我食'云,是=(是是)餓鬼。"(簡六二背貳)② 此餓鬼極可能是死後無人祭享之鬼③,故執匴乞食,未必是生前受餓而死之鬼,然由死後乞食一事亦可推得其生前極可能死於飢餓。同理,由生前因枯瘦而死亦可推得此"殆者"之鬼死後當是一枯瘦形象。

辜與枯、殆,字雖同源,義實有别。枯、殆泛指枯槁狀態;辜爲枯法之一種。《周禮·秋官·掌戮》"殺王之親者辜之"鄭注:"辜之言枯也,謂磔之。"④ 磔謂分裂肢體,肢體既分裂,則屍骸枯薨。"磔"字段注云"刳其胸腹而張之,令其乾枯不收"⑤,是也。辜重在刑罼,簡文之"殆"若讀作"辜",則謂因受辜磔之刑而死之鬼。若讀作"枯",則謂身體因枯瘦而死,與刑殺無關。相較之下,讀"枯"似較確,原因除上舉與"女子大面端虡死"合觀可構成某一類型人鬼外,讀作"辜"則與篇中其他鬼祟名意義相複,《祟》章"勞祟"有"伏鈒(劍)者",已足賅遭刑殺分屍之鬼,故"殆"殆不讀"辜",亦可知矣。

楚簡、秦簡别見鬼名"不殆(辜)"者,當與《祟》"殆者"無關。謹略説之。"不殆(辜)"見包山、望山、天星觀、睡虎地等簡。

囟(思)攻解於不殆(辜)。(包山簡二一七)

---

① 詳見拙文《清華簡〈筮法〉"女子大面端虡死"解》,《簡帛》待刊。
② 《睡虎地秦墓竹簡》,第214頁。
③ 連劭名曰:"死後最容易成爲遊鬼、餓鬼,主要是亡失宗族家園土地的人。"彼引《左傳·宣公四年》寧殖、令尹子文語及《太平經》卷一一四"大壽誡"文以爲佐證,其説可從。見連劭名《雲夢秦簡〈詰〉篇考述》,《考古學報》2002年第1期,第23~38頁。
④ (漢)鄭玄注,(唐)賈公彥疏《周禮注疏》卷三六,清嘉慶二十年江西南昌府學刻《十三經注疏》本,第13頁a。
⑤ (清)段玉裁注《説文解字注》卷五下,清嘉慶間經韻樓刻本,第45頁b。

囟（思）攻解日月與不辜（辜）。（包山簡二四八）

□□於父太，與新（親）父，與不辜（辜），與禜（盟）禮（詛），與□□（望山簡一·七八）

囟（思）攻解于不辜。（天星觀簡一一六）

人生子未能行而死，恆然，是不辜鬼處之。（睡虎地簡五二背貳）

鬼恆宋傷人，是不辜鬼。（睡虎地簡三六背叁）①

"不辜"一詞典籍習見，如《尚書·大禹謨》："與其殺不辜，寧失不經。"②《墨子·非攻上》："至殺不辜人也，扡其衣裘、取戈劍者，其不義又甚入人欄廄，取人馬牛。"《墨子·明鬼下》："凡殺不辜者，其得不祥，鬼神之誅，若此之憯遫也。"③《呂氏春秋·聽言》："攻無辜之國以索地，誅不辜之民以求利。"④皆是也。"不辜"謂無罪。辜訓罪，蓋磔義之引申。"不辜鬼"，蓋謂無罪而枉死之鬼。睡虎地秦簡云"人生子未能行而死，恆然，是不辜鬼處之"，人家恆見生子殤夭早死，亦即無罪辜而死者，故推知有"不辜"之鬼作祟。秦簡又云"鬼恆宋傷人，是不辜鬼"，"宋傷"整理者曰："疑讀爲聳惕，意爲恐嚇。"⑤其説可從，鬼常恐嚇人者，其鬼蓋生前因莫須有之罪而枉死，生前受恐嚇，而死後恐嚇他人，故知其爲"不辜鬼"也。"不殆鬼"與"殆者"非一鬼，"殆者"宜置於《祟》章語境中求解。袁金平、李偉偉謂簡文兩處"辜者"，當聯繫"不辜"進行解釋，彼謂"辜者應理解爲有罪而致刑殺之人，此辜似非專謂'辜磔'。"⑥獲罪而死，與《祟》章中辭例不合。篇中述及非正常死亡者，多爲具體事端，泛論因罪而死，非其例也，是訓辜爲"罪"反不若整理者原訓"磔"者；且楚簡習見非其罪而死之"不辜鬼"作祟，可見正法而死之"辜鬼"蓋鮮及於祟；又《祟》章未見"不辜"之鬼以與"殆者"構成對應，故《祟》中之"殆"，從"枯"讀可也。

---

① 《包山楚簡綜述》，第570、616頁。《楚地出土戰國簡册合集（四）：望山楚墓竹簡、曹家崗楚墓竹簡》，第9頁。朱曉雪：《天星觀卜辭祭禱簡文整理》，簡帛網，2018年2月2日。《睡虎地秦墓竹簡》，第214、215頁。

② （漢）孔安國傳、（唐）孔穎達疏《尚書正義》卷四，清嘉慶二十年江西南昌府學刻《十三經注疏》本，第7a~7b頁。

③ 《墨子閒詁》，卷五，第1a~1b頁；卷八，第4頁b。

④ （漢）高誘注《呂氏春秋》卷一三，明宋邦乂等刊本，第7頁b。

⑤ 《睡虎地秦簡》，第219頁。

⑥ 袁金平、李偉偉：《清華簡〈筮法·祟〉與睡虎地秦簡〈日書甲種·詰〉對讀札記》，《周易研究》2015年第5期，第38~41頁。

三　柆

《筮法·崇》：

巽祟：妒（娩）殤（殤）。五、八乃晉（巫）。九，柆、兹子。四，非瘇（狂）乃綿（繸）者。（簡五〇）

巽祟中，"柆"字學者未有定説。整理者曰："柆，疑即包山簡二五〇之'漸木立'。"① 此説可從，惜未論證，宜待辨析，詳下文。學者別有新解者，如子居以"柆兹子"三字連讀，彼云："兹從丝得聲，丝爲幽聲，故似當讀作幼子。《説文·木部》：'柆，折木也。'因此'柆兹子'似即指夭折的幼子。"② 此説且不論"兹子"訓詁如何，審諸《筮法》原簡，簡上實已詳加句讀，"柆"與"兹子"間有符號"▶"隔斷，可見三字并不連讀。"柆"確爲一作祟之鬼神，若依《説文》"折木"而引申爲夭折之義，又似與《筮法》辭例不符。《筮法·崇》言短命，字悉用"殤（殤）"，褱（勞）崇有長殤（殤）者，蓋謂長子夭折；羅（離）崇有長女殤（殤）者，蓋謂長女夭折；巽崇有妒（娩）殤（殤）者，蓋謂分娩時夭折。若將柆解作夭折，似與辭例不合。柯鶴立別求新解，彼謂此字與脅音近，遂讀作脅，而釋作脅生，并引《楚居》以爲佐證③。案清華簡《楚居》云"渭（潰）自脅（脅）出"④，又《世本》云："孕而不育，三年，啓其左脅，三人出焉；啓其右脅，三人出焉。"⑤ 二例所言之"脅"，不過人體部位之名號。若論自脅而生，定然增加渭（潰）出、啓出等字眼，語義始完。故以脅代稱啓脅而生，終與訓詁不洽。子居、柯鶴立之説皆非，整理者謂"柆"即包山簡所謂"漸木立"者是也，下詳論之。

"漸木立"見包山楚簡二四九至二五〇：

大司馬悼愲（滑）救郙（巴）之戠（歲），顕（夏）层之月己亥之日，觀義吕（以）保（寶）豪（家）爲左尹卲戹貞：吕（以）其又（有）瘇疠（病），圭（上）氣（氣），尚母（毋）死。義占之：巫（恆）貞不死，又（有）祟（祟）見於艷（絶）無後（後）者與漸木立，吕（以）其古（故）敓（説）之。舉（舉）禡（禱）於艷

---

① 《清華大學藏戰國竹簡（肆）》，第117頁。
② 子居：《清華簡〈筮法〉解析（修訂稿下）》，《周易研究》2015年第1期，第60~71頁。
③ 柯鶴立：《巽之崇》，《文史哲》2015年第6期，第68~72+165頁。
④ 李學勤主編《清華大學藏戰國竹簡（壹）》，中西書局，2010，第181頁。
⑤ 《世本》語引自《太平御覽》卷三七一，商務印書館，1935，第10頁。

（絶）無逡（後）者，各肥豬（狙），饋之。命攻解於漸木立，虞（且）遅（徙）亓（其）尻（處）而桓（樹）之，尚吉。義占之曰：吉。不智（知）其州名。①

簡文略云，左尹邵旎病重，貞人"觀義"爲其占斷，論定其被祟於"絶無後者"與"漸木立"，而其攻解之法，一則以肥狙舉禱於絶無後者；一則遷徙"漸木立"而樹立於別處。學者於"漸木立"歧見甚多。劉信芳釋"漸木"爲"建木"，彼謂"無後嗣者則無宗廟，於郊野樹一木枋，稱爲建木，祭而禱之"。②彼謂"漸木"立於郊野，以祭無後之鬼，説略可取，然遽論即傳世文獻所謂"建木"者，則恐不可通，"建木"見《山海經》《吕氏春秋》《淮南子》諸書，《吕氏春秋·有始》謂"建木之下，日中無影，呼而無響，蓋天地之中也"③，乃知其爲極高大之神樹，且似僅此一樹，兀然爲天下之中。《淮南子·墜形訓》謂"建木在都廣，衆帝所自上下"④，乃知其爲衆帝上天下地之所由。以此觀之，建木既大且靈，詎容移蒔？是解漸木作建木者，終不知將如何"遅（徙）亓（其）尻（處）而桓（樹）之"矣？曾憲通讀作"暫木位"，謂臨時用牌位安置之神靈⑤。說亦可商，"暫"字先秦典籍似未見暫時義。晏昌貴釋作"叢社"⑥，《墨子·明鬼下》云"擇木之脩茂者，立以爲菆位"，⑦王念孫《讀書雜志》："菆與叢同，位當爲社字之誤也。"⑧晏氏依王念孫叢社之讀。彼解"漸木立"之"漸"爲積，説略可從。彼説宜辨之處在於，社神之木往往爲高大樹木，今徑將漸木位解作叢社，似未見典籍中見載遇祟遷徙社木之事。且"攻社"之法，多鳴鼓用牲，見《春秋·莊公二十五年》《白虎通·灾變》《論衡·順鼓》等，似未見徙之者。蓋"社"之爲木，猶一方土主，豈容妄徙？包山簡二一○、二四八俱言"舉（舉）禡（禱）社"，可見社神尊貴，禱之可也。是以解可徙之"漸木立"爲"叢社"，近是而仍非。學者又云："《國語·晋語八》：'楚爲荆蠻，置茅蕝，設望表。'韋注：'望表，謂望祭山川，立木以爲表，表其位也。'漸木位應即這一類神位。"⑨案此説亦非，"望表"爲祭望山川而設，亦忌擅徙者。綜上所述，"漸木立"者，當是鬼位，而非神位，訓作建木、社樹、山川望表者皆非。"漸木立"之訓詁宜待辨析。

包山簡一四○至一四一記"漸木之争案"云"登（鄧）人所漸（斬）木四百兇

---

① 《包山楚簡綜述》，第617頁。
② 劉信芳：《包山楚簡解詁》，藝文印書館，2003，第250頁。
③ 《吕氏春秋》卷一三，第3頁b。
④ 《淮南鴻烈解》卷四，第12頁b。
⑤ 曾憲通：《包山卜筮簡考釋》，《古文字與出土文獻叢考》，中山大學出版社，2005，第206頁。
⑥ 晏昌貴：《楚卜筮簡所見地祇考》，《簡帛術數與歷史地理論集》，商務印書館，2010，第187頁。
⑦ 《墨子閒詁》卷八，第11b~12a頁。
⑧ 王念孫：《讀書雜志》卷七之三，清嘉慶至道光間刻本，第11頁a。
⑨ 陳偉等：《楚地出土戰國簡册[十四種]》，武漢大學出版社，2016，第151頁。

（枚）”，簡中“漸木”之“漸”讀作“斬”，是否同宗竹簡“漸木位”之“漸”仍讀作“斬”？鄧人“漸（斬）木”，義爲斬伐樹木，文辭無礙可通。若將“漸木立”讀作“斬木位”，則於理不合。蓋以木製位，自是經斬斲而成，徑稱“木位”即可，似無凸顯工藝之必要。因此將“漸木立”之“漸”讀爲“登（鄧）人漸（斬）木”之“漸（斬）”，恐非。愚案“漸木立”之“漸”當讀作“叢”。漸古音在從紐談部，叢在從紐冬部，音近可通。《尚書·洪範》"沈潛剛克"之"潛"①，《史記·微子世家》作"漸"②。《周易·豫》："勿疑朋盍簪。"《釋文》："簪，荀作宗。"③《莊子·齊物論》："昔者堯問於舜曰：'我欲伐宗膾胥敖。'"《人間世》作"昔者堯攻叢枝胥敖"。④"漸"經潛、宗可與"叢"通。此處"漸木立"當讀作"叢木位"。"叢木位"者，即《墨子》所謂"叢位"者，王念孫以爲"叢社"字訛，非是。晏昌貴解漸爲積，其義已得，然不如徑讀作"叢木位"爲省便。

《説文》："柆，折木也。"⑤ 小徐曰："榻折之，殺也，'魯公使公子彭生柆而殺之'是也。"⑥ 義取拉折。然由楚簡所見鬼神名推之，《筮法·崇》章之"柆"恐不用此義，蓋當讀作"位"。楚簡中，"位"之異體又作立、柆、䇐、𢃇（𣧻）等形。"立"者，取其樹立；"位"者，明其位次；"柆"者，知其材質；"䇐（𣧻）"者，揭其功用。四字音義相通。此猶柴祭之"柴"亦作"祡"也。

"漸（叢）木立（位）"是否即《筮法》所謂"柆（位）"者，詳考《筮法》行文，似未見可供推考之直接綫索，然"位"作爲鬼祟名，卻見於其他出土資料。如放馬灘秦簡《日書乙種·占病祟》⑦、北京大學藏西漢竹書《荆決·未》⑧：

占病祟：除（餘）一天殹，公外；二〔地〕，社及立（位）；三人鬼，大〔父〕及殤；四〔時〕，大過及北公；五音，巫帝、陰雨公；六律，司命、天□；七星，死者；八風，相莨者；九水，大水殹。（《日書乙種·占病祟》簡三五〇、一九二）

未：☰。繹（釋）哉心乎，何憂而不已？唯（雖）欲行作，關梁（梁）之止。偏偏（翩翩）蜚（飛）鵲，不飲不食。疾蜚（飛）哀鳴，所求不得。靉靉（藹藹）者雲，乍（作）陰乍（作）陽。效人祠祀，百鬼莫嘗。凶，祟巫、立（位）、社。（《荆決·未》簡三二至三三）

---

① 《尚書正義》卷一二，第 15 頁 a。
② （漢）司馬遷：《史記》，中華書局，1963，第 1616 頁。
③ （唐）陸德明：《經典釋文》卷二，清通志堂經解本，第 7 頁 a。
④ 郭慶藩：《莊子集釋》，清光緒思賢講舍刻本，卷一下，第 26 頁 a；卷二中，第 15 頁 b。
⑤ （漢）許慎：《説文解字》卷六上，清陳昌治刻本，第 22 頁 a。
⑥ （南唐）徐鍇：《説文解字繫傳》卷一一，清祁寯藻刻本，第 28 頁 a。
⑦ 陳偉主編《秦簡牘合集》[釋文注釋修訂本（肆）]，武漢大學出版社，2016，第 130 頁。
⑧ 北京大學出土文獻研究所：《北京大學藏西漢竹書（伍）》，上海古籍出版社，2014，第 164~165 頁。

《筮法》未有推考"竝（位）"之相關綫索，然《荆決》《占病祟》俱將"立"與"社"并列，可見"位"非"社"，卻又與"社"關係甚深。典籍中"社稷"常并稱，楚簡中別見鬼祟名"稷"，則"位"非"稷"可知。楚簡中，涉祭祀事之"位"字，又用於指稱祖先牌位。如天星觀簡曰："亯（享）祭惠公於隊（穆）之位。"（簡八六）又曰："☐與徂（祖）竝（位），䢼占之：吉。"（簡一五六）① 天星觀楚墓墓主潘勝嘗"賽禱（禱）卓公訓（順）至惠公大牢"（簡一三·〇三），由此可見卓公至惠公諸世，爲墓主之祖上，尤惠公簡中習見，與墓主關係最密，蓋其先父。所謂"穆之位"，謂宗廟序位左昭右穆，其父在右穆之位。由此觀之，天星觀簡一五六所言"祖位"者，當泛指祖上之木主。因惠公極可能爲天星觀墓主之父，則"祖位"當指潘勝之先父及以上先人之靈位。"位"可用於指稱祖先牌位，此據天星觀簡可知。然考之楚簡用例，作爲鬼神名之"位"，與祖上牌位恐無關係。因作祟之先人，簡中多直出名號，如父母之類，未見以"位"稱者。可見鬼祟名"位"，與宗廟人鬼無關。又放馬灘秦簡"立（位）"與"社"同列於"地"，而"大父及殤"列"人鬼"下，亦可證鬼祟名"立（位）"非宗廟之牌位，而與"社"相關。《周禮·春官》云："小宗伯之職，掌建國之神位。右社稷，左宗廟。"② 以常理論，"位"之含義固可推及宗廟、社、稷。然楚簡中鬼祟名"位"則作專用，其與廟、稷之位有別，而與社關係密邇。前讀包山簡"斬木立"爲"叢木位"，實亦慮及位、社關係而作轉讀也。"叢位"與"社"之具體關係，似可從《墨子》相關行文略作推考。《墨子·明鬼下》：

> 非惟武王之事爲然也，故聖王其賞也必於祖，其僇也必於社。賞於祖者何也？告分之均也。僇於社者何也？告聽之中也。非惟若書之説爲然也，且惟昔者虞夏商周三代之聖王，其始建國營都日，必擇國之正壇，置以爲宗廟。必擇木之脩茂者，立以爲叢位。必擇國之父兄慈孝貞良者，以爲祝宗。必擇六畜之勝腯肥倅，毛以爲犧牲。珪璧琮璜，稱財爲度，必擇五穀之芳黃，以爲酒醴粢盛，故酒醴粢盛，與歲上下也。故古聖王治天下也，故必先鬼神而後人者，此也。故曰：官府選劾，必先祭器祭服，畢藏於府，祝宗有司，畢立於朝，犧牲不與昔聚群。故古者聖王之爲政若此。③

前言聖王行賞戮之事，賞於祖，戮於社。而後言聖王建國伊始，必建宗廟，立叢

---

① 朱曉雪：《天星觀卜辭祭禱簡文整理》，簡帛網，2018年2月2日。
② 《周禮注疏》卷一九，第1頁a。
③ 《墨子閒詁》卷八，第10b~12a頁。

（叢）位。由此可知，祖對應宗廟，而社對應叢位。然由楚簡社、位有別，又可推知，就具體意涵而言，"社"不得徑等同於"叢位"。《尚書·甘誓》："用命賞于祖，弗用命戮于社。"偽孔傳云："天子親征，必載遷廟之祖主行。有功則賞祖主前，示不專。天子親征，又載社主，謂之社。事不用命奔北者，則戮之於社主前。社主陰，陰主殺。親祖嚴社之義。"① 由此可知祖、社，蓋特指宗廟、叢位之主，"祖"掌管"宗廟"諸鬼，而"社"掌管"叢位"諸鬼也。祖之與宗廟，社之與叢位，渾言則略近，析言則有別。

今以此種綫索，反觀楚簡涉"位"諸例，"位"當是"叢木位"之省，亦即《墨子》所見"叢位"者。學者習以"叢位"等同於"社"，甚而改"叢位"之"位"爲"社"，非是。然"位"當是與"社"極近之一鬼神名。由包山簡可知，絕無後者"與"漸（叢）木立（位）"并列，可見"位"與人鬼或有關。又包山簡中"漸木立"可遷徙樹立於別處以作爲攻解之法，據此雖未能確知此位是活木或者是木牌，然可知其非社神之木，社木自是尊貴，不容擅徙。又據《墨子》"擇木之脩茂者，立以爲菆位"可知，"叢位"當是一片茂盛木林，此片木林之主神蓋即所謂社神者。學者多徑以"叢位"爲"社神"，今據楚簡可知，"叢位"與"社神"實則有別。將上述諸綫索合而觀之，可將"位"之所指，大體框定爲社叢中除主神"社"木之外衆多樹木之合稱。"社"爲地祇，"位"蓋絕無後之鬼寄托之所。"社"之地位高於"斬（叢）木立（位）"，故禱社而遷位。

楚簡"斬（叢）木立（位）"唯與世傳典籍"叢位"可相應證，其情實如何，史料有闕，不可詳知。夫社神爲一方土主，然而青林黑塞，又往往鬼魅居焉。今據楚簡片言，可略推知者僅此。合觀《筮法·祟》章，此章所錄無主之鬼，"宴（泯）宗"之鬼疑居荒廟之中；"山"屬之鬼存乎山間故冢；"溺"亡之鬼潛藏水澤之鄉；至於叢"位"諸鬼，則在社林之中也。是故山有山神與山鬼，水、社亦如之。《祟》所載山、溺、位者，適構成一組人鬼系列，謂山陵、川澤、叢林之鬼也。各從所居，因有別稱耳。

---

① 《尚書正義》卷七，第2頁a。

秦漢券書簡所反映的"名計"制度

楊振紅

摘　要：睡虎地漢墓券書簡是反映秦漢"計制"的重要材料。《六年畜息子入券及出》三組簡均由兩份文書構成，一份爲陽武鄉寫給安陸縣廷，一份爲陽武鄉寫給縣倉。"入"指"畜息子"即母畜產小畜。鄉不是獨立核算單位，其資產變動必須上報獨立核算單位縣計賬。右券交縣倉，中辨券交縣廷。里耶秦簡 9-1 至 9-12 簡是陽陵縣請求洞庭郡遷陵縣追繳陽陵卒所欠"貲餘錢"文書。陽陵將貲餘錢記爲借出賬，遷陵縣記爲貸入賬。遷陵縣在回復陽陵縣的公函上署明計賬部門、科目、年份，附上"責校券"（簡稱"責券"）作爲接受陽陵貲餘錢的憑證。"受責（債）"指接受債務。"名計"指登記在計賬上。"問何縣官計、付"的"付"指"付責校券"。"署計年、名爲報"意爲署明計賬年份、名目回復。

關鍵詞：計制；名計；券書；里耶秦簡；睡虎地 77 號墓漢簡

衆所周知，秦漢時期存在"上計"制度。《續漢書·百官志五·州郡》"郡"條本注曰："凡郡國皆掌治民，進賢勸功，決訟檢奸。常以春行所主縣，勸民農桑，振救乏絕。秋冬遣無害吏案訊諸囚，平其罪法，論課殿最。歲盡遣吏上計。并舉孝廉，郡口二十萬舉一人。"[①]"縣邑道"條本注曰："皆掌治民，顯善勸義，禁奸罰惡，理訟平賊，恤民時務，秋冬集課，上計於所屬郡國。"劉昭注引胡廣曰：

　　秋冬歲盡，各計縣戶口墾田，錢穀入出，盜賊多少，上其集簿。丞尉以下，歲詣郡，課校其功。功多尤爲最者，於廷尉勞勉之，以勸其後。負多尤爲殿者，於後曹別責，以糾怠慢也。諸對辭窮尤困，收主者，掾史關白太守，使取法，丞尉縛責，以明下轉相督敕，爲民除害也。[②]

"上計"是縣、邑、道向所屬郡國，郡國向中央逐級上報每年戶口、耕地、錢穀物資收支、犯罪等情況的統計數據，以供郡國、中央了解、考核政績的制度。上計資料

---

* 楊振紅，南開大學歷史學院教授，博士生導師，研究方向爲漢史與帛學。
① 《後漢書》志第二八《百官志五·州郡》，中華書局，1965，第 3621 頁。
② 《後漢書》志第二八《百官志五·州郡》，第 3622～3623 頁。

及其制度是反映一個國家基本國情和發展、治理水平的基礎材料和制度,是歷史研究的基礎內容,因此引起學界的廣泛關注,取得了很多研究成果。[1] 上計的基礎是"計","計"即地方郡、國、縣、邑、道每年對轄區內的户口、耕地、錢穀物資收支、犯罪等情況進行記録、核算、監督,以便全面掌握轄區的治理和財政情况。"計"不僅指計簿[2]、計籍[3]、計吏[4],也指"計"的行爲,用作動詞。如睡虎地秦簡《倉律》35~36簡:

> 稻後禾孰(熟),計稻後年。已穫上數,别粲、稬(糯)秙(黏)稻。别粲、稬(糯)之裹(釀),歲異積之,勿增積,以給客,到十月牒書數,35 上内〖史〗。倉 36[5]

里耶秦簡 8-151 簡:

> 遷陵已計:卅四年餘見弩臂百六十九。Ⅰ
> ·凡百六十九。Ⅱ
> 出弩臂四輸益陽。Ⅲ
> 出弩臂三輸臨沅。Ⅳ
> ·凡出七。Ⅴ
> 今九月見弩臂百六十二。Ⅵ 8-151[6]

因此,筆者將秦漢時期關於"計"的制度稱作"計制"。雖然學界尚無明確稱"計制"

---

[1] 學界關於秦漢上計制度的研究主要有韓連琪:《漢代的户籍和上計制度》,《文史哲》1978 年第 3 期,第 17~25+46 頁;陳直:《秦漢爵制亭長上計吏三通考》,《西北大學學報》(哲學社會科學版)1979 年第 3 期,第 57~65 頁;謝桂華:《尹灣漢墓簡牘和西漢地方行政制度》,《文物》1997 年第 1 期,第 42~48 頁;高敏:《〈集簿〉的釋讀、質疑與意義探討——讀尹灣漢簡札記之二》,《史學月刊》1997 年第 5 期,第 14~18 頁;高恒:《漢代上計制度論考——兼評尹灣漢墓木牘〈集簿〉》,《東南文化》1999 年第 1 期,第 76~83 頁;汪桂海:《漢代的校計與計偕簿籍》,《簡帛研究二〇〇八》,廣西師範大學出版社,2010,第 195~202 頁;侯旭東:《丞相、皇帝與郡國計吏:兩漢上計制度變遷探微》,《中國史研究》2014 年第 6 期,第 99~120 頁;等等。

[2] 如《漢書·武帝紀》太初元年"春還,受計於甘泉",顏師古注:"受郡國所上計簿也。若今之諸州計帳。"(《漢書》卷六《武帝紀》,中華書局,1962,第 199 頁)

[3] 《史記·張丞相列傳》:"遷爲計相,一月,更以列侯爲主計四歲。是時蕭何爲相國,而張蒼乃自秦時爲柱下史,明習天下圖書計籍。蒼又善用算律曆,故令蒼以列侯居相府,領主郡國上計者。"(《史記》卷九六《張丞相列傳》,中華書局,1982,第 2676 頁)

[4] 《漢書·儒林傳》:"二千石謹察可者,(公孫弘)常與計偕,詣太常,得受業如弟子。"(《漢書》卷八八《儒林傳》,第 3594 頁)

[5] 陳偉主編《秦簡牘合集》[(釋文注釋修訂本)(壹)],武漢大學出版社,2016,第 63 頁。

[6] 陳偉主編《里耶秦簡牘校釋(第一卷)》,武漢大學出版社,2012,第 91~92 頁。後文略稱爲《校釋(一)》。

者，但20世紀70年代以來，隨着睡虎地秦簡等大量簡牘資料出土，有關"計"的資料大量增加，許多學者從財政會計、審計等視角對計制進行了研究。① 特別是進入21世紀以後，里耶秦簡和嶽麓秦簡等資料相繼公布，學界的研究更爲深入細緻。② 本文關注的是秦漢券書簡所反映的計制的"名計"問題。

截至目前，"名計"一詞全部出現在里耶秦簡第九層9-1至9-12簡以及一枚殘損嚴重的9-1846簡中。其中，9-1至9-12簡保存狀况完好，内容均是關於陽陵卒"錢校券"的文書，極具特色，因此，2003年整理者初次介紹里耶秦簡情况時就披露了這十二枚簡的圖版和釋文，③ 後被收入《里耶秦簡（貳）》中。④ 簡文披露後在學界引起很大反響，并引發討論。但截至目前，學界對9-1至9-12等券書簡的認識仍存在較大分歧。⑤ 適逢此時，2019年底《文物》公布了睡虎地77號漢墓簡牘部分簡的内容，⑥ 其中有重要的券書資料。筆者認爲這些資料恰好可以解決9-1至9-12等簡的疑問。

學界對里耶秦簡9-1至9-12簡的句讀、文義有多種理解。本文先將《校釋（二）》校訂過的釋文迻錄於下，討論後，在文末提出自己的方案。

下面是9-1簡：

（1）卅三年四月辛丑朔丙午，司空騰敢言之：陽陵宜居士五（伍）毋死有貲餘

---

① 如張榮强：《從計斷九月到歲終爲斷——漢唐間財政年度的演變》，《北京師範大學學報》（社會科學版）2005年第1期，第80~93頁；李孝林：《從雲夢秦簡看秦朝的會計管理》，《江漢考古》1984年第3期，第85~94頁；吴澤湘：《論西漢上計非國家審計——尹灣六號漢墓出土木牘〈集簿〉研究》，《審計與經濟研究》2001年第4期，第22~26頁；李孝林、弋建明、熊瑞芳：《尹灣漢簡集簿研究——我國首見的郡級統計年報探析》，《統計研究》2004年第9期，第57~60頁；李孝林：《周、漢審計史新證》，《審計研究》2008年第1期，第39~44頁；胡一楠：《由絲路漢簡看古代的會計核算制度》，《寶鷄文理學院學報》（社會科學版）2016年第4期，第155~158頁；等等。
② 相關研究主要有朱紅林：《里耶秦簡債務文書研究》，《古代文明》2012年第3期，第44~50+113頁；沈剛：《〈里耶秦簡〉【壹】中的"課"與"計"——兼談戰國秦漢時期考績制度的流變》，《魯東大學學報》（哲學社會科學版）2013年第1期，第64~69頁；李均明：《里耶秦簡"計録"與"課志"》，《簡帛》第8輯，上海古籍出版社，2013，第149~159頁；黄浩波：《里耶秦簡牘所見"計"文書及相關問題研究》，《簡帛研究二○一六·春夏卷》，廣西師範大學出版社，2016，第81~113頁；黎明釗、唐俊峰：《里耶秦簡所見秦代縣官、曹組織的職能分野與行政互動——以計、課爲中心》，《簡帛》第13輯，上海古籍出版社，2016，第131~158頁；等等。
③ 張春龍、龍京沙：《湘西里耶秦代簡牘選釋》，《中國歷史文物》2003年第1期，第8~25+89~96頁。後文略稱爲《選釋》。
④ 湖南省文物考古研究所：《里耶秦簡（貳）》，文物出版社，2017，第1~19頁。
⑤ 學術史參見陳偉主編《里耶秦簡牘校釋（第一卷）》、陳偉主編《里耶秦簡牘校釋（第二卷）》（武漢大學出版社，2017，後文略稱爲《校釋（二）》）相應簡部分，及王偉《里耶秦簡"付計"文書義解》（《魯東大學學報》2015年第5期，第54~61+65頁）。
⑥ 陳偉、熊北生：《睡虎地漢簡中的券與相關文書》，《文物》2019年第12期，第53~62頁。

錢八Ⅰ千六十四。毋死戍洞庭郡，不智（知）何縣署①。·今爲錢校券一上，謁言洞庭尉，令Ⅱ毋死署所縣責，以受陽陵司空——司空不名計。問何縣官計，年爲報。Ⅲ已訾其家，家貧弗能入，乃移戍所。報署主責發。敢言之。Ⅳ

四月己酉，陽陵守丞廚敢言之：寫上，謁報，報署金布發。敢言Ⅴ之。/儋手。Ⅵ 9-1

卅四年六月甲午朔戊午，陽陵守慶敢言之：未報，謁追。敢Ⅰ言之。/堪手。Ⅱ

卅五年四月己未朔乙丑，洞庭叚（假）尉觿謂遷陵丞：陽陵卒署遷Ⅲ陵，其以律令從事，報之。當騰騰。/嘉手。·以洞庭司馬印行事。Ⅳ

敬手。Ⅴ 9-1 背

正面第一行的"司空騰"爲陽陵縣司空嗇夫，②其上報上級機構陽陵縣廷：陽陵縣宜居里名叫毋死的士伍有貲餘錢8064。毋死在洞庭郡戍邊，不知在哪個縣服役。現在製作了一份錢校券呈上，請求陽陵縣廷轉告洞庭尉，命令……（後略）

學界對此簡理解的分歧主要集中在"令"字至"報"字的部分。正如《校釋（二）》所指出，從9-2、9-3等簡可知，此句有省略。③現列舉9-9簡釋文：

（2）卅三年三月辛未朔戊戌，司空騰敢言之：陽陵仁陽士五（伍）顙有貲錢七千六百八十。顙Ⅰ戍洞庭，④不智（知）何縣署。·今爲錢校券一上，謁言洞庭尉，令顙署所縣受責，Ⅱ以受陽司空——司空不名計。問何縣官計付，署計年名爲報。已訾責顙家，家貧弗Ⅲ能入。顙有流辭，弗服，勿聽。道遠，毋環，報，署主責發。⑤敢言之。Ⅳ

四月壬寅陽陵守丞恬敢言之：寫上，謁報，署金布發。敢言之。/堪手。Ⅴ 9-9

卅四年八月癸巳朔朔日，陽陵遨敢言之：至今未報，謁追。敢言之。/堪手。Ⅰ

---

① 關於"署"的含義，學界有不同意見。參見陳偉主編《里耶秦簡牘校釋（第二卷）》，注5，第3頁。按：此處作動詞，任職或服役於某機構。《說文》网部："署，部署也。各有所网屬也。从网，者聲。"段玉裁注："部署猶處分。疑本作罜署，後改部署也。《項羽本紀》曰：'梁部署吳中豪傑爲校尉、候、司馬。'《急就篇》曰：'分別部居不雜廁。'《魯語》：'孟文子曰：夫位，政之建也。署，位之表也。署所以朝夕虔君命也。'按官署字起於此。"〔清〕段玉裁：《說文解字注》，中華書局，2013，第360頁上欄《漢書·高帝紀上》："漢王大說，遂聽信策，部署諸將。"顔師古注："分部而署置。"（《漢書》卷一上《高帝紀上》，第30、31頁）《漢書·兒寬傳》："時張湯爲廷尉，廷尉府盡用文史法律之吏，而寬以儒生在其間，見謂不習事，不署曹，除爲從史，之北地視畜數年。"顔師古注引張晏曰："不署爲列曹也。"師古曰："署，表也，置也。凡言署官，表其秩位，置立爲之也。"（《漢書》卷五八《公孫弘卜式兒寬傳·兒寬》，第2628~2629頁）
② 參見陳偉主編《里耶秦簡牘校釋（第二卷）》，注2，第1~2頁。
③ 陳偉主編《里耶秦簡牘校釋（第二卷）》，注10、11，第6頁。
④ 原釋文此處未斷開，應以逗號斷開。
⑤ 原釋文作："顙有流辭，弗服。勿聽，道遠，毋環。報署主責發。"此爲筆者改。

秦漢券書簡所反映的"名計"制度

卅五年四月己未朔乙丑，洞庭叚（假）尉觿謂遷陵丞：陽陵卒署遷陵，其以律令Ⅱ從事，報之。當騰騰。／嘉手。・以洞庭司馬印行事。Ⅲ
敬手。Ⅳ 9-9背①

其餘略而不錄，僅把十二枚簡該部分表述不同的簡列出來，省略的部分以空白表示，以便對比：

令毋死署所縣[一]責以受陽陵司空司空不名計問何縣官計 [二]年[三]爲報 9-1
令不獄署所縣　責以受陽陵司空司空不名計問何縣官計付署計年　爲報 9-2②
令[四]　署所縣　責以受陽陵司空司空不名計問何縣官計付署計年名爲報 9-3③
令頯　署所縣受責以受陽陵司空司空不名計問何縣官計付署計年名爲報 9-9
令勝白署所縣　責以受陽陵司空司空不名計④問何縣官計　年　爲報 9-10⑤

由此可以看出如下問題：[一]據9-9簡可知，9-1等簡此處省略了"受"字。[二]據9-2等簡可知，9-1、9-10簡此處省略了"付署計"三個字。[三]據9-3、9-4簡可知，9-1、9-2、9-10簡此處省略了"名"字。[四]據其他簡可知，9-3簡此處省略了陽陵卒的名字。

那麼，到底應該如何理解這段文字，如何斷句，它反映的是何種制度？如前所述，學者對此提出了很多意見，但均是推測，沒有實例佐證。睡虎地77號漢墓竹簡恰好可以彌補這一缺憾。在已公布的睡虎地漢簡中，被歸入《六年畜息子入券及出》的簡7、8，簡19、20，簡9、10中分別出現了"謁以臨倉小畜計，計六年""謁以臨倉小[畜]計，計六年""謁以臨倉小[畜]計"等句子。筆者認爲"倉"回答的即里耶秦簡9-1等簡所問"何縣官計、付"的"縣官"，⑥"小畜"回答的是"計年、名"的"名"，"計六年"回

---

① 陳偉主編《里耶秦簡牘校釋（第二卷）》，第16~17頁。
② 陳偉主編《里耶秦簡牘校釋（第二卷）》，第9~10頁。
③ 陳偉主編《里耶秦簡牘校釋（第二卷）》，第11~12頁。
④ 《校釋（二）》此用逗號斷開，與其他簡不同，應是疏忽。
⑤ 陳偉主編《里耶秦簡牘校釋（第二卷）》，第17頁。
⑥ 筆者最初將"臨倉"的"臨"理解爲倉名，會上承蒙陳偉先生指出，從睡虎地漢簡内容來看，此理解難以成立。謹向陳先生致謝。按：臨，當爲"監臨"之"臨"。《說文》臥部："臨，監也。"[（清）段玉裁：《說文解字注》，第392頁上欄]《漢書·景帝紀》載景帝元年秋七月詔："吏受所監臨，以飲食免，重；受財物，賤買貴賣，論輕。廷尉與丞相更議著令。"（《漢書》卷五《景帝紀》，第140頁）《漢書·刑法志》："及至孝武即位……於是招進張湯、趙禹之屬，條定法令，作見知故縱、監臨部主之法，緩深故之罪，急縱出之誅。"（《漢書》卷二三《刑法志》，第1101頁）《嶽麓書院藏秦簡（肆）》139/1409："・尉卒律曰：縣尉治事，毋敢令史獨治，必尉及士吏與，身臨之，不從令者，貲一甲。"354/0018："上其校獄屬所執讞，執讞各以案臨計，乃相與校之，其計所同執讞者，各別上之其曹，曹主者☒"（陳松長主編《嶽麓書院藏秦簡（肆）》，上海辭書出版社，2015，第10、21頁）以上例子中的"臨"均爲"監臨"之義。

答的是"計年、名"的"年"。里耶秦簡難解的那段文字,其完整形式及斷句應作:

> 令××署所縣受責(債),以受(授)陽陵司空。司空不名計,問何縣官計、付,署計年、名爲報。①

下面試論之。
《六年畜息子入券及出》的簡 7、8,簡 19、20,簡 9、10 釋文如下:

> (3)牡狗四,牝狗一。凡五,②同齒。六年二月丙午朔甲寅,陽武鄉期入。(簡 7)六年二月丙午朔甲寅,陽武鄉期敢言之:謹上畜息子入券一,右已移倉。謁以臨倉小畜計,計六年。敢言之。/二月甲寅,陽武鄉期敢告倉主:移入券一,敢告主。/期手。(簡 8)
>
> (4)牡豚二,牝豚四。•凡六,同齒。六年四月乙巳朔壬子,陽武鄉[佐胡人入]。(簡 19)六年四月乙巳朔壬子,陽武鄉佐胡人[敢]言之:謹上畜息子入券一,右已移倉。謁以臨倉小[畜]計。③計六年。敢言之。/四月壬子,陽武鄉佐胡人敢告倉主:移入券一,[敢]告主。/胡人手。(簡 20)④
>
> (5)出牡狗四。六年三月丙子朔甲申,陽武鄉期、佐胡人雜賣於陽里[公乘]□□等所,取錢廿。•率狗五錢。(簡 9)六年三月丙子朔甲申,陽武鄉期敢言之:謹上賣小畜息子出中辨券一,右已移倉。謁以臨倉小[畜]計。敢言之。/三月甲申,陽武鄉期敢告倉主:移出券一。敢告(簡 10)主。/胡人手。/三月甲申,佐胡人行。胡人手。(簡 10)

整理者認爲,簡 7、19 分别是簡 8、簡 20 中提到的"入券",簡 9 是簡 10 中提到的"出

---

① 黄浩波認爲應斷作:"問何縣官計、付署、計年、名爲報",認爲"包含'計'文書的標題、説明部分的主要内容"(黄浩波:《里耶秦簡牘所見"計"文書及相關問題研究》,《簡帛研究二〇一六·春夏卷》,第 116~118 頁)其意見頗有可取之處,如認爲"計年名"的年指年度等。但與筆者意見仍有不少差異。
另,筆者在會上報告完拙文後,魯家亮先生於當天晚上(2020 年 11 月 6 日 23:25 分)微信告示,陶安あんど先生曾發表《「何計付」の句讀に關する覺書》一文 [http://www.aa.tufs.ac.jp/users/Ejina/note/note13(Hafner).html#sdendnote13sym],亦從財會角度理解相關簡文。特向家亮先生致謝。陶安先生認爲 9-1 當斷作:"令○署所縣責,以受陽陵司空。司空不名計,問何縣官計、年,爲報。"9-2 等當斷作:"令署所縣責,以受陽陵司空。司空不名計,問何縣官計付。署計年、名爲報。"與筆者觀點仍有所不同。
② 原釋文未斷讀,此逗號爲筆者所加。下文"凡六同齒"亦同。里耶秦簡中有"同齒"或"同券齒"的簡文,如 8-892 簡"☑一枚十二同齒",8-893 簡"少受牢人文所受少内券一☑二百六十六同齒,受☑"(分見陳偉主編《里耶秦簡牘校釋(第二卷)》,第 243、244 頁),均應在"同齒"前以逗號斷開。
③ 整理者斷作句號,疑是筆誤,當以逗號爲宜。
④ 陳偉、熊北生:《睡虎地漢簡中的券與相關文書》,第 53~62 頁。

券"。其説是。此外，整理者把簡8、20、10分別看成是簡7、19、9的相關文書，[1]但筆者認爲應根據秦漢時人的表達，顛倒過來，將簡8、20、10稱作"書"，性質爲財務公函，將簡7、9、19稱作隨書附券。這可以從里耶秦簡下列簡得到證明：

（6）□□□【錢校券一，告臨漢受責計，爲報。有（又）追】曰：已出計Ⅰ卅一年。今問，前書、券不到，追書卅二年三月戊子到，後Ⅱ計。今臨漢計卅二年。謁告遷陵以從事，而自辟留、Ⅲ亡書者，當論。敢言之。/七月乙未，臨漢守丞都移Ⅳ 9-21 遷【陵】。/朣手。Ⅰ

八月乙巳，臨漢丞禮敢告遷陵丞主：重。敢告Ⅱ主。/差手。/卅三年十月甲辰朔癸亥，遷陵守丞都告Ⅲ……Ⅳ 9-21 背[2]

這是一枚與上文所列券書密切相關的簡。簡文中"前書、券不到"就是"書"在前，"券"在後。

材料（3）（4）（5）均由兩份"書"（公函）構成。第一份都是陽武鄉鄉嗇夫期寫給上級機關安陸縣縣廷的上行文書，内容包括三項：1. 報告上交"出券"或"入券"的中辨券（即"謹上賣小畜息子出中辨券一"），用以縣統一備案。2. 説明"右券"已經移交給倉主（即"右已移倉"）。3. 請求記在機構"倉"的賬上，科目爲"小畜"，即"謁以臨倉小[畜]計"；計賬的年份爲"六年"，即"計六年"。目的是説明出入賬明細，即應以哪個官府、什麽科目、記在哪年賬上。第二份均爲陽武鄉鄉嗇夫寫給平級機構倉的負責人（倉主）的平行文書，説明此次移交了出或入券的右券。

這三筆出入賬的"出""入"，均由陽武鄉經手，倉和縣廷都没有接觸到實物的小畜。[3]所謂"入"指陽武鄉的母畜生了小畜，這意味着縣的資産增加，故作爲收入項。材料（3）的入券意爲，六年二月甲寅日，陽武鄉新生了"牡狗四，牝狗一"，意味着安陸

---

[1] 均見陳偉、熊北生《睡虎地漢簡中的券與相關文書》，第58頁。
[2] 陳偉主編《里耶秦簡牘校釋（第二卷）》，第32頁。
[3] 整理者在談到出入券的性質時，指出："通過對《入券及出》簡21~24分析可見，陽武鄉'入'倉的小畜，其實還在原地存放，需要等待倉的指令而上交、輸亭或出賣。在《入券及出》簡1~6中，因應廷下倉書提供臘祠用牲的指令，陽武鄉同時出具入券和校券，可能是因爲所輸牡豚此前未曾提交'入券'。如然，這更能顯示'入券'祇涉及所有權交接而不包含實物的交納。入券關聯文書中鄉對縣廷的行文，每言'謁以臨倉小畜計'。可見入券在提交主管官署（倉）的同時呈報縣廷，以提供統計的數據。上揭2枚里耶秦簡'出入券'前都冠以'計'字，也具有相同含義。"（陳偉、熊北生：《睡虎地漢簡中的券與相關文書》，第60頁）已注意到出入券未交納實物之事，但這并非因爲出入券祇涉及所有權交接不包含實物支付繳納的原因，而是因爲鄉不是獨立核算單位，其上級機構縣纔是獨立核算單位，"計"必須以獨立核算單位進行，因此，縣下機構如鄉等財物的出入都必須將出入券等憑證上交縣，由縣進行計。縣負責小畜"計"的機構是縣倉即臨倉。并非所有的出入券都不涉及實物的支付或繳納，如果倉爲收付單位，那麽其出入就有可能涉及實物的支付或繳納問題。

縣收入了五條小狗的資產。"凡五，同齒"是説總共五條狗，與券齒表示的數字相同。材料（4）的入券意爲，六年四月壬子日，陽武鄉新生了"牡豚二，牝豚四"，意味着安陸縣收入了六頭豬的資產。"凡六，同齒"説總共六頭豬，與券齒表示的數字相同。材料（5）的出券意爲，六年三月甲申日，陽武鄉將"牡狗四"賣給陽里公乘□□等人，在財務上即爲安陸縣的財產支出項。由於經手人是縣下級機構的陽武鄉，陽武鄉不是獨立核算單位，所以其資產變動必須隨時上報上級主管部門即獨立核算單位的縣，由縣進行收支明細的記録和統計。具體負責小畜計賬的是縣倉，所以右券要移交給倉；而縣必須掌握收支賬目情況，并保管中辨券。中辨券掌握在縣廷手中，在張家山漢簡《二年律令》中有間接反映：

恒以八月令鄉部嗇夫、吏、令史相雜案户籍，副臧（藏）其廷。有移徙者，輒移户及年籍爵細徙所，并封。留弗移、移不并封，（簡328）及實不徙數盈十日，皆罰金四兩；數在所正、典弗告，與同罪。鄉部嗇夫、吏主及案户者弗得，罰金（簡329）各一兩。（簡330）

民宅園户籍、年細籍、田比地籍、田合籍、田租籍，謹副上縣廷，皆以篋若匴匱盛，緘閉，以令若丞、（簡331）官嗇夫印封，獨別爲府，封府户；節（即）有當治爲者，令史、吏主者完封奏（湊）令若丞印，嗇夫發，即雜治爲；（簡332）其事（？）已，輒復緘閉封臧（藏），不從律者罰金各四兩。其或爲詐（詐）僞，有增減也，而弗能得，贖耐。官恒先計讎，（簡333）□籍□不相（？）復者，輒劾論之。民欲先令相分田宅、奴婢、財物，鄉部嗇夫身聽其令，皆參辨券書之，輒上（簡334）如户籍。有爭者，以券書從事；毋券書，勿聽。所分田宅，不爲户，得有之，至八月書户，留難先令，弗爲券書，（簡335）罰金一兩。（簡336）[①]

這兩條律規定，户籍、民宅園户籍、年細籍等都要"副藏其廷"或"謹副上縣廷"。民若想生前立遺囑"先令"分割田宅、奴婢、財産，鄉部嗇夫要親自到場聽取，製作參辨券，和户籍一樣"副上"縣廷。因此，睡虎地漢簡陽武鄉提交給縣廷的中辨券應當就是所謂的"副"本。提交給倉的則是正本的右券，用於計賬和核驗。所以右券最爲重要，故睡虎地秦簡《法律答問》規定：

……者（諸）候（侯）客來者，以火炎其衡厄（軛）。"炎之可（何）？當者

[①] 彭浩、陳偉、〔日〕工藤元男主編《二年律令與奏讞書——張家山二四七號漢墓出土法律文獻釋讀》，上海古籍出版社，2007，第222~224頁。

（諸）候（侯）不治騷馬，騷馬蟲皆麗衡厄（軛）鞅韃轅，是以炎之。·可（何）謂"亡券而害"？·亡校券右爲害。179①

左券則交給出、入的一方，材料（3）（4）的場合，左券留在陽武鄉；材料（5）的場合，左券則交給買狗的一方陽里公乘□□等人，用作憑證。

據此，我們來看里耶秦簡 9-1 簡的理解。在洞庭郡戍邊的陽陵縣戍卒毋死，在家鄉陽陵縣欠了部分貲錢②8064 錢未還（"貲餘錢"的"餘"意味着是一部分未償還，而不是全部）。里耶秦簡 8-480 簡表明，"貲責錢"即未償還的貲錢以及 9-9 簡的贖錢由司空征繳、計賬：

(7) 司空曹計録：AⅠ
船計，AⅡ
器計，AⅢ
贖計，BⅠ
貲責計，BⅡ
徒計。BⅢ
凡五計。CⅠ
史尚主。CⅡ 8-480③

司空收不上這筆錢，當年應收賬就不能完成，無法清賬，所以司空必須追繳這筆錢。由於毋死本人正在戍邊，不在陽陵縣，所以司空先到其家追討，④但其家貧窮，無力償還，因此司空必須找毋死本人償還。由於毋死現在隸屬洞庭郡某縣，陽陵縣必須通過此縣追繳。財務制度上，兩個機構之間金錢往來，不需要實物往來，祇需要以出入賬方式記賬平賬即可，即洞庭郡追繳後，不必將追繳的錢從洞庭郡輾轉送還給陽陵縣，而是以貸入

---

① 陳偉主編《秦簡牘合集》〔（釋文注釋修訂本）（壹）〕，第 251 頁。
② 宋艷萍、邢學敏等因陽陵卒都有貲錢或贖錢問題，推測陽陵卒的身份可能是居貲或居贖。（宋艷萍、邢學敏：《里耶秦簡"陽陵卒"蠡測》，《簡帛研究二〇〇四》，廣西師範大學出版社，2006，第 121~134 頁）其説恐誤。貲罰、贖刑和罰戍是不同的三種刑罰，不可能同時處罰。而且，如果陽陵卒的身份是居貲、居贖，那麽，其在陽陵被判罰的貲錢或贖錢就應隨其本人一起轉到戍所洞庭郡遷陵縣，然後以每戍一日折算八錢抵償，陽陵縣就不可能還有貲餘錢或贖錢。這些人應是"讁戍"。《漢書·晁錯傳》載晁錯上書："秦之戍卒不能其水土，戍者死於邊，輸者僨於道。秦民見行，如往棄市，因以讁發之，名曰'讁戍'。先發吏有讁及贅婿、賈人，後以嘗有市籍者，又後以大父母、父母嘗有市籍者，後入閭，取其左。"（《漢書》卷四九《爰盎晁錯傳·晁錯》，第 2284 頁）
③ 陳偉主編《里耶秦簡牘校釋》（第一卷），第 164 頁。
④ 這表明個人債務，其直系家庭的"户"有義務償還。

方式記賬收入陽陵縣貲餘錢8064，陽陵縣則以借出方式記賬支出給洞庭郡某縣，雙方賬目就可結清。

本來陽陵司空可通過上級機構陽陵縣直接致函毋死所在縣，但因爲縣里衹記録毋死在洞庭郡戍邊，没有記録具體隸屬某縣，所以陽陵縣司空請求縣廷致函洞庭郡尉①，并隨函附上"錢校券"（因爲是關於貲錢的校券，所以稱作"錢校券"）一份，請求洞庭郡協助處理此事。從後文洞庭郡尉將此函及錢校券批轉給遷陵縣，并説"陽陵卒署遷陵"，可知陽陵縣征發的戍卒全部被派到遷陵縣，因此，應當由毋死所在縣遷陵處理此事。

陽陵縣提出的請求是："令毋死署所縣責，以受陽陵司空。司空不名計，問何縣官計，年爲報。""令毋死署所縣責"，如前所述，"責"前省略了"受"字，除前引簡9-9"令額署所縣受責"外，還有材料（6）"告臨漢受責計"、簡8-60+8-656+8-665+8-748"爲校□□□謁告梜道受責"、②簡9-1851"☑【告】枳受責如【騰書】"③可爲證。"受責"爲完整形式，"責"通"債"，"受（債）"指接受債務。財務上，陽陵司空將這筆貲餘錢8064錢以借出賬轉給遷陵縣，遷陵縣則以貸入賬從陽陵司空貸入這筆錢，然後再向毋死本人追討。④

"以受陽陵司空"的"受"通"授"，"以受陽陵司空"指遷陵縣要將"責校券"交付給陽陵縣司空。遷陵縣"受責"後，要製作一份責校券。"責校券"見於8-63簡：

（8）廿六年三月壬午朔癸卯，左公田丁敢言之：佐州里煩故爲公田吏，徙屬。事荅不備，分Ⅰ負各十五石少半斗，直錢三百一十四。煩冗佐署遷陵。今上責校券二，謁告遷陵Ⅱ令官計者定⑤以錢三百一十四受旬陽左公田錢計。⑥問可（何）計付，署計年爲報。敢言之。Ⅲ

三月辛亥，旬陽丞滂敢告遷陵丞主：寫移，移券，可爲報。敢告主。／兼手。Ⅳ

廿七年十月庚子，遷陵守丞敬告司空主，以律令從事言。／手。即走申行司空。Ⅴ 8-63

十月辛卯旦，朐忍索秦士五（伍）狀以來。／慶半。　兵手。8-63背⑦

此簡中，旬陽縣佐州里名叫煩的人，以前是旬陽縣左公田的吏，後來調到遷陵縣。他在

---

① 因毋死是戍卒，所以隸屬洞庭尉。
② 陳偉主編《里耶秦簡牘校釋（第一卷）》，第43頁。
③ 陳偉主編《里耶秦簡牘校釋（第二卷）》，第3770頁。
④ 《校釋（二）》校釋："責，索取。"［陳偉主編《里耶秦簡牘校釋（第二卷）》，第3770頁］恐非。
⑤ 原釋文此處以逗號斷開，筆者認爲不應斷開。
⑥ 原釋文此處以逗號斷開，此爲筆者改。
⑦ 陳偉主編《里耶秦簡牘校釋（第一卷）》，第48~49頁。

旬陽左公田任吏期間負責的荅出現"不備"（數量不足），需要他和其他負責的吏一起賠償，分攤後他需要賠償15石少半斗，直錢314。旬陽縣因爲知道他現在遷陵縣戍邊，所以發公函給遷陵縣，同時附上兩份責校券，請求遷陵縣命令其所在機構（官）計賬的人，以貸入（受）旬陽左公田314錢計賬（定……計）。并詢問遷陵縣是哪個部門計賬的，請求寫明計賬的年份等回復。旬陽縣將左公田的公函批轉給遷陵守丞負責人。遷陵守丞敬將此函和責校券兩份批轉給遷陵司空。此簡表明，借出方給貸入方發出的校券也稱作"責校券"。責校券也可省稱"責券"，見於里耶秦簡8-135簡即著名的遷陵司空追討狼假公船文書中。

（9）廿六年八月庚戌朔丙子，司空守樛敢言："前日言：'竟陵漢陰狼假遷陵公船一，袤三丈三尺，名曰□，Ⅰ以求故荆積瓦，未歸船。狼屬司馬昌官。謁告昌官，令狼歸船。'報曰：'狼有逮在覆獄已卒史Ⅱ衰、義所。'今寫校券一牒上，謁言已卒史衰、義所，問狼船存所。其亡之，爲責券移遷陵，弗□□屬。Ⅲ謁報。敢言之。"／月庚辰，遷陵守丞敦狐卻之："司空自以二月叚（假）狼船，何故弗蚤辟□，今而Ⅳ誧（甫）日謁問覆獄卒史衰、義。衰、義事已，不智（知）所居。其聽書從事。"／手。即令走□行司空。Ⅴ 8-135
□月戊寅走已巳以來。／半。□手。8-135背①

遷陵司空請求司馬昌官詢問狼假借的公船放在什麼地方，如果丟失了，就寫一份"責券"即責校券移交給遷陵。這樣遷陵司空就可以清賬，狼假公船則由司馬昌官負責追繳。因此，"受責"指接受歸還公船的債務。

"司空不名計"指陽陵縣司空尚未計賬，"名計"指將該賬目登記在相應的科目賬上，②"名"的用法與"名田宅"之"名"用法相同。③"問何縣官計"，詢問這筆錢是哪個機構（貸入方）計賬的。完整的形式是"問何縣官計、付"，"付"即"付責校券"。"年爲報"，完整形式是"署計年、名爲報"，即要求遷陵縣回復陽陵司空，寫明這筆賬計入

---

① 陳偉主編《里耶秦簡牘校釋（第一卷）》，第72~73頁。
② 《説文》口部："名，自命也。从口夕。夕者，冥也。冥不相見，故以口自名。"段玉裁注："《祭統》曰：'夫鼎有銘。'銘者，自名也，此許所本也。《周禮·小祝》故書作銘，今書或作名。《士喪禮》古文作銘，今文皆爲名。按：死者之銘，以緇長半幅，緽末長終幅，廣三寸，書名于末曰：'某氏某之柩。'此正所謂自名。其作器刻銘，亦謂稱揚其先祖之德，著己名於下。皆祇云名已足，不必加金旁。故許君於金部不録銘字，從《周官》今書、《禮》今文也。許意凡經傳銘字皆當作名矣。鄭君注經乃釋銘爲刻。劉熙乃云：'銘，名也。記名其功也。'吕忱乃云：'銘，題勒也。'不用許説。"〔（清）段玉裁：《説文解字注》，第57頁上欄〕
③ 參見拙文《秦漢"名田宅制"説——從張家山漢簡看戰國秦漢的土地制度》，《中國史研究》2003年第3期，收入拙著《出土簡牘與秦漢社會》第四章《二年律令》與秦漢'名田宅制'"，廣西師範大學出版社，2009，第131~132頁。

哪一年的賬上，賬目的名稱是什麽。"署"意爲署明，"報"爲回復。

　　最後梳理一下：陽陵司空要求毋死所屬的遷陵縣向毋死本人追繳這筆貲餘錢，但不必將錢輾轉郵寄給陽陵司空，而是以借貸賬的形式記賬即可，即陽陵司空以借出賬支出這筆錢給遷陵縣，遷陵縣則以貸入賬從陽陵司空收入這筆錢，這樣就可以平賬了。其手續是：遷陵縣製作一份責校券，作爲接受陽陵司空貲餘錢8034的憑證，同時寫一封公函文書，文書中注明具體是遷陵縣哪個部門計賬的，以什麽科目記在哪一年賬上。然後將公函和責校券一起發給陽陵司空，以便陽陵司空計賬時可以記在相應的賬目上。

原刊於（韓）《東西人文》第16號，2021年8月

株洲新出漢代滑石印及相關問題的再認識

陳松長[*]

摘　要：本文通過對株洲新出漢代滑石印的分析解讀，對湖南歷年出土的漢代滑石印的有關問題進行了重新思考和討論。湖南漢代滑石印的製作并不是爲了證明死者身份而刻製的，而應是爲了方便死者在地下謀求一官半職而匆匆製作，它與漢代以金、銀、銅印章作爲生前所任官爵憑證的功能并不完全一樣。

關鍵詞：株洲；漢代；滑石印；功能解讀

　　漢代滑石印是湖南歷年出土戰國秦漢璽印中數量較多、自成系列，在古璽印和相關的葬喪制度、職官制度研究等方面都具有特殊價值的一批重要資料，一直受到古璽印和古史研究學者的關注和重視。

　　2022年，在湖南株洲攸縣網嶺鎮楓樹塘17號墓中出土了一枚保存完好的滑石印，其尺寸是2.5厘米左右見方，通高1.6厘米，帶斜坡形鼻鈕，印面中分，刻有"地中縣長"四字（圖1）：

圖1　地中縣長

　　雖然這片墓葬群的考古報告還没出來，其墓葬的具體時代尚不太清楚，但從其印的鈕制形態、印面以豎綫中分的款式和印面文字的結構特徵等方面綜合考量，該印出土

---

① 陳松長．湖南大學嶽麓書院教授，博士生導師，"古文字與中華文明傳承發展工程"協同攻關創新平臺湖南大學平臺負責人。研究方向爲出土文獻與秦漢史，古文字與简帛書法。

的墓葬時代大致可以肯定，應該是西漢時期，更準確點説，應該是西漢早中期。其理據如下：

一 鈕制

漢代璽印的分期研究成果告訴我們，西漢早期的鼻鈕印，其印臺與鼻鈕間有斜坡形的過渡，側視如壇，此式保留着戰國鼻鈕的形制，提示在年代上偏早。[①] 其實，考古發現的材料中，這類鈕制特徵在西漢中期仍在延續，湖南出土的西漢滑石印中亦可找到這類有明確出土年代依據的實物證據。例如1964年長沙五里牌6號墓出土的"攸丞"滑石印（圖2），從其墓葬形制和隨葬陶器的鼎、罐組合來判斷，這是西漢中期之物。但其鼻鈕的形制仍然保存着西漢早期鼻鈕的形制特徵，且與株洲出土的這枚滑石印的印鈕形制基本相同。據此我們大致可以判斷，此墓的時代當不會晚於西漢中期。

圖2 攸丞　　圖3 官司空丞之印　　圖4 輿里鄉印　　圖5 門淺

二 竪綫中分的印面款式

西漢早中期的印章，多有田字格或外加邊框，印面以竪綫中分者亦時有見，除了上述所引的"攸丞"印之外，1960年長沙楊家山7號墓出土的"官司空丞之印"（圖3），也是以竪綫中分者，祇是該墓葬的時代是西漢晚期。印面文字風格與株洲出土的這方印最接近的是1965年長沙野坡2號墓出土的"輿里鄉印"（圖4），該墓葬的年代確定爲西漢早期。此外，還有1954年長沙斬犯山7號墓出土的"門淺"滑石印（圖5），也是印面以竪綫中分者，而且還帶有邊框，其時代亦定在西漢早期。上舉四方滑石印都有竪綫中分的印面特點，但其時代分别屬西漢早期、中期和晚期，這也就意味着，這種印面竪

---

① 孫慰祖：《西漢官印、封泥分期考述》，《上海博物館集刊》1992年第6期。

綫中分的款式就是西漢時代滑石印的特有風格。通過比對我們還發現，在印面切分和文字款識的製作方面，與株洲這方印最接近的顯然是"輿里鄉印"，該印的墓葬年代爲西漢早期，以此類推，株洲攸縣新出土的這方滑石印的墓葬年代也應該是西漢早期。

三 文字的結構特徵

從印面文字的結構布局一眼就可看出，其中的"地"和"縣"都是西漢簡帛文字中常見的書寫形態，與其鈕制和印面豎綫中分的特徵契合無間。從已出土的湖南滑石印的文字刻制來看，這方印算得上是比較工穩整齊的範式了，相比於幾件很著名的湖南出土滑石印如"長沙僕"（圖6）、"茶陵"（圖7）、"舂陵之印"（圖8）等均毫不遜色。

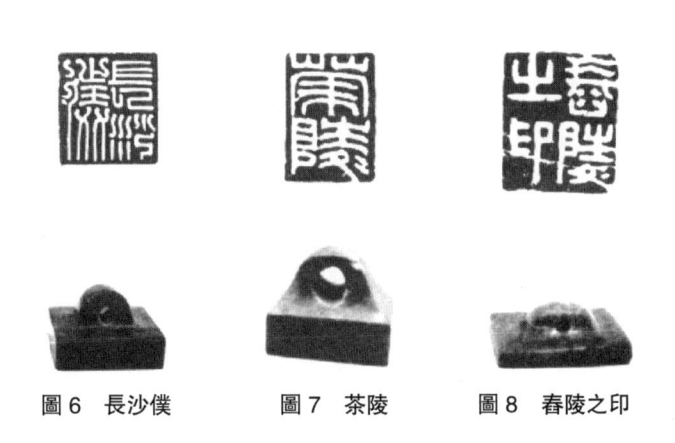

圖6 長沙僕　　圖7 茶陵　　圖8 舂陵之印

上面我們之所以花這麼多筆墨來説明這方滑石印所出土的墓葬時代不會晚於西漢早中期，或者説不會晚於西漢時代，是因爲這方印的出土面世刷新了我們對西漢滑石印研究的許多原有認知，需要我們對古代印章特別是西漢時代湖南地區以滑石官印隨葬的諸多問題進行新的思考。

所謂"地中縣長"，也就是地下某個縣的縣長，那是完全没有明確的行政區劃、子虛烏有的一個官名。這與"官印作爲授官授權的象徵與憑信已經實現制度化，成爲受主政治地位的物化標志"[①]的西漢時期的印章使用制度是完全不同的。也就是説，這方印章作爲殉葬之印，并不能作爲給死者授官授權的象徵，也不能作爲其真實身份的憑證或物化標志，主葬者之所以要刻此滑石印以隨葬，或許僅僅是祈願死者到地下後能獲此高階以慰世人罷了。

---

① 孫慰祖：《漢唐璽印的流播與東亞印系》，載《孫慰祖璽印封泥與篆刻研究文集》，上海古籍出版社，2019，第150頁。

大凡對漢代官印制度和官印遺存稍有認知者都知道，西漢官印的製作是有明確規定的。《漢舊儀》載："諸侯王印，黃金橐駝鈕，文曰'璽'，赤地綬；列侯，黃金印，龜鈕，文曰'印'；丞相、大將軍，黃金印，龜鈕，文曰'章'；御史大夫章、匈奴單于黃金印，橐駝鈕，文曰'章'；六百石、四百石銅印，鼻鈕，文曰'印'；二百石以上皆爲通官印。"[①] 有關漢代的官印製作記載如此，大量傳世和出土的西漢官印遺存雖并不能完全與文獻記載一一對應，但其款式中都有很明確的不同秩級的官爵名，如"長沙丞相"（圖9）、"楚宮司丞""丹徒右尉""南越中大夫"等。不僅如此，印面上亦多有不同級別的璽印專用文字，如"王后之璽""廣陵王璽"中的"璽"就是諸侯王印專用的"璽"字，而"軑侯之印"（圖10）、"鐔成令印"（圖11）等六百石以上的銅印所專用的"印"更是最常見的官印用字。

圖9　長沙丞相　　圖 10 軑侯之印　　圖 11　鐔成令印

這方滑石印的印文却完全不符合漢代的印章制度，首先是沒有明確的行政區劃。印面上僅有"地中"二字，很顯然，這"地中"并不是具體的郡縣地名，而是對地下世界的一個泛稱。按常規，這裏應該出現的是具體的行政區劃專名，可這方印上沒有，這也就意味着這并不是死者生前的職官名，而是給他死後的榮譽，但這榮譽也是虛的，即死者將去哪裏作縣長是沒有具體目標的，故僅以"地中"泛指。其次，這方印的款識也根本不合漢代官印的規制。一般來說，凡"縣長"之印，在印面上都是"××長印"，如"洮陽長印"（圖12）、"武岡長印"（圖13）、"酉陽長印"（圖14）等，或也有作"羅長之印"（圖15）者，但都沒有直接稱之爲"縣長"者。由此我們大致也可以推斷，這方印應該并不是爲了證明死者身份而製作的印，而是主葬者隨便給死者擬封的一個官職，至于死者要到哪裏去任這縣長，那將是由地下主去確定的事，主葬者大概也不會去關心其實現的可能與否。

---

① （漢）衛宏撰、（清）孫星衍輯《漢舊儀二卷補遺二卷》，載《漢官六種》，中華書局，1990，第93頁。

株洲新出漢代滑石印及相關問題的再認識

圖 12 洮陽長印 　　圖 13 武岡長印 　　圖 14 酉陽長印　　圖 15 羅長之印

　　既然作爲殉葬用的滑石官印可以是主葬者隨便給死者册封而製作，那麼對於此前所出土的西漢滑石官印我們是否也應該换一個角度來重新思考其在古代葬喪禮儀中的功能和作用呢？而我們以前所得到的一般認知是否也應該有些修訂呢？答案是肯定的。

　　按照一般的解讀，湖南西漢時期的滑石印是湖南早期葬喪中替代金玉質地印章的特有品種，其製作工藝并不精細，刻款多草率，且正反刻均有，故被認爲是爲殉葬而臨時倉促製作的印，在西漢官印系列中完全是另類。但儘管是粗糙草率的殉葬印，但人們對印文的認知仍然是古代以印章隨葬的一般認知，都認爲這些印章的製作和隨葬，都是爲了證明和彰顯死者身份而準備的，至于這些印章文字中的職官名稱和級别是否可靠，都視而不論，以致常常給人造成困惑。例如早在湖南出土滑石印的墓葬資料清理中我們就發現，爲什麼出土了縣令、縣尉的墓葬規模這麼大小不一？爲什麼在長沙發掘的小型墓葬中多有其他縣地如鐔成、門淺等地的官印？爲什麼同一墓葬之中會有不同職銜的官印同時隨葬？諸如此類，株洲攸縣這枚"地中縣長"滑石印的出土，多少給我們解答這些問題提供了新的綫索。

　　以墓葬形制的大小來論，同樣是出土縣令印或縣尉印的墓坑大小都是不一樣的。如同樣是縣令的墓坑，1954年長沙陳家大山1號墓出土過"臨湘令印"（圖16），其墓坑是4.5米×3米，而1975年長沙南塘冲24號墓出土過"鐔成令印"，其墓坑則祇有3.68米×2.56米，可以説小了一圈，1953年長沙子彈庫23號墓出土過"廣信令印"（圖17），其墓坑也只有3.8米×2.2米，其墓坑的寬度在進一步縮小。同樣，同是縣尉的墓坑，1954年長沙月亮山25號墓出土過"陸糧尉印"（圖18），其墓坑是2.38米×3.14米，而1960年長沙南塘冲8號墓出土過"泠道尉印"（圖19），其墓坑大小只有2.7米×1.9米。同樣是縣尉的墓，其墓坑的寬度差距多達近一倍，這多少也説明這些墓葬中出土的這些有明確官銜的印章可能并不能代表其墓葬規模的大小，因爲一些没出官印而祇出土了私印的墓葬規模，竟比縣令的墓葬規模要大很多。如1956年長沙黄土嶺29號墓中祇出土了一方"石賀"的玉印（圖20），其墓坑的尺寸就是4.9米×3.7米，比出土"臨湘令印"的墓坑

· 129 ·

還大；更有甚者，1959年長沙左家塘1號墓雖衹出土了一方"桓啓"玉印（圖21），但它的墓坑大小竟然是9.7米×7.4米，比出土"臨湘令印"的墓坑大一倍還不止，這種現象該怎麼解釋呢？或以爲這與西漢初期倡導葬俗從簡的時俗有關，或以爲西漢早中期對縣令以下官員的葬喪標準本來就没有詳細的規定，等等。其實，這與當時的葬喪等級制度也許關係不大，而應是當時的葬喪習俗導致了這類滑石印的隨意製作。大家知道，西漢早中期墓葬中多有給死者開具"地下通行證"的簡牘實物被發現，我曾對這類稱爲告地策的文書格式進行過專門的討論，① 這類文書的根本用途無非就是給死者開具前往陰間的通行證，并希望地下主能好好地接納死者，讓其能像在人間一樣獲得一官半職以保生活無憂。因此，湖南出土的這類滑石印的製作，當亦是參照死者生前的求官願望爲死者量身備製的，故這些滑石印中的官名，大都與死者生前的身份無關，而更可能與死者的屬地有關（詳後文），這與以金銀銅官印隨葬以證其身份的墓葬制度有根本的區别。

圖16 臨湘令印　　圖17 廣信令印　　圖18 陸糧尉印

圖19 泠道尉印　　圖20 石賀　　圖21 桓啓

除了墓坑尺寸的大小與滑石官印上多刊的官爵等級不能對應之外，我們還發現一個有趣的現象，即這些滑石官印的墓葬地都在長沙，但其隨葬官印所指的行政區劃却分散在長沙國所轄的周邊各地，且有的地望都不太清楚，這又是什麼原因呢？我們不妨先粗略分别列之如下：

---

① 陳松長：《告地策的行文格式與相關問題》，《湖南大學學報》（社會科學版）2008年第3期。

1. 1954 年長沙月亮山 25 號墓出土有"陸糧尉印",據印文可知,"陸糧"當是縣名,但西漢早期的長沙國內沒有記載,現在的歷史地理記載中,祇有現在的雲南曲靖有陸糧縣,尚不太清楚該縣在西漢初期已設縣否?這裏我們并不想討論其地望可靠與否,我們祇想關注的是,在西漢早期的長沙墓葬中,怎麽會出現遠不在長沙國轄區内的縣尉官印,原來的認知一般是死者生前可能確實做過陸糧縣尉,故死後刻此印以證其身份。

2. 1952 年長沙杜家坡 801 號墓中出土了"故陸令印"(圖 22),"故陸"的地望在哪?一直就不太清楚,待考。

3. 1959 年長沙魏家堆 8 號墓出土了"上沅漁監"銅印(圖 23),其上沅的具體地望也無文獻記載可查,一般祇能作爲沅水上游來解讀,但這是一枚銅印,與滑石印的性質或許根本不同,故其地望的確定仍是一個待解決的問題。

圖 22　故陸令印　　　圖 23 上沅漁監　　　圖 24　逃陽令印

除了上列幾方印章的地望不明之外,比較熟悉的長沙國屬縣也有不少。如:

1.1960 年長沙南塘冲 8 號墓出土有"泠道尉印",泠道是秦代所置縣,治所在今湖南寧遠縣東南四十里,西漢初期屬長沙國。以此印隨葬,或以爲死者一定是生前曾做過泠道縣尉。

2.1953 年長沙子彈庫 23 號墓出土有"廣信令印",廣信即西漢初期蒼梧郡下屬的縣,地處灕水與郁水的交匯處,是漢武帝時開發嶺南的首府所在地。

3.1964 年長沙五里牌 6 號墓出土"攸丞",即攸縣縣丞之印。

4.1960 年長沙子彈庫 2 號墓出土"桂丞",即桂縣縣丞之印。

5.1958 年長沙楊家山 3 號墓出土"武岡長印",即武岡縣縣長之印。

6.1954 年長沙魏家堆 4 號墓出土"春陵之印",即春陵縣縣長之印。

7.1955 年長沙魏家堆 19 號墓出土"茶陵"滑石印,即茶陵縣縣長或縣署之印。

對這些官印的解釋，原來都以爲是死者生前曾做過這些地方官，故下葬時臨時刻一方滑石官印給其作爲生前榮譽的證明來隨葬。現在株洲攸縣的這方"地中縣長"印告訴我們，這些滑石印上所刻并不一定是死者生前的官銜，而很可能是主持葬喪的人爲死者臨時刻製的，或者是希望死者到地下後憑此謀求一官半職的符印，故不管是死後到哪裏去任職，都不影響其在長沙下葬這個現實。如果這種解釋可以成立的話，那麼，我們曾迷惑的爲什麼這麼多縣級官吏的墓葬都在長沙而不在其任職地區的現象也就可以得到解釋了。

這樣，有關同一個墓葬中出土兩方秩級不同的滑石官印的現象也許同樣可以得到解釋。大家知道，1960年長沙楊家山6號墓内曾出土2枚滑石官印，一枚是"逃陽令印"（圖24），尺寸是23毫米×21毫米×14毫米，一枚是"洮陽長印"（圖12），尺寸是27毫米×26毫米×17毫米。按，所謂"逃陽"當是"洮陽"之誤，"洮陽"即漢代零陵郡所屬的洮陽縣，地望在現在的永州東安縣和廣西的全州縣北部。這裏，有關洮陽的地望在哪并不要緊，值得關注的是，這一個墓内竟有兩方官印，且一方是縣令之印，一方是縣長之印，《漢書·百官公卿表》載："萬户以上爲令，秩千石至六百石，減萬户爲長，秩五百石至三百石。"[1] 由此可知，漢代令長的職級排序，令是排在長之上的，可這兩方印却是"長印"比"令印"還大，這多少可以看出這類滑石印製作的隨意和不合規矩。不僅如此，居然還同時將職級不同的兩方官印一起隨葬，這是爲了證明死者生前既做過"洮陽長"，也做過"洮陽令"嗎？其實可能不是這麼回事，印章中所刻的所謂洮陽長或洮陽令，可能都是主葬者爲死者臨時開具的官銜，它可能并不是死者生前所具官爵的證明，而僅僅是給其遠赴黃泉時使用的頭銜而已，故在刻了"洮陽長印"後或覺得秩級太低，故又加刻一方"洮陽令印"，以祈願死者在地下能實實在在地收受這份官爵所應有的禮遇。至於爲什麼祇刻製"洮陽"令長而不刻制長沙或其他地方的官印，其根本原因很可能與死者的原籍有關。人死後，要送其尸骨返回故里，這是自古就有的習俗，在剛剛飽經戰亂而暫得修養生息的西漢初期，將尸骨送回原籍也許是不太現實的事，故借助滑石官印和告地策的文書形式，授予其地中的職官身份，讓其魂歸故里時有一種名分，或者說有一份官爵以顯赫其鄉里，這大概也是一種很無奈的方式吧。由於這與正式的官府授官授職并不一樣，故在發現所刻"逃陽長印"秩級有點偏低時，再加刻一方"洮陽令印"來提高其秩級，也應該是輕而易舉、理所當然的事吧。

---

[1] （漢）班固撰、（唐）顏師古注《漢書》，中華書局，2013，第742頁。

長沙漢墓遣策和木楬所記"漢服"研究

鄭曙斌　宋少華*

摘　要："漢服"一詞最早見於長沙馬王堆三號漢墓出土遣策記録，而遣策與木楬記録的葬服名稱和較爲完整的出土實物，當屬長沙地區漢墓的考古發現。長沙馬王堆三號漢墓遣策記録了各式男服名稱，長沙望城坡"漁陽"王后墓木楬記録了各式女服名稱。這些用於陪葬的衣服有"故善"與"新爲"兩種，折射出實際生活中"漢服"的質料與樣式。通過文獻記載考釋這些"漢服"名稱，并與爲數不多的馬王堆一號漢墓出土女服對照，分析男服與女服名稱的特徵與差異，可以了解西漢早期"漢服"的常見種類與基本樣式，繼承"楚服"衣制而來的西漢早期"漢服"已經具有了明顯不同於"楚服"的一些剪裁與形制特徵。

關鍵詞：漢墓；遣策；木楬；漢服

1972年至1974年發掘的長沙馬王堆三座漢墓是西漢長沙國丞相、軚侯利蒼的家族墓葬。二號墓墓主人是利蒼，一號墓墓主人是利蒼夫人，三號墓墓主人是利蒼之子。二號墓被盗，出土實物非常少。一、三號墓保存比較完整，出土實物相當豐富。一號墓出土遣策未記任何成衣名稱，但墓中隨葬11件綿袍、1件夾袍、3件單衣、2件單裙。[1] 三號墓出土遣策記録隨葬男服名稱有襌、複、袷、襌袷、襦、襲、袤、因（裀）、干（衦）、常（裳）、絝、縱（襌）及胡衣等13種46件，但實物多已殘損，無法比對男服樣式。[2] 1993年發掘長沙望城坡西漢"漁陽"墓，根據該墓出土的"長沙后府"封泥、書寫"陛下贈物"與"王祝"的木楬等實物，并與長沙陡壁山曹𡟤墓、長沙象鼻嘴山一號漢墓相比較，墓主人應爲漢初吳氏長沙國的某一代王后。[3] 該墓被盗掘三次，但仍清理出百餘枚木楬，其中有14枚記録隨葬女服，有襌、複、襌袷、襦、襲、襡、祝褕、要（腰）衣、騎（綺）衣、絝、裙、敝郄（蔽膝）等12種383件（内容有殘損，實際數量更多），也因被盗而不知其詳，但"漁陽"墓木楬所記女服名稱有幾種可參證馬王堆一號

---

* 鄭曙斌，湖南博物院研究館員，主要從事漢代文物研究。宋少華，長沙簡牘博物館研究館員，主要從事秦漢考古、簡牘、歷史研究。
[1] 湖南省博物館、中國科學院考古研究所：《長沙馬王堆一號漢墓》，文物出版社，1973，第65~69頁。
[2] 湖南省博物館、湖南省考古研究所：《長沙馬王堆二、三號漢墓·田野考古發掘報告》，文物出版社，2004，第70~73頁。
[3] 長沙市文物考古研究所、長沙簡牘博物館：《湖南長沙望城坡西漢漁陽墓發掘簡報》，《文物》2010年第4期，第34頁；長沙簡牘博物館館藏資料。

漢墓出土女服樣式。

"漢服"一詞，最早見於長沙馬王堆三號漢墓遣策（簡44）記録："美人四人，其二人楚服，二人漢服。"（圖1）這裏之所以自稱"漢服"，當是有別於當時仍在流行的"楚服""胡服"，也指西漢早期的主流服裝樣式。西漢早期的"漢服"究竟有哪些樣式？幸有長沙地區西漢墓葬出土遣策和木楬記録的衣服名稱和爲數不多的出土實物可資參證。利用文獻和考古材料辨識這些"漢服"名稱，有助於我們了解西漢時期"漢服"的常見種類及基本樣式，繼承"楚服"衣制而來的西漢早期"漢服"已經具有了一些明顯不同於"楚服"的剪裁與形制特徵。

圖1　馬王堆三號漢墓簡44"漢服"

一　"漢服"衣裳名稱

東漢劉熙《釋名·釋衣服》："凡服上曰衣。衣，依也，人所依以芘（庇）寒暑也。下曰裳。裳，障也，所以自障蔽也。"[1]

"衣裳相連"和"上衣下裳"是我國古代最基本的衣服形制，産生并流行於先秦時期，是"漢服"的源頭。這種衣服形制不限男女，既可以是華貴的禮服，也可以是方便的常服。考釋長沙漢墓遣策與木楬記録"漢服"衣裳相連、上衣下裳的種種名稱，有助於粗略地辨析西漢早期的男服與女服異同和了解"漢服"命名與形制的基本特徵。

---

[1]（清）王先謙撰集《釋名疏證補》，上海古籍出版社，1984，第248頁。

（一）衣裳相連

"衣裳相連"的總體形制爲交領右衽，上衣和下裳連爲一體，但有厚薄之分，也有樣式的不同。三號墓遣策和"漁陽"墓木楬記錄的"襌衣""複衣""袷衣""襌袷衣""袤衣"等當屬這種形制。

1. 襌（單衣）

馬王堆三號墓遣策記錄男式單衣14件，面料以紵麻爲主，還有帛、鍚、綺、毋尊、鮮支等。"帛襌衣一（簡346），白緒（紵）襌衣一（簡347），霜緒（紵）襌衣一繢掾（緣）（簡348），青緒（紵）襌衣一（簡349），蘭襌衣一（簡351），緒（紵）襌衣二（簡352），紺繻（緒，紵）襌衣一（簡353），螯錫（緆）襌衣一（簡354），緒（紵）繐（繐）襌衣一（簡355），白錫（緆）襌衣一（簡356），齊（綺）繐（繐）襌衣一（簡394），毋尊襌衣一（簡395），鮮支襌衣一縠掾（緣）（簡396）。"

"漁陽"墓木楬 C Ⅱ ③ : 17、D : 18記錄女式單衣28件，面料多爲各色紵麻。"皂緒（紵）紫緒（紵）襌衣各一（第百廿五新爲）；青緒（紵）襌衣八，□衣三，絹緒（紵）襌衣三，□襌衣一，白緒（紵）襌衣六，縊襌衣一，相緒（紵）襌衣四（王祝）。"

襌，即襌衣，指沒有襯裏的單層衣，今稱單衣。

（1）《説文·衣部》："襌，衣不重。"[1]
（2）《釋名·釋衣服》："襌衣，言無裏也"，"有裏曰複，無裏曰襌"。[2]
（3）《急就篇》："襌衣蔽膝布毋尊。"顔師古注："襌衣似深衣而褒大，亦以其無裏故呼爲襌衣。"[3]

襌衣往往作爲常服，《漢書·江充傳》記載江充被召入宫時身着紗縠襌衣：

> 自請願以所常被服冠見上，上許之。充衣紗縠襌衣，曲裾後垂交輸，冠襌纚步搖冠飛翮之纓。[4]

襌衣的形制特徵，衣袖無胡，一般單穿或内穿。

---

[1]（漢）許慎：《説文解字》，中華書局，1963，第172頁。
[2]（清）王先謙撰集《釋名疏證補》，第252頁。
[3]（漢）史游撰、（唐）顔師古注、（宋）王應麟補注《急就篇》卷二，《叢書集成初編》，商務印書館，1935，第145頁。
[4]（漢）班固撰、（唐）顔師古注《漢書》卷四五，中華書局，1997，第2176頁。

《釋名·釋衣服》:"禪衣之無胡者也,言袖夾直,形如溝也。"王先謙疏證:"釋文下垂曰胡,蓋胡是頸咽皮肉下垂之義。因引伸爲衣服下垂者之稱。古人衣袖廣大,其臂肘以下袖之下垂者亦謂之胡,今袖緊而直,無垂下者,故云無胡也。"①

實物有一號墓出土女式單衣3件,其中2件是輕薄透明的素紗單衣,1件是白絹單衣。白絹單衣與曲裾綿袍樣式大體相同,但袖無胡。面爲單層,緣爲夾層,但外襟下側和底邊的緣內絮有寬4.5厘米左右的薄層絲綿,使得單衣的下擺顯得較爲挺直。(圖2)素紗單衣薄如蟬翼,輕若煙霧,均爲交領右衽,衣襟爲一直裾、一曲裾,且質地異常輕薄,均重不及一兩,如除去衣領和袖上較厚實的緣邊僅重半兩多,應是一種用途比較特殊的單衣。(圖3、圖4)

圖2 曲裾白絹單衣　　　圖3 直裾素紗單衣　　　圖4 曲裾素紗單衣

2. 袷(夾衣)

三號墓遣策記錄男式袷衣1件。"連綈合(袷)衣戴(帶)一(簡358)。""漁陽"墓木楬記錄沒有發現女式袷衣。

合,通袷,同夾。袷衣即夾衣。袷衣爲無絮之衣,但有裏外兩層。

(1)《史記·匈奴列傳》:"服繡袷綺衣、繡袷長襦、錦袷袍各一。"《索隱》按:小顏云"……以繡爲表,綺爲裏"。以賜冒頓。《字林》云:"袷,衣無絮也。"②
(2)《急就篇》:"襜褕袷複褶袴褌。"顏師古注:"衣裳施裏曰袷。"③

實物有一號墓出土女式夾袍1件。"信期繡"絳紫羅綺夾袍,有裏外兩層。曲裾,交領,右衽,"信期繡"絹面,緣用白絹,其裁縫方法,由上衣和下裳兩部分組成,裏和面

---

① (清)王先謙撰集《釋名疏證補》,第252頁。
② (漢)司馬遷撰、(南朝宋)裴駰集解、(唐)司馬貞索隱、(唐)張守節正義《史記》卷一一○,中華書局,1997,第2897頁。
③ (漢)史游撰、(唐)顏師古注、(宋)王應麟補注《急就篇》卷二,第143~144頁。

的分片完全一致。這件夾袍與文獻記載的袷衣基本相符（圖5）。

圖5 "信期繡"絳紫羅綺夾袍

3. 複（綿衣）

三號墓遣策記錄男式複衣5件，其中2件面料用綺，3件祇標注了顏色，不知其面料。"春草複衣一繢掾（緣）（簡359），春草複衣一繢掾（緣）（簡360），青綺複衣一青綺掾（緣）（簡361），生綺複絲（緇）衣一生綺掾（緣）（簡362），早（皁）複衣一早（皁）掾（緣）（簡401）。"

"漁陽"墓木楬CⅢ⑤：34記錄女式複衣1件，面料是紵麻："緒（紵）複衣一（第八）。"

複衣，指有裏有絮的衣服。因內絮絲綿，或可稱"綿衣"。而複衣的形制特徵，應該有別於襌衣，即袖有胡。

（1）《釋名·釋衣服》："有裏曰複，無裏曰襌。"①
（2）《急就篇》："襜褕袷複褶袴襌。"顏師古注："褚之以綿曰複。"②

實物有一號墓出土內絮絲綿的女服11件，發掘報告稱其爲"袍"，如朱紅菱紋羅絲綿袍、印花敷彩絲綿袍等，均爲交領右衽式，外襟的形式有曲裾和直裾兩種。朱紅菱紋羅絲綿袍，曲裾，交領，右衽，朱紅色菱紋羅面，素絹裏，緣用白絹。其裁縫方法，由上衣和下裳兩部分組成，裏和面的分片完全一致，內絮絲綿。印花敷彩絲綿袍，直裾，交領，右衽，印花敷彩黃紗面，素紗裏、緣。其裁縫方法是由上衣和下裳兩部分組成，裏和面的分片完全一致，內絮絲綿。這種內絮絲綿的所謂"袍"，與古文獻記載的"複"衣説法比較接近，當屬複衣一類。（圖6、圖7）

---

① （清）王先謙撰集《釋名疏證補》，第252頁。
② （漢）史游撰、（唐）顏師古注、（宋）王應麟補注《急就篇》卷二，第143~144頁。

圖6　朱紅菱紋羅絲綿袍　　　　　　　圖7　印花敷彩絲綿袍

4. 襌袷衣（交領衣）

三號墓遣策記錄男式襌合（袷）衣2件："青綺襌合（袷）衣一素掾（緣）（簡350），生綺襌合（袷）衣一素掾（緣）（簡357）。"

"漁陽"墓木楬CⅡ④38：99記錄女式襌合（袷）衣63件，面料有綺、緒（紵）、荃、婁（縷）等。"白綺白□畫白皁緒□緒縊□□青緒、白緒、布相緒、紺緒、白荃、皁緒布□婁□□縊婁襌合衣六十三（故善·第十二）。"

合通袷，襌合（袷）衣，疑爲交領或曲領衣。此種"襌合衣"應非指袷衣，否則袷與襌字組合自相矛盾。"袷"疑另解爲交領，交疊於胸前的衣領。"合（袷）襌衣"即交領單衣。

（1）《集韻·洽韻》："袷，領也。"①

（2）《禮記·深衣》："袂圜以應規，曲袷如矩以應方。"鄭玄注："袷，交領也。古者方領，如今小兒衣領。"②

（3）《禮記·曲禮下》："天子視不上於袷，不下於帶。"鄭玄注："袷，交領也。"孔穎達疏："袷謂朝祭服之曲領也。"③

5. 裦（長衣）

三號墓遣策記錄男式"裦"2件。"白縠裦二素裏其一故（簡388）"，其中1件是墓主生前所穿之衣。

裦，疑指長衣。

---

① （宋）丁度等：《集韻》卷十，光緒二年川東官舍《姚氏重刊》本，第74頁。
② （漢）鄭玄注、（唐）孔穎達疏《禮記正義》，李學勤主編《十三經注疏（標點本）》，北京大學出版社，1999，第1562頁。
③ （漢）鄭玄注、（唐）孔穎達疏《禮記正義》，第161~162頁。

（1）《說文·衣部》："襃，衣帶以上。"段玉裁注："帶者，上衣下常之介也……《廣雅》：'襃，長也。'"①

（2）《玉篇·衣部》："襃，帶以上也，長也。"②

（3）《集韻·侯韻》："襃，長衣。"③

6. 騎衣（綺衣）

"漁陽"墓木楬ＣⅡ④（圖8）記錄女式騎衣7件，疑指以素繡、沙縠繡、皂緒、縕
䊺、薰綺繡、沙綺繡爲表，以綺爲裏的衣服。"素繡沙縠繡皂緒複騎衣三，縕䊺襌騎衣
一，薰綺繡沙綺繡合（袷）騎衣三（故善·第十四）。"這7件"騎衣"都是墓主生前所
穿之衣。

圖8 "漁陽"墓木楬第十四

騎，通"綺"。綺衣，用綺爲襯裏製成的衣服。綺一般多用作衣服面料，而以綺做
襯裏，更顯其富貴奢华。

《史記·匈奴列傳》："使者言單于自將伐國有功，甚苦兵事，服繡袷綺衣、繡
袷長襦、錦袷袍各一。"《索隱》按：小顏云"……以繡爲表，綺爲裏。"以賜冒頓。
《字林》云："袷，衣無絮也。"④

---

① （漢）許慎撰、（清）段玉裁注《説文解字注》，上海古籍出版社，2010，第391頁。
② （南朝梁）顧野王撰、（宋）陳彭年等重修《大廣益會玉篇》（五），《叢書集成初編》，商務印書館，1936，第622頁。
③ （宋）丁度等：《集韻》卷四，光緒二年川東官舍姚氏重刊本，第44頁。
④ （漢）司馬遷撰、（南朝宋）裴駰集解、（唐）司馬貞索隱、（唐）張守節正義《史記》卷一一〇，第2897頁。

· 139 ·

《漢書·高帝紀下》記載了錦、繡、綺、縠、絺、紵、罽等，屬於比較優質的衣料。"賈人毋得衣錦繡綺縠絺紵罽。"顏師古注："綺，文繒也，即今之細綾也。"①

這種綺衣之名具有特殊性，有複衣與袷衣兩種，僅憑衣名難以判斷是長衣還是短衣。綺衣以質料命名，類似於"袤"衣以衣長命名方式，暫歸於"衣裳相連"一類。

（二）上衣下裳

上衣的總體形制爲交領右衽，但有厚薄之分，有長短之異，也有樣式的不同。三號墓遣策和"漁陽"墓木楬記錄的短衣樣式，也就是所謂"上衣"，名稱有"襲""襦""裯""衦""要（腰）""裯""祑褕"等。下裳即下體之衣，一般指裙、褲兩類。三號墓簡文有"常""絝""縱"，漁陽墓木楬有"絝""裙""蔽膝"。

1. 襲（短衣）

三號墓遣策記錄男式"襲"2件，有"前襲"和"反襲"兩種樣式。"沙（紗）縛（縠）複反襲一（簡379），沙（紗）縛（縠）複前襲一素緣（緣）（簡380）。"

"漁陽"墓木楬CⅡ④38：102（圖9）、CⅠ③40、CⅡ④記錄女式"襲"28件，有"連襲"和"前襲"兩種樣式。"繡複連襲二，綺複連襲六，綺合（袷）連襲三，縠（縠）複複連襲一，鮮支複連襲一（第十）；青綺青縠（縠）□前襲二，青縠（縠）合前襲一（故善·第十三）；白綺繡沙綺薰綺薰繡青縠複前襲九，白縠繡合前襲一，練白緒襌前襲二（故善·第十四）。"

襲，短衣。古文獻所言襲即"褶"，一説是没有著綿絮的短夾衣，一説是"左衽袍"。

（1）《禮記·玉藻》"帛爲褶"，鄭玄注："有表裏而無著。"②

（2）《説文·衣部》："襲，左衽袍。"③

（3）《急就篇》："襜褕袷複褶袴襌"，顏師古注："褶謂重衣之最在上者也，其形若袍，短身而廣袖，一曰左衽之袍也。"④

據此，若褶即襲，不僅是短夾衣，而且其形制當出自左衽之袍的胡服，其形若袍，短身廣袖。因此，襲可能是左衽短夾衣。居延漢簡中常見襲，且有單、複之分，"蓋襲與

---

① （漢）班固撰、（唐）顏師古注《漢書》卷一，第65頁。
② （漢）鄭玄注、（唐）孔穎達疏《禮記正義》，李學勤主編《十三經注疏（標點本）》，第897頁。
③ （漢）許慎：《説文解字》，第170頁。
④ （漢）史游撰、（唐）顏師古注、（宋）王應麟補注《急就篇》卷二，第143~144頁。

袴每連稱，則襲者短衣之謂"。①

遣策、木楬所記連襲、前襲、反襲，應是指襲衣的不同樣式。"反襲"或類似於"反閉襦"，衽反於背後。至於"前襲""連襲"該作何解尚不清楚。襲爲左衽、廣袖、短身之夾衣，但因稱"前襲""反襲""連襲"而有所不同。馬王堆一號墓未發現這種襲衣。

圖9 "漁陽"墓木楬第十

2. 襦（對襟衣）

三號墓遣策記錄男式襦8件，分長襦、單帶襦、複帶襦、小傅（薄）襦4種樣式。"帛長襦一（簡363），素禪帶襦一素緣（緣）（簡364），素禪帶襦一赤緣（緣）（簡365），縑綺複帶襦一（簡366），紫綺複帶襦一（簡367），鮮支長襦一素緣（緣）（簡397），縑縠長襦一桃菜（彩）緣（緣）（簡400），帛小傅（薄）襦一（簡402）。"

"漁陽"墓木楬CⅡ④38∶99、CⅠ③40、CⅡ④、CⅡ③∶17、室内清理22-12、CⅠ④∶2（C東門柱下）記錄女式襦55件，有禪襦、複襦、禪長襦、袷長襦4種樣式。"黃婁相婁涓婁緼婁白荃青婁禪長□□襦十五（故善·第十二）；沙綺□□繡合長襦二，□□六，緼□□縠青縠（縠）（縠）組縠（縠）青縠（縠）青鮮支緼鮮支複襦廿一（故善·第十三）；薰綺繡薰複襦二（故善·第十四）；縑綺複襦一，素禪襦四（第百廿五·新爲）；素禪襦□（第百廿六）；帛白緒練禪沐襦四"。根據"故善"與"新爲"可知，這些襦衣多數是墓主生前所穿之衣，少數爲新縫製的衣服。

襦，一般指短衣，若稱"長襦"，是相較於短襦而言。襦又有單、複之分，如汗襦爲單衣，又稱作單襦。

（1）《說文·衣部》："襦，短衣也。"段玉裁注："顔注《急就篇》曰：'短衣曰

---

① 勞榦：《居延漢簡考釋之部》，"中研院"歷史語言研究所專刊之四十，臺北：大陸印製廠，1960，第64頁。

襦，自膝以上。'按襦若今襖之短者，袍若今襖之長者。"①

（２）《急就篇》："袍襦表裏曲領帬"，顏師古注："短衣曰襦，自膝以上。一曰短而施腰者。"②

（３）《釋名·釋衣服》："襌襦，如襦而無絮也。"③

（４）《方言疏證》：汗襦，陳、魏、宋、楚之間謂之襜襦，或謂之襌襦。郭璞注："今或呼衫爲單襦。"④

襦，加上各種定語，又可分辨襦的不同樣式。《釋名·釋衣服》記載襦有半袖襦、反閉襦、要襦，除"半袖襦"施半袖外，"反閉襦"衣襟在背後，要襦其腰上翹下齊腰，最爲奇異。

"半袖，其袂半，襦而施袖也。""反閉，襦之小者也，卻向著之，領含於項，反於背後閉其襟也。""要襦，形如襦，其要上翹下齊要也。"⑤

可見襦是一種短衣，有單、複之分，單襦近乎衫，可作內衣穿；複襦則近襖，常服於單衣之外，又是一種及於膝上、冬季所穿的短綿衣。《急就篇》顏師古注短襦"自膝以上"，可見襦是下擺剛及膝蓋的短外衣。遣策和木楬記有"長襦"，當是相對於短襦而言較長，可能過膝但不及袍長。由此推知，所謂"襦"，有長短、厚薄之不同，分別稱"襌襦"（短單衣）、"複襦"（短綿衣）、"襌長襦"（長單衣）、"複長襦"（長綿衣）、"袷長襦"（長袷衣）。可以看出，襦可以是四季衣服。馬王堆一號墓女裝未見女式短襦。三號墓出土４件木俑雕衣爲半袖、對襟、過膝之衣。這種樣式應是同墓遣策所記的"長襦"。襦，僅從名稱衹知其長短與厚薄，無法知其樣式，而雕衣木俑可證襦爲"對襟衣"。（圖10）

3.因（絅，內衣）

三號墓遣策記錄男式"因"２件，面料爲錦、繡。"錦因一續掾（緣）（簡371），繡因一續掾（緣）（簡372）。"

因，通絅，疑爲袘，內衣。江蘇連雲港尹灣２號漢墓木牘記有"□鮮支絅二領"，⑥可知絅（袘）是一種上衣，大約是一種貼身穿的內衣。又"袘"當類似夾襦，爲有襯裏的短夾衣。

---

① （漢）許慎撰、（清）段玉裁注《説文解字注》，第394頁。
② （漢）史游撰、（唐）顏師古注、（宋）王應麟補注《急就篇》卷二，第142頁。
③ （清）王先謙撰集《釋名疏證補》，第255頁。
④ 周祖謨校箋《方言校箋》，中華書局，1993，第26頁。
⑤ （清）王先謙撰集《釋名疏證補》，第255、257、258頁。
⑥ 連雲港市博物館等：《尹灣漢墓簡牘》，中華書局，1997，第151頁。

圖10 雕衣木俑

（1）《玉篇·衣部》："裯，衣身。"①
（2）《龍龕手鑑·衣部》："裯，近身衣也。"②
（3）《廣雅·釋器》："裯，袶也。"王念孫疏證："袶，謂衣中也，字通作身。"又"複襂謂之裯"。王念孫疏證："此《説文》所謂重衣也。襂與衫同……《方言》注以衫爲禪襦，其有裏者則謂之裯。裯，猶重也。"③

4. 干（衧，大袖衣）

三號墓遣策記録男式"干"衣1件。"繡干一蔡繢掾（緣）（簡273）。"
干，疑爲"于"之誤筆，又省衣部，即衧。衧是一種大袖衣。

（1）《龍龕手鑑·衣部》："衧，包衣，即大袖衣也。"④
（2）《説文·衣部》："衧，諸衧也。"段玉裁注："諸衧，大掖衣，如婦人之袿衣。"⑤

5. 裯（短衣）

"漁陽"墓木楬CⅢ⑤：34（圖11）、B⑤575-1、新CⅡ④、CⅡ③：17、室

---

① （南朝梁）顧野王撰《大廣益會玉篇》（五），第626頁。
② （遼）釋行均：《龍龕手鑑》，傅增湘雙鑑樓藏本，上海涵芬樓影印，1923，第36頁。
③ （清）王念孫：《廣雅疏證》，《叢書集成初編》，商務印書館，1936，第880、875頁。
④ （遼）釋行均：《龍龕手鑑》，第35頁。
⑤ （漢）許慎撰、（清）段玉裁注《説文解字注》，第393頁。

內清理22-12、СⅠ④：2（С東門柱下）記録女式裯66件（數字有殘損，實際數量更多），分複裯、袷裯2種，有綺、繡、縠（縠）畫繡、繻（細密的羅）、緣等面料。"綺複裯五，繡複裯六，縠（縠）畫繡複（裯）六，繻緣複裯一，繡合裯一（第八）；青縠縑縠緣縑綺沙綺縑繻素繡相繻緣縑縠畫相繡複裯十四，縑綺相繻緣合裯四（故·第十五）；☐糸繡複裯八，繡複☐裯五，綺複裯十，繡☐複裯一，綺繡合裯二，☐☐☐複裯一，繡複裯（第十☐）；青綺合（袷）裯衣一（第百廿五新爲）；☐沙綺合裯一（第百廿六）；青縠合裯☐。"

裯，短衣，樣式類似於寬大而長的直裾單衣——襜褕，但短且有夾、複之分。複裯是内絮絲綿的短綿衣，合（袷）裯指短夾衣。

（1）《說文·衣部》："祇，祇裯，短衣也。""裯，衣袂祇裯。"①
（2）《楚辭·九辯》："被荷裯之晏晏兮"，王逸注："裯，祇裯也，若襜褕矣。"②

6. 要衣（齊腰短衣）

"漁陽"墓木楬СⅢ3：34記録女式"要衣"2件："青綺紅複要衣二。（故·第十一）。"

要衣，即腰衣，疑指齊腰短襦，又稱"腰襦"。

（1）《釋名·釋衣服》："要襦，形如襦，其要上翹下齊要也。"王先謙《釋名疏證補》："要襦即腰襦。"③
（2）《急就篇》："袍襦表裏曲領帬"，顏師古注："襦稱短而施要者。"④

7. 祄褕（内衣）

"漁陽"墓木楬В⑤575-1、新СⅡ④記録女式祄褕2件："縑縠複祄褕一（第十五）；☐祄褕一（第十☐·新）。"

祄褕，直裾内衣。祄，本義指衣裾的邊緣。褕，一般指内衣或直裾襜褕。祄褕，疑爲有緣邊的直裾内衣。

---

① （漢）許慎：《說文解字》，第171頁。
② （宋）洪興祖：《楚辭補注》，白化文等點校，中華書局，1983，第194頁。
③ （清）王先謙撰集《釋名疏證補》，第258頁。
④ （漢）史游撰、（唐）顏師古注、（宋）王應麟補注《急就篇》卷二，第142頁。

圖11 "漁陽"墓木楬第八

（1）《玉篇·衣部》："袾，裋（衣裾）緣也。"①
（2）《龍龕手鑑·衣部》："褕，近身衣也。"②
（3）《說文·衣部》："褕，一曰直裾，謂之襜褕。"段玉裁注："《史記索隱》曰：'謂非正朝衣。如婦人服也。'"③
（4）《漢書·雋不疑傳》："有一男子乘黃犢車，建黃旐，衣黃襜褕，著黃冒（帽）。"顏師古注："襜褕，直裾襌衣也。"④
（5）《方言》第四："襜褕，其短者謂之短褕。"⑤

8. 常（圍裳）
三號墓遣策記錄男式"常"3件。"素常二（簡374），緹襌便常一（簡405）。"
常，通裳。古稱裙爲裳，男女皆服。

（1）《玉篇·衣部》："裳，障也，所以自障蔽也。"⑥
（2）《詩經·邶風·綠衣》："綠兮衣兮，綠衣黃裳。"毛亨傳："上曰衣，下曰裳。"⑦

---
① （南朝梁）顧野王：《大廣益會玉篇》（五），第627頁。
② （遼）釋行均：《宋本新修龍龕手鑑》，第35頁。
③ （漢）許慎：《説文解字》，第170頁。
④ （漢）班固撰、（唐）顏師古注《漢書》卷七一，第3037頁。
⑤ 周祖謨校箋《方言校箋》，第26頁。
⑥ （南朝梁）顧野王：《大廣益會玉篇》（五），第626頁。
⑦ （漢）毛亨傳、（漢）鄭玄箋、（唐）孔穎達正義《毛詩正義》，李學勤主編《十三經注疏（標點本）》，北京大學出版社，1999，第119頁。

女式下裳通常稱"裙",是一種緊裹下身的服裝,展開後是扇形的,腰間用縧帶系束。三號墓遣策記錄男式下裳稱"常",是圍於下體之"裳",疑分前後兩片,似女裙又有區別的男式"圍裳"。

9. 縱(内袴)

三號墓遣策記錄男式"縱"2件。"紫縱(襌)一素裹(簡403),綈襌縱(襌)一(簡404)。"

縱,内袴。有學者據《説文》及《方言》考證爲"縱者,鬆也",即襌。① 所謂"親身者"指貼身内袴,是一種合襠袴。

(1)《釋名·釋衣服》:"襌,貫也,貫兩脚上系腰中也。"②
(2)《急就篇》:"襜褕袷複襡袴襌。"顔師古注:袴合襠謂之襌,最親身者也。③

10. 綺(袴)

三號墓遣策記錄男式綺3件,祇知其質料,不知其厚薄。"素綺二(簡376),緒綺一素裹(簡406)。"

"漁陽"墓木楬CⅠ③、CⅡ④38:102、CⅡ③:17、室内清理22-12記録女式綺47件,分複綺和袷綺。"素綿複綺廿五兩(第九),赤繻複綺七兩(緥),棘澀複綺一兩(緥),相繻複綺一兩(緥),素合(袷)綺一兩(緥),赤繒複綺一兩(緥)(第十);素合綺三,素繡合綺一兩,白布練[綺]六兩(第百廿五·新爲);☐複綺一兩(第百廿六)。"

綺,同袴。西漢早期的袴多是不合襠袴。

(1)《説文·糸部》:"綺,脛衣也。"④
(2)《釋名·釋衣服》:"綺,跨也,兩股各跨別也。"⑤
(3)《廣雅·釋親》:"股、脚、踦、胻,脛也。"王念孫疏證:"凡對文則膝以上

---

① 李家浩:《毋尊、縱及其他》,《文物》1996年第7期,第90頁。
② (清)王先謙撰集《釋名疏證補》,第260頁。
③ (漢)史游撰、(唐)顔師古注、(宋)王應麟補注《急就篇》卷二,第143~144頁。
④ (漢)許慎:《説文解字》,第275頁。
⑤ (清)王先謙撰集《釋名疏證補》,第252頁。

爲股，膝以下爲脛。"①

根據文獻記載可知，袴着於脛或股，有長短不同的不合襠袴，即可着至大腿的長袴，或衹着於膝以下小腿的短袴，但一號墓没有發現女袴實物。

11. 帬（裙）

"漁陽"墓木楬ＣⅢ3∶34（圖12）記録女式裙83件，有襌裯帬、複裯帬、襌裯直帬、襌紗帬、袷帬、襌帬幾種名稱。其中數量最多的是素襌裙。"青綺複裯帬一，白綺襌紗（紗）帬二，緹合（袷）帬一，白綺素襌裯帬六，練帛素襌裯帬六十六，素襌裯直帬七（故·第十一）。"這些帬都是墓主生前所穿之服。

帬，同裙。漢代謂并連幾幅布帛即爲裙。"漁陽"墓木楬所謂襌裯裙、複裯裙、襌裯直裙，疑專指上衣短襦加下裙相配成套的裙。而所謂"襌裯直裙"，可能是有别於裯裙的一種樣式，與連幅成扇形的放擺（上窄下寬）式裙稍有不同，是直筒式，上下等寬。

（1）《說文·巾部》："帬，繞領也。"段玉裁注："《方言》：'繞衿謂之帬。'""若常則曰下帬，言帬之在下者。亦集衆幅爲之，如帬之集衆幅被身也。"②
（2）《釋名·釋衣服》："裙，下裳也。裙，群也，聯接群幅也。"③

實物有馬王堆一號墓出土女裙2件，形制相同，均用寬一幅的四片絹縫製而成。四片絹均爲上窄下寬，居中的兩片寬度相同，稍窄，兩側的兩片寬度相同，稍寬。上部另加裙腰，兩端延長成爲裙帶。但絳紫絹裙左側的裙帶，用銀褐色紗，是另配的。這是漢初女裙的普遍樣式。（圖12、圖13）

圖12　白絹襌裙　　　　**圖13　絳紫絹襌裙**

---

① （清）王念孫：《廣雅疏證》，第776頁。
② （漢）許慎撰、（清）段玉裁注《說文解字注》，第358頁。
③ （清）王先謙撰集《釋名疏證補》，第256頁。

12. 敝郊（蔽膝）

"漁陽"墓木楬 CⅢ3∶34 記錄女式"敝郊"1 件。"帛襌敝（蔽）郊（膝）一（故·第十一）。"

敝郊，即蔽膝，下體之衣，是圍於衣服前面的大巾，用來遮蓋大腿至膝部。不論男女，都可着蔽膝。

（1）《方言》第四："蔽膝，江淮之間謂之褘，或謂之被。魏宋南楚之間謂之大巾。自關東西謂之蔽郊。齊魯之郊謂之袡。"①
（2）《急就篇》："襌衣蔽膝布毋尊。"郭璞注："蔽膝者，於衣裳上着之以蔽前也。一名韍，又名韠，亦謂之襜。"②
（3）《釋名·釋衣服》："韍，韠也，韠，蔽膝也。所以蔽膝前也，婦人蔽膝亦如之。"③

"蔽膝"先是因需要遮羞而創造出來的，後來用以蔽護膝蓋，再後來演變成別尊卑等級的標志。

《漢書·王莽傳》："母病，公卿列侯遣夫人問疾，莽妻迎之，衣不曳地，布蔽膝，見之者以爲僮。"④

蔽膝由束在腰間的一條腰帶和下垂至膝下的一段條狀物組成，腰帶平直，下垂的條狀物上窄下寬，狀若斧形。與裙不同的是，蔽膝稍窄，且要長到能"蔽膝"，用在衣裳制禮服上要求與圍裳下緣齊平，不直接系到腰上，而是拴到大帶上作爲一種裝飾，可以用絹、錦，也可用皮革製成。馬王堆一號墓没有發現"蔽膝"，"漁陽"墓木楬記録的"帛襌敝（蔽）郊（膝）"是墓主生前用過的"故"蔽膝。

二　名稱特點及形制演變

馬王堆三號墓遣策和"漁陽"王后墓木楬所記衣服名稱有 20 種之多，男服與女服名稱相同的有襌、複、袷、襦、襲、綺幾種，半數以上名稱不相同。這些衣服名稱不拘泥

---

① 周祖謨校箋《方言校箋》，第 27 頁。
② （漢）史游撰、（唐）顔師古注、（宋）王應麟補注《急就篇》卷二，第 145 頁。
③ （清）王先謙撰集《釋名疏證補》，第 250 頁。
④ （汉）班固撰、（唐）顔師古注《漢書》卷九九，第 4041 頁。

於樣式、質地、顏色來命名，偶爾也用布帛之類的總稱以示衣服特徵，應是西漢早期广泛使用的衣服名稱。名稱表述衣服的樣式既顯得模糊不清，但又有一定的辨識度。這是沿襲戰國楚地衣制而來又明顯不同於"楚服"的"漢服"。

（一）漢服名稱的特點

三號墓遣策記錄襌衣、合（袷）衣、襌合（袷）衣、複衣、袤衣爲長衣之款，襦衣、襲衣、裯衣、衦衣爲短衣之式，縱（襌）、綺、常（裳）爲下體之衣。所記名稱有"胡服"，其中是否有"楚服"，無法詳知。"漁陽"墓木楬所記襌衣、襌合（袷）衣、複衣爲長衣之款，襦衣、裯衣、襲衣、祝褕爲短衣之式，裙、綺、蔽膝爲下體之衣，綺衣以綺爲裏，以質料見長，难辨長款短款。長衣當承"衣裳相連"的深衣之制，交領右衽，是曲裾還是直裾，僅以名稱無法分辨。短衣樣式多右衽偶左衽，有薄款有厚款，以名稱尚能略作分辨。這類衣服名稱因兩座墓墓主人性別明確，可以準確區分男服與女服。根據遣策和木楬記錄可知，衣服名稱具有一定的模糊性，具體細節更是無法詳知，在不知使用者性別的情況下，視實物纔能準確判斷是男服還是女服，知曉具體樣式的差異。雖然如此，我們還是可以找到"漢服"命名的一些特點。

第一，衣名可區分厚薄。衣名有單衣、夾衣與綿衣，簡文分別稱襌衣、合（袷）衣、複衣。以古文獻佐證，可知單衣無裏，夾衣有裏無絮，複衣有裏有絮。一號墓見有這三種衣型出土。無論男服與女服，祇要是衣分厚薄，遣策和木楬都稱爲襌衣、合（袷）衣、複衣，看不出男服與女服之間的差異。

第二，衣名與衣服長短關係密切。單衣、夾衣與綿衣製成長衣，多爲衣裳相連的"深衣"樣式。相較於長衣而言，短衣之名有襦衣、裯衣、襲衣、要衣，可單衣，可夾衣，可複衣，樣式不同。

第三，男服與女服共用衣名，當樣式不同。如"襲"，男服有前襲、反襲，女服有前襲、連襲。具體樣式如何，因無出土實物佐證，不得詳知。又如"袷襌衣"，疑爲交領或曲領衣。"袷襌衣"，三號墓遣策記有2件，"漁陽"墓木楬則記有63件之多。這種衣領有變化的"袷襌衣"，可能更具有女服特點。

第四，內衣名稱比較独特。內衣形制相對比較簡單，其衣領、衣襟是否形同於外衣，僅據衣名無法分辨。但內衣不重名，可方便識別是男服还是女服，男式內衣稱"裯""縱"，女式內衣見"祝褕"之名。

从遣策和木楬記錄的葬服名稱來看，厚薄、長短之衣全有，衣裳相連與上衣下裳皆備，名稱不同，面料各異，形制有別，皆可依名稱作簡要辨識。基於可以明確兩座墓墓主性別不同，根據衣服名稱，我們還可以分辨男服與女服種類與樣式存在的差異。

第一，種類不同。除多數衣名可以區分長短、厚薄之外，還有一些衣名可能是爲了區分男服與女服的不同樣式。三號墓遣策記錄男服有襃（長衣）、囚（裯，内衣）、干（衦，大袖衣），"漁陽"墓木楬記錄女服有袱襦（内衣）、裯（短衣）、要衣（齊腰短衣）。這些不重複的名稱在當時可能起着區分男服與女服的作用。

第二，樣式相異。無論男服與女服，下裳都有袴與裙兩種，但形制不同。男裙樣式簡單，可能是直裙式，分前後兩片連接而成，稱"常（裳）"。女裙樣式複雜些，連幅成一整片，下擺放寬，穿着時纏繞於腰，称"帬"，形制即馬王堆一號墓出土女裙樣式。至於袴，可分内袴（襌）、無襠或有襠短袴、長袴。從兩墓文字記錄來看，男服稱袴，内袴稱"縱"；女服稱"袴"者數量多，但不見内袴之名；一號墓出土實物未發現女袴或内袴類此。

（二）區別於"楚服"的"漢服"

"漢服"既有衣裳相連的深衣之款，也有上衣下裳搭配之式。沿用楚制，以深衣爲最尚。深衣分爲曲裾、直裾兩種，直裾與曲裾的相同之處都是衣裳相連，被體深邃，唯衣裾的開法不同。曲裾之衽續長鉤邊，直裾之衽方形平直，但具體形制與裁剪已經有了新的變化。西漢早期上衣下裳之制沿用楚制，名稱不同，樣式增多，形制與剪裁也不完全相同。"漢服"不論是"衣裳相連"還是"上衣下裳"，依據楚漢墓葬出土的帛畫人物圖像、彩繪木俑和一些衣服實物，可以找到不同於"楚服"的一些變化。

1. "衣裳相連"有改變

春秋戰國時期流行的"深衣"，是將上衣和下裳合并在一起做成的一種长衣樣式。楚式深衣多瘦長，以大帶束腰，帶寬且緊束，這與楚人喜好細腰的社會風尚相關。沈從文先生根據戰國時期楚國彩繪木俑及相關材料，認爲楚國服飾"特徵是男女衣着多趨於瘦長，領緣較寬，繞襟旋轉而下。衣多特別華美，紅綠繽紛。衣上有作滿地雲紋、散點雲紋或小簇花的，邊緣多較寬，作規矩圖案，一望而知，衣着材料必出於印、繪、繡等不同加工，邊緣則使用較厚重織錦，可和古文獻記載中'衣作繡、錦爲緣'相印證"。[①]江陵馬山一號楚墓出土綿袍都是衣裳相連的深衣樣式，除裁制方法不同之外，具體形制也有差別，分爲三種衣型。A型綿袍後領下凹，兩袖斜向外收殺，袖筒最寬處在腋下，小袖口。B型綿袍三角形領，兩袖平直，寬袖口，短袖筒。C型綿袍，三角形領，長袖，兩袖平直，寬袖口，袖下部呈弧狀（稱胡）。可以看出，三種形制不同的綿袍，區別主要在領與袖。[②]長沙陳家大山楚墓出土的"人物龍鳳帛畫"和長沙子彈庫楚墓出土的"人

---

① 沈從文：《中國古代服飾研究》，《沈從文全集》第32卷，北嶽文藝出版社，2002，第53頁。
② 湖北省荆州地區博物館：《江陵馬山一號楚墓》，文物出版社，1985，第21~22頁。

物御龍帛畫",是楚國男女"深衣"樣式不可多得的圖像。(圖14、圖15)從帛畫上的服飾所反映出來的情況看,衣領、緣邊部位有寬闊色深的緣邊,衣袖爲琵琶袖,曲裾繞於前,腰系寬帶,衣長曳地。長沙仰天湖楚墓彩繪木俑,所穿服飾爲深衣,交領,右衽,曲裾,腰間束帶,且在領、襟和下裾的邊緣處鑲有較寬的緣邊。這種加緣邊修飾的服飾在戰國時期較爲普遍。(圖16)

圖14 長沙陳家大山楚墓"人物龍鳳帛畫" 　　圖15 長沙子彈庫楚墓"人物御龍帛畫"

圖16 長沙楚墓木俑

　　西漢早期盛行的長束裹深衣繞體數周的女式服裝樣式,可以説是對楚國女性服飾的直接繼承。常見的曲裾之服,基本上承襲戰國深衣形制,但其剪裁方法不同。曲裾式下裳部分面積加大,長可曳地,下擺一般呈喇叭狀,行不露足。曲裾的續衽在腰下裳處,裳的部分用整幅斜裁,再加邊緣,合縫成外襟而裹向前胸,再折向右側於腋後。自領襟以下作曲裾續衽,這與楚式深衣的續衽略有不同。兩隻袖筒也明顯加寬,袖子多作垂胡狀,且袖口大多鑲邊。衣的領緣較寬,繞襟旋轉而下。衣領通常用交領,外衣領口很低,以便露出裹衣。馬王堆漢墓出土的彩繪木俑服飾多爲交領右衽、廣袖曲裾的長衣,並且衣服緣邊多以黑底紅花織錦，袍面上的花紋多爲雲紋和菱形紋。但是衣服的領子與衣襟及下擺的緣邊已經沒有戰國時期的緣邊那麼寬闊。（圖17）馬王堆三號漢墓出土的帛畫"車馬儀仗圖"上所見男子深衣，交領，右衽，看似直裾深衣，領口開得比較大，領、襟緣邊較窄，袖爲垂胡狀，袖口鑲寬邊并稍收緊，下裾緣邊較寬，與馬王堆一號墓出土的女式直裾之衣形制比較接近。（圖18）

圖17　馬王堆一号墓彩繪木俑

圖18　馬王堆三號墓帛畫"車馬儀仗圖"男式深衣

對照馬王堆一號墓出土實物，所謂單衣、夾衣和複衣均爲長款，都是衣裳相連的"深衣"樣式。深衣分直裾和曲裾兩種：曲裾，將衣襟接長，形成三角。穿衣時，三角形的衣襟幾經轉折，繞至臀部，然後用綢帶系束。直裾，將曲裾上環繞的衣襟取消，采用方形平直的衣襟樣式。直裾和曲裾衣服領與袖基本相同，領口挖成琵琶形，袖筒較肥大，下垂呈胡狀，袖緣的寬度與袖口略等。[①] 雖然如此，僅以名稱無法判斷遣策和木楬所記單衣、夾衣和複衣是曲裾還是直裾。就衣裳相連的"深衣"而言，"漢服"與"楚服"比較，已經具有了明顯不同於"楚服"的一些剪裁與形制特徵。（表1）

---

① 湖南省博物館、中國科學院考古研究所編《長沙馬王堆一號漢墓》，文物出版社，1973，第65~68頁。

表1 江陵馬山楚墓與長沙馬王堆一號漢墓深衣形制與剪裁比較

類型	江陵馬山楚墓	長沙馬王堆一號漢墓
綿袍	A型	直裾
	B型	曲裾
	C型	
單衣		
單裙		
綿袴	C B A	

注：一號墓出土單衣形制與曲裾綿袍基本相同。

2."上衣下裳"見裯裙

除深衣之外，還發展了短衣。短衣樣式多見右袵偶見左袵，多見薄款偶見厚款，以名稱尚能稍作分辨。而"上衣下裳"之制出現了"裯裙"樣式。

"裯裙"應是一種西漢早期出現的"上衣下裳"搭配，上爲短裯，下爲長裙。"漁陽"墓木楬所記"裯"是明顯不同於深衣的短衣樣式。短裯與裙相配，與裯相配的裙，稱"裯裙"。上衣稱"裯"，比較短，可能衹到腰間；下面穿的稱"裙"，也就是束腰長裙，長裙裹住上裯下擺，然後用絲帶束腰。另外，漁陽墓所見"腰衣"，似也適合於與長裙搭配穿着。

"襦裙"也是一種"上衣下裳"搭配。但據遣策和木楬所記名稱來看，襦稱"長襦"，不似"裯裙"，無"襦裙"或"襦袴"之名。馬王堆漢墓所見雕衣木俑着襦衣，開襟，襦衣長及小腿，是一種外穿之衣。由此來看，西漢早期的襦與西漢以後常見的襦裙形制應該是有所區別的。據《樂府詩集·陌上桑》"緗綺爲下裙，紫綺爲上襦"，襦與裙相配穿着，可能是後來發展的比較標準的上衣下裳樣式。

簡而言之，西漢早期服裝，無論男服與女服，既因厚薄、長短名稱通用，又因樣式相異而名稱不同。根據三號墓和"漁陽"墓所見男服與女服名稱，無法準確判斷衣服樣式，幸有馬王堆一號墓出土實物可作一些相應的佐證。這些名稱表述的衣服樣式既有模糊性，又有一定的辨識度，通過與出土實物比對分析，發現與衣裳相連的"深衣"有了明顯變化，上衣下裳的搭配出現了"裯裙"樣式。繼承戰國時期"楚服"衣制而來的西漢早期"漢服"已經具有了明顯不同於"楚服"的一些剪裁與形制特徵。"漢服"既承舊制又有創新，與"楚服""胡服"同時流行。長沙漢墓出土遣策和木楬記錄的"漢服"名稱，爲我們研究西漢早期服裝提供了不可多得的實證材料。

馬王堆帛書《相馬經》所見"陰陽"考

高一致*

摘 要：馬王堆帛書《相馬經》中"陰"與"陽"是一組多次出現的重要概念，學者對帛書中"陰陽"的認識不太明確。結合《相馬經》前後文以及臺北樂從堂銅馬式所標識文字分析，"陽"應指馬眼上部凸出而有棱角的肌肉區域，即上眶部的眼輪匝肌；"陰"是指馬眼下部薄平、廣大同時有邊緣的肌肉區域，也就是馬眼下方的眼輪匝肌以及下瞼降肌等大片肌肉區域。在這種理解下，帛書所記"隂（陰）危如繭（繭）""隂（陰）之生如雞椐（距）""美人隂（陰）生"等難以索解的語句都能得到相應的解釋。

關鍵詞：馬王堆帛書；《相馬經》；陰陽；形法

帛書《相馬經》1973年末出土於長沙馬王堆三號漢墓，先後經過兩次整理[①]。學界就《相馬經》文本層次、性質以及字詞考釋等形成了大量成果[②]，但由於帛書本身文意古奧、所涉及相馬之術尤爲精專，當中很多重要術語和概念至今仍未能得到被廣泛認可的解釋。近年，董珊先生發表的《樂從堂藏銅馬式考》一文[③]，在細緻考證臺北樂從堂銅馬式的同時，全面梳理帛書《相馬經》文本，爲帛書中多處關鍵性相馬術語做出可信的訓釋，有力推動了《相馬經》相關研究的深入。在此基礎上，本文嘗試談一談對帛書中"陰陽"這一對概念的不同理解。不當之處，敬請大家指正。

"陰"與"陽"是《相馬經》中多次出現的一組重要概念。第一部分中有作：

---

* 高一致，湖北省文物考古研究院副研究員。研究方向爲戰國秦漢出土文獻。
本文係國家社科基金後期資助項目"簡帛農事資料分類匯釋疏證"（21FZSB024）的階段性成果。

[①] 《文物》1977年第8期所載《馬王堆漢墓帛書〈相馬經〉釋文》，首次發表了該篇的整理釋文。2014年中華書局出版的《長沙馬王堆漢墓簡帛集成》（全七册）則是湖南省博物館、復旦大學出土文獻與古文字研究中心對馬王堆漢墓簡帛重新整理的成果。《相馬經》圖版見第貳册，釋文、注釋見第伍册，劉釗先生爲其"再整理者"。下文所引《相馬經》釋文，若説明者皆出自該書，不另注。
[②] 根據學者的歸類和研究，《相馬經》凡77行可分爲三部分，第1行至第22行上爲第一部分，第23至43行下爲第二部分，第44行至第77行上爲第三部分；三者在性質上分別屬於"經""傳"和"故訓"。第三部分常常引用第一部分的文句，二者可以對讀。參看趙逵夫《馬王堆漢墓出土〈相馬經·大光破章故訓傳〉發微》，《江漢考古》1989年第3期，第47~51頁；趙逵夫：《馬王堆漢墓帛書〈相馬經〉發微》，《文獻》1989年第4期，第262~268頁。
[③] 董珊：《樂從堂藏銅馬式考》，《出土文獻與古文字研究》第7輯，上海古籍出版社，2018，第248~278頁。

陽前陰（陰）後，癭乎若処，而比離（儷）之台（似）簧，若合相復。伯樂所相，君子之馬。陰（陰）陽受繩，`2上`畱（曲）直中巨（矩）。長胎（胎—頤）短頰，乃中參伍。削陰（陰）刻陽，糾角又（有）雨。起陽没陰（陰），三骨相輔。`2下`

有樹木皆産（生）於大海之阿，一本居陰（陰），一`6下`本居陽，亓（其）本欲長，良馬也。……

䩄（静）居深視，五色清（精）明（明）。雍（擁）蒙别環，細者如塼，`7上`大者如甄。陰（陰）居陽視，樸工弗知，良工所見，君子所貴，衆人所賤。

産（生）於中，長【於】外，美戈（哉）純，豐盈大，能正直者陰（陰）陽察。`18上`

水之旁，有危封，後不厭高，外不厭從（聳），立不厭直，槫（團）不厭方，可以馳福，`19上`可以趆（逃）凶，守此道者辨陰（陰）陽。`19下`

以上"陰""陽"組合，可歸納爲兩類：第一類是18行上"陰陽察"、19行下"辨陰陽"，這裏"陰陽"二字連言，含義相對籠統；第二類則是其餘幾處"陰""陽"組合，它們似乎表示馬匹眼部周圍的具體部位。從6行等文字看，帛書以大海喻馬眼，而古代以水北山南爲陽，以水南山北爲陰。《穀梁傳》僖公二十八年："水北爲陽，山南爲陽。"《説文》："陰，水之南，山之北也。"皆可參。從第二類各自前後文可知，"陽"居於馬眼這個大海之北，"陰"居於馬眼之南。考慮到馬兩眼非平面對稱的構造，所謂馬眼之北、南，也就是馬眼的上、下。換言之，"陽""陰"分別位於馬眼的上、下。不僅如此，從2行"陽前陰後""陰陽受繩""削陰刻陽""起陽没陰"的表述來看，"陽"於馬眼的"陽""陰"在位置上有前後之分，而且"陰""陽"二部位可以用繩墨測量，它們能呈現"削""刻"的形態，也會有起、没的變化。

第二部分中"陰"和"陽"的表述有作：

角欲長欲約，欲細欲危；陰（陰）欲呈（裎）毋（無）肉，欲廉。故長殺短，約殺不約，細殺大，危殺不危，呈（裎）毋（無）肉殺厚革`23上`遂毛，廉殺不廉。`23下`
陰（陰）危如繭（繭），則命善；如棗，爲國保（寶）；如棗靁（櫐），`24上`天下弗得。·陰（陰）或壹絶者，良馬也；再絶者，良怒馬也；三絶者，怒恐不可止矣。·陰（陰）之`24下`生如雞椐（距）者，朝至莫（暮）怒不可止。陰（陰）陽開虛毋（無）肉者，馬不走。·角有約束，亓（其）約近目，殺目。亓（其）約束遠目者，`25上`陰（陰）乃生。`25下`

久走馬之埶（勢）陽，能厚能長，能陰（陰）能陽，亓（其）`41下`動也，`42上`

· 156 ·

23 行介紹了角欲長、約、細、危的特點，又指出了"陰"欲裎無肉、欲廉，隨後將角和"陰"的六個特點一并闡述，而沒有分而論之。這説明角和"陰"的關係極爲密切。再整理者認爲"陰"要儘量裸露無肉，而注釋"廉"時則給出了狹窄和有棱角兩個義項①。24 行描述了"陰"可以具備的形態"隂（陰）危如繭（繭）""如棗""如棗靀（靀）""生如雞榐（距）"，這裏"危"再整理者訓作"高聳"。②

此外，從第二部分，還可知曉"陰""陽"之間應該有肉，否則就會如 25 行上所言"隂（陰）陽閒虛毋（無）肉者，馬不走"。角的形態與"陰"的生成有關，25 行指明角"元（其）約束遠目者，隂（陰）乃生"。這是説馬的角收縮而遠離馬眼，"陰"就會形成。

第三部分中"陰"和"陽"的表述還有作：

所胃（謂）息隂（陰）治□□□□□□□処＝（處，處）之多氣。44 上
下又（有）逢（蓬）芳（房）者，欲隂（陰）上者【良目】久。 44 下

陽前隂（陰）後者，前後夬（決）也。前夬（決）欲上，而後夬（決）欲下，【上46 上者】多氣，下者善走。46 下

【削陰者】，□□□□□善行；刻陽者，欲陽高＝（高，高）而撑＝（撑撑，撑撑）善走。糾角有兩者，欲角下47 上□亞＝（亞亞——基，基）善行。起陽者，欲目上之多肉；没隂（陰）者，欲陽□□□□□□□□□目下47 下隂（陰）骨與上匡（眶）【冒（骨）】□□□【方艮（眼）深視，五】色清（精）明（明），元（其）狀類怒。48 上

雍（擁）蒙別環者，隂（陰）甄，隂（陰）甄堅久。55 下

受繩56 上者，目下睫本直上，正方者，欲陽上＝（上，上）如四榮＝（榮，榮）之蓋多力。56 下

南山有木，上有松柏，下有崖石。上甚方以兌（鋭）者，欲陽上之兌（鋭）如松柏，善行。下甚廣以大者，欲隂＝（陰，陰）大善57 上行。57 下

欲頰冒（骨）之毋＝與＝角＝會＝（毋與角會毋與角會——無與角會，無與角會）多利。下有復盛者，隂（陰）也。欲58 上元（其）狀如盛蓋，堅久。上有偃臼，玄也；欲元（其）如＝白＝（如白，如白）堅久。58 下

上有君臺者，隈上欲元（其）如＝四＝榮＝之＝蓋＝（如四榮之蓋，如四榮之蓋）多力。下有逢（蓬）室，隂（陰）甄堅久。60 上

---

① 裘錫圭主編《長沙馬王堆漢墓帛書集成》（伍），中華書局，2014，第 167 頁。
② 裘錫圭主編《長沙馬王堆漢墓帛書集成》（伍），第 167 頁。

以爲厚，尚欲僕（樸）之者，陽上不厭厚＝（厚，厚）多力。以爲薄，尚欲斷之者，隂（陰）不厭薄＝（薄，薄）善行。62上

薄澤恆，薄以長者，隂（陰）欲有甑＝（甑，甑）正居目下，堅久。63上

第三部分中對於"陰""陽"有詳細的解釋，可惜説明"陰"的關鍵部分的帛書殘損了。不過，從46行的内容仍可知"陽前陰後"是指前後"夬"的形態；從57行上、下"下甚廣以大者，欲隂（陰），隂（陰）大善行"、62行上"隂（陰）不厭薄，薄善行"和63行上"隂（陰）欲有甑，甑正居目下，堅久"等内容可推斷出"陰"是馬眼下部"甚廣以大"的部分，"陰"有欲薄的特點，而且還宜有"正居目下"的"甑"①。

另外，58行上謂"下有復盛者，隂（陰）也"，58行下又謂"上有偃曰，玄也"，這裏"復盛"和"偃曰"分别對應"陰"和"玄"。所謂"玄"應該就是指與"陰"相對的"陽"。玄，可指代北方。《吕氏春秋·季冬》："天子居玄堂右个。"高誘注："玄堂，北向堂也。"前文已述，"陽"位於馬眼上方，亦即"大海"之北。從58行的補充闡釋看，"復盛"之"盛"和"偃曰"之"曰"，都是指的實物。盛，指盛物之器。《左傳》哀公十三年："旨酒一盛兮，余與褐之父睨之。"杜預注："一盛，一器也。"《禮記·喪大禮》："食粥於盛，不盥。"鄭玄注："盛，謂今時杯杅也。"曰，乃舂米之器。《論衡·量知》："穀之始熟曰粟，舂之於曰，簸其秕穗，蒸之於甑，爨之以火，成熟爲飯，乃甘可食。"關於"復盛"和"偃曰"的形態，後文分别補充"欲亓（其）狀如盛蓋，堅久""欲亓（其）如曰，如曰堅久"，也就是説"復盛"之"復"當讀作"覆"，指盛器之蓋，"偃曰"即如偃倒之曰。盛器之蓋薄大而平，偃倒之曰凸起且有棱角，二者被用來比喻"陰"和"陽"的形態特點。這正與57行上所記"上甚方以兑（鋭）者，欲陽上之兑（鋭）如松柏，善行。下甚廣以大者，欲隂（陰），隂（陰）大善行"總體相合。再回頭看55行下"隂（陰）甑"和63行上"隂（陰）欲有甑"，此"甑"或許也是以實物爲喻，指"陰"要以有邊緣爲宜。

關於"陰""陽"，再整理者則認爲：帛書2行謂"陽前陰後"句，而後文46行説陰、陽乃"前後之夬"，"夬"可讀爲"決"或"缺"，有空隙、缺口、孔竅義，在此疑指馬眼上或周圍兩個重要筋脈②。這種看法或可商榷。46行言及的"夬"，帛書36下至37行上亦有云"·凡□□□四夬（決）：前，徹（徹）肉也；上，旁肉也；下，遊肉也；後，微肉也"。不難看出，"四夬"就是《相馬經》第二部分中着重解釋的徹

---

① 甑，再整理者以其爲陶器的邊緣。《玉篇》："甑，器緣也。"疑文中"甑"皆指馬的眼瞼部分。參看裘錫圭主編《長沙馬王堆漢墓帛書集成》（伍），第137頁。
② 裘錫圭主編《長沙馬王堆漢墓帛書集成》（伍），第172頁。

· 158 ·

肉、庤肉、遊肉、微肉等四肉。因此，"夬"應指代馬眼部附近的肌肉①，這恐怕并無問題。

綜合全篇記載"陰""陽"的文字來看，"陽"的内涵比較明確，指馬眼上部凸出而有棱角的肌肉區域②，對應到馬頭部應該就是上眶部的眼輪匝肌，參看以下馬頭部的肌肉解剖圖（圖1）。"陰"大體可知是指馬眼下部的薄平、廣大同時有邊緣的肌肉區域。不過，帛書中24行上還記載"隂（陰）危如繭（繭）""如棗""如棗靅（靁）"等幾種不易直觀理解的形態。從23行内容來看，"陰"祇是"欲呈（裎）毋（無）肉，欲廉"，而并没有欲"危"的特點。"危"是角的特徵，帛書中多次闡述的"如棗""如棗靅（靁）"也正是形容角的形態。59行上謂"池上有陧，陧上有棗，棗毚（纔）實者，角也。欲角上之如棗靅（靁），棗靅（靁）有材"，66行上謂"所胃（謂）重棗居旁者，欲亓（其）如書卜而起，絶二寸，乃獨起如棗靅（靁），起如棗靅（靁）又（有）材"，皆可證。對於帛書文字中的這種矛盾之處，我們嘗試借助馬匹頭部形態圖來進行分析。

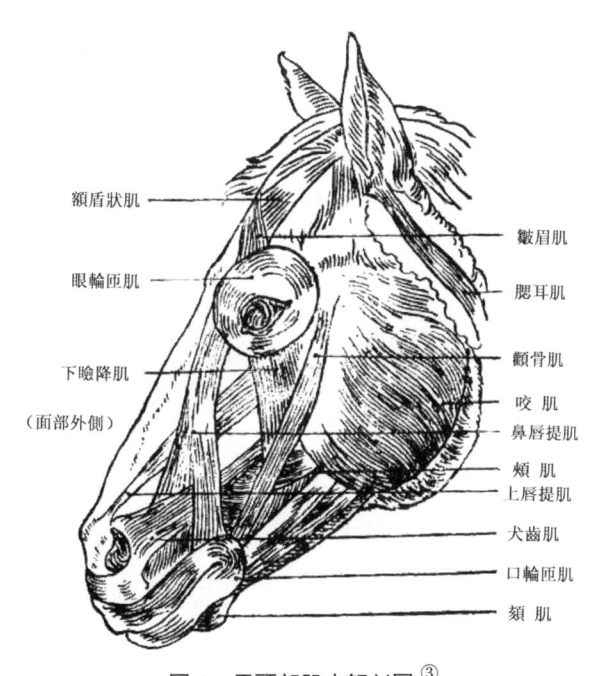

圖1　馬頭部肌肉解剖圖③

---

① 參看高一致《試說馬王堆帛書〈相馬經〉中的"四夬"和"多氣"》，《中國古文字研究會第二十四屆年會現場論文集》，重慶北碚，2022年11月，第38~46頁。
② 帛書中對"陽"的闡釋，如47行"刻陽者，欲陽高，高而𢫫，𢫫善走。……起陽者，欲目上之多肉"，56行下"正方者，欲陽上，上如四榮，榮之蓋多力"等表述得已較爲清晰。
③ 圖片引自李景凱《馬的造型和解剖》，上海人民美術出版社，1987，第112頁。

· 159 ·

圖2　馬匹頭部照片

　　此二圖（圖2）中圓圈標識位置是馬的額骨顴突[①]。顴突發育得特別隆起，應該就是帛書《相馬經》中闡釋多次的"角"。這能從臺北樂從堂所藏的一件精美銅馬式中得到證明（圖3）[②]。

圖3　樂從堂馬式頭部右視圖及前視綫圖

　　董珊先生描述銅馬式時指出："在馬耳的根部，有一道具兩條棱綫的隆起，起於耳根

[①] 顴突在解剖學中指其他骨與顴骨相連接的骨性突起，有上頜骨顴突、顳骨顴突、額骨顴突。一般情況下，顴突指上頜骨顴突，爲上頜骨眶上緣的外端延伸出的一個三角形的突起，與顴骨相接。馬的頭部骨骼構造與靈長類差異巨大，其額骨顴突也較爲明顯。
[②] 本文所列樂從堂銅馬式圖版、綫圖等皆引自董珊《樂從堂藏銅馬式考》，不另説明。

與鬐相接處，繞耳根向後，終於耳筒與頂骨相接處，其末端略尖而上翹。這道隆起的兩棱之間的窄平面上，有一個錯銀文字'角'。"[1]可以看出，這件銅馬式頭部兩側書寫的"角"字正位於馬的額骨顴突之上。此角的隆起是由耳根之下上行至鬐，且末端略尖而上翹。作爲馬式，這裏本身反映的是角的一種理想化形態，在馬的個體上角呈現的形態也會有差異。

如帛書23行下至24行上謂"角成卜者、車輪者、巨（距）者、麋唬〈虒〉（蹄）者，此四章得一物，皆國馬也。角或没不見者，國馬也。或約不見，至耳下乃起如桃者，亦國馬也"，則描述了良馬的角成"卜""車輪""距""麋蹄"以及"耳下乃起如桃"等幾種不同形態。帛書59行上、66行上等多處以棗和棗核來形容馬角，也説明棗、棗核與馬的額骨顴突有共性。

圖4 棗、棗核、蠶繭照片

一般來説，棗呈現較圓潤的長粗條狀[2]，棗核則呈現更爲細小的紡錘狀，兩頭尖中間寬（圖4）。從前引馬的頭部照片和銅馬式來看，棗和棗核用來表現馬的額骨顴突肌隆起之狀是非常合適和形象的。尤其是銅馬式中的角，正是兩頭細小中間寬，視之如"棗核"亦無不可。

結合前後文來看，我們懷疑24行上所記"隂（陰）危如繭（繭）""如棗""如棗覈（覈）"是描述馬角的形態。這裏或許存在兩種可能：其一，"隂（陰）危"是"陰"之上的意思，而不是指"陰"高聳，"隂（陰）危如繭（繭）"等句或是説"陰"之上（即表示馬角）的形態如繭、棗或棗核。但這種理解似乎不太堅實，馬角在"陰"之上這個説法過於寬泛，在相術操作實際中不具有準確的指向性，同時帛書中表示"上"義也没有用"危"的。其二，"隂（陰）危如繭（繭）"之"陰"字原本就應作"角"。衹是由於角和"陰"關係密切，帛書陳述二者的内容位置也較近，抄手抄録時誤將"角"書成了

---

[1] 董珊:《樂從堂藏銅馬式考》，第249-250頁。
[2] 棗是我國原産水果，其形態特徵差異巨大。如菱棗、尖棗等品種果體細長，不亞於蠶繭；梨棗、圓棗等果體短粗，比例類似於小型蘋果或梨。帛書所指棗的品種不明確，但24行上文字描述中"棗"介於蠶繭與棗核之間，其呈現的形態或亦如此，指菱棗、尖棗等細長型棗類品種。

"陰",導致"隂(陰)危如繭(繭)"等内容難以索解。相比而言,後一種可能性似乎更大。

帛書24行正是據蠶繭、棗、棗核這三種形態差異來描述馬角,從而相應判斷馬的"命善""國保(寶)""天下弗得"三個層次。這三個層次中角"如棗核"之馬"天下弗得"當是更高的標準,這似乎也是樂從堂銅馬式中角呈現其形態的原因。

馬匹個體間額骨顴突隆起是有差異的,《相馬經》中以角隆起高聳爲良馬特徵。這裏之所以强調角"危",是因爲額骨顴突接近馬匹整個顴骨的上端,其隆起高聳也能反映顴骨的特徵。帛書第一部分2行下謂"長䫁(頤)短頰,乃中參伍","長頤"指馬應有長下頜,"短頰"指馬臉頰短。對人而言,頰是臉的兩側,指人臉的顴骨以下到上頜骨的區域。馬的頭部構造與靈長類有别,由於馬的鼻骨和上下頜骨都前突,若以人的面部來比附,則馬"頰"極長,不能算"短"。後世謂長臉的長相爲馬臉,正是出於此。就帛書記載而言,馬頰或許指的是馬的顴骨附近的區域,"短頰"是指這一區域短小。這也能在樂從堂銅馬式上能得到體現(圖5)。

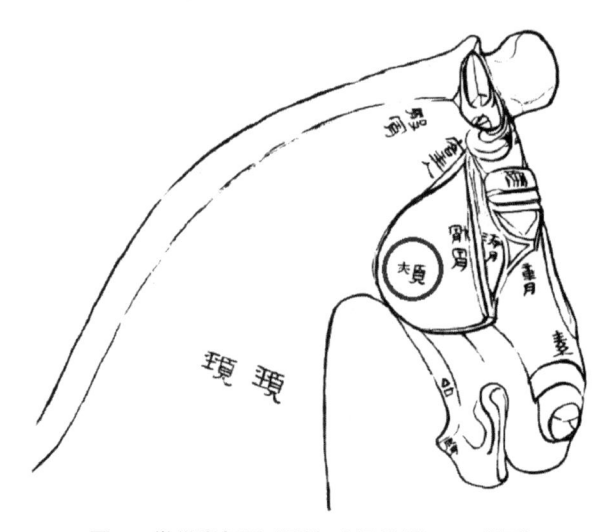

圖5 樂從堂銅馬式頭部右視綫圖——"頰"

銅馬式以錯銀文字書寫了馬匹身體各部位的名稱,其中"頰"正好書於顴骨下方。角"危"即額骨顴突隆起高聳,换言之是說馬的顴骨縮上,"頰"部隨之相應上提、區域縮减,這正是"短頰"的具體表現。

因此,似可排除24行上所謂"隂(陰)危"句呈現的幾個形象是描述的"陰"。而24下、25行上謂"隂(陰)之生如雞椐(距)者",則應是帛書描繪的"陰"的形態。雞距,即雄雞後爪,學者已考兹不贅述。帛書將"陰之生"形容爲雄雞後爪,而樂從堂銅馬式眼部以下恰有猶如雞距的兩條筋脈枝條（圖6）。

圖6　樂從堂銅馬式頭部右視圖與雞距照片對比

銅馬式的眼部下方呈現的正是雞距之形，與帛書中描述頗爲貼合。這一區域據馬頭部肌肉解剖圖來看，就是馬的下瞼降肌。同時，銅馬式中還突出了馬的顴骨肌特徵[①]，其上端一直往上延伸至角下而不相交。25行上、下謂"角有約束，亓（其）約近目，殺目。亓（其）約束遠目者，陰（陰）乃生"，後一句説的就是銅馬式中的角高聳的情況，也表明"陰"是在角之下。

不僅如此，馬眼下部的"陰"是有邊緣的，如55行下謂"陰（陰）甗"和63行上謂"陰（陰）欲有甗，甗正居目下"。"甗"指瓦器邊緣，比擬而言"陰"的邊緣應該是指馬的下眼瞼，具體到肌肉來説就是眼下部的眼輪匝肌。因此，可以認爲馬眼下方的眼輪匝肌以及下瞼降肌這一大片肌肉區域就是帛書《相馬經》中反復談及的"陰"。"陰"與"陽"不同，當馬角隆起時，"陰"這一區域就呈現出平坦且相對凹陷的形態，也正與58行"下有復盛者，陰（陰）也。欲亓（其）狀如盛蓋，堅久"相合。

與"陰"相關，《相馬經》中還記載有"美人陰生"一句，凡2見：

美人陰（陰）20上生，无（無）百節成，疑（擬）之涼月，絶以（似）篲（彗）星。20下

美人陰（陰）生，无（無）百節成者，艮（眼）精也。疑（擬）之涼月，絶以（似）篲（彗）星者，欲艮（眼）赤，赤多氣。74上

---

① 顴骨肌起自馬眼窩下緣前側面的筋膜内，止於眼瞼，其收縮時在顴骨表面形成隆起。參看李景凱《馬的造型和解剖》，第14頁。

74行所載文字是解釋第一部分20行内容的。"美人陰生"和"無百節成"都是描繪眼睛的相關特徵。眼睛是人和大多數動物用來感知光綫的球狀器官,其中不含有骨骼結構,這就是帛書所謂的"無百節成"。"美人陰生",各家無説,現在看來其與馬眼之"陰"也相關。人的面部有一個區域被稱爲"眼臺",即人眼下的眼輪匝肌。女性若眼臺處出現適當脂肪堆積,猶如蠶卧眼下,因此也被通俗稱作有"卧蠶"。這被認爲是美麗的表現。當然,如果這種脂肪堆積過厚或呈現出暗沉,蔓延至眼睛下部的下瞼降肌,那麼就不被視作美麗的特徵,而稱作"眼袋"。"美人陰生"或古今一理,疑指美人的"卧蠶"。另外,古代女子很注意目下區域的妝容,漢代即有一種"啼粧"。《後漢書·五行志一》:"桓帝元嘉中,京都婦女作愁眉、啼粧、墮馬髻、折腰步、齲齒笑。……啼粧者,薄拭目下,若啼處。"這類目下妝大致也是畫飾於"美人陰"。

玉門候官規模補考

鄔文玲[*]

摘　要：以往學界關於漢代玉門候官所領部候長九人的看法不够準確，敦煌漢簡483號中的"將候""候□"兩個候長，實乃"將作候長"和"將茭候長"的誤釋。這兩個候長并非常設，而是臨時指定的帶領勞作、帶領伐茭的候長。因此目前所見玉門候官所部候長仍爲七人，即：顯明、誅虜、臨澤、玉門、虎猛、大福、西塞，與806號簡文所記"候長七人"相合。據2093號簡，神爵四年玉門候官虎猛部下轄步偷、止姦、虎猛、宜秋、察適、富貴、受降、禽虜八個烽燧，每個烽燧駐守戍卒四人，共三十二人。

關鍵詞：玉門候官；敦煌漢簡；虎猛部；步偷隧

西漢敦煌郡曾設置有玉門、陽關、中部、宜禾等四部都尉。其性質爲部都尉，受郡節制。[①]北部長城塞垣自東向西由宜禾、中部、玉門三都尉分段統轄：宜禾都尉領有宜禾、魚澤、昆侖、美稷、廣漢五個候官；中部都尉領有平望、破胡（後改爲步廣）、吞胡、萬歲四個候官；玉門都尉領有大煎都、玉門兩個候官。南部塞垣和西部防禦由陽關都尉統轄，領有雕秩、博望等候官。[②]其中玉門都尉設置於龍勒縣北境，管轄龍勒北塞郭燧，關於其所領大煎都、玉門兩個候官下轄部隧的設置情況，吳礽驤等學者最初考證指出，大煎都候官領有候長六人：大煎都、萬世、廣武、高望、通望、步昌；士吏三人：厭胡、步昌、富昌；候史二人：廣昌、斥地；隧長十五人：廣昌、厭胡、大煎都、凌胡、步昌、益昌、廣武、富昌、獲虜、斥地、美水、服胡、破胡、莫當、延年。[③]後白軍鵬又補充考證補出大煎都士吏和美水士吏。[④]

玉門候官的駐地在候官燧。所屬吏員曾有五十二人。敦煌漢簡806號云："玉門部士

---

[*] 鄔文玲，中國社會科學院古代史研究所、"古文字與中華文明傳承發展工程"協同攻關創新平臺研究員，研究方向爲簡帛學與秦漢史，發表《簡牘中的"真"字與"算"字——兼論簡牘文書分類》等多篇論文。

[①] 陳夢家：《漢簡所見居延邊塞與防禦組織》，《漢簡綴述》，中華書局，1980。

[②] 關於宜禾都尉、中部都尉的管轄範圍、治所、候望隧次等，參見李并成《漢敦煌郡宜禾、中部都尉有關問題考》，《西北師大學報》1995年第2期。

[③] 《敦煌馬圈灣遺址發掘報告》，吳礽驤、李永良、馬建華釋校《敦煌漢簡釋文》，甘肅人民出版社，1991，第337頁。吳礽驤：《河西漢塞調查與研究》，文物出版社，2005，第49頁。

[④] 白軍鵬：《敦煌漢簡校釋》，上海古籍出版社，2018，第16、205、206頁。

吏五人，候長七人，候史八人，隧長廿九人，候令史三人。"① 吴礽驤等學者最初考證認爲，漢簡資料中記載的玉門候官領有候長九人，即：顯明、誅虜、臨澤、玉門、虎猛、大福、西塞、將候、候□，多出二人，可能是因爲有時代早晚的區别；有候史六人，即：卻適、誅虜、廣漢、玉門、遠望、推賢等；有隧長二十四人，即：顯明、臨澤、廣明、誅虜、威嚴、千秋、臨要、候官、廣漢、卻適、當谷、止寇、遠望、玉門、虎猛、宜秋、勇敢、察適、富貴、受降、倉亭、止奸、推賢、步偷等。② 後白軍鵬考證補出西塞士吏、千秋士吏、玉門士吏、斥胡隧、遮要隧。③ 隨着漢簡資料再整理工作的推進，尤其是紅外圖版和新校訂釋文的公布，爲重新認識以往討論的問題提供了契機。本文擬根據相關簡牘資料，對玉門候官的規模再做一些補充考訂。

一　玉門候官所領候長

關於玉門候官所領部候長，以往學者們所説九人中的"將候""候□"兩個候長可能并不存在，所得結論有誤是因爲墨迹漫漶釋文不準確。釋文不够準確的主要是敦煌漢簡483號，整理者原釋文爲：

六月甲戌玉門候丞予之謂西塞候長可淵將候候長福將□候長□等記到謂□
望府檄驚備多虜入塞未□塞追還前毋令吏卒離署持七月候記將卒稟毋忽臧記令可課□（敦煌漢簡483A）
西塞以記遣（敦煌漢簡483B）④

張德芳《敦煌馬圈灣漢簡集釋》根據紅外圖版，對部分釋文做了訂正，改釋如下：

六月甲戌玉門候丞予之謂西塞候長可得將候候長福將□候長□等記到課□
望府檄驚備多虜黨來重正甚數毋令吏卒離署持七月府記將卒稟毋忽臧記令可課□（敦煌漢簡483A）
西塞以記遣（敦煌漢簡483B）⑤

---

① 甘肅省文物考古研究所：《敦煌漢簡》，中華書局，1990。
② 《敦煌馬圈灣遺址發掘報告》，吴礽驤、李永良、馬建華釋校《敦煌漢簡釋文》，甘肅人民出版社，1991；吴礽驤：《河西漢塞調查與研究》，文物出版社，2005，第55頁。
③ 白軍鵬：《敦煌漢簡校釋》，上海古籍出版社，2018，第17頁。
④ 甘肅省文物考古研究所：《敦煌漢簡》，中華書局，1990。
⑤ 張德芳：《敦煌馬圈灣漢簡集釋》，甘肅文化出版社，2013。下文簡稱《集釋》。本文所引敦煌漢簡釋文和圖版，如未特别説明，皆出自此書。不另注。

其中仍有部分釋文不夠準確，白軍鵬、張俊民分別做了校訂。①這裏綜合他們的意見，再做一些梳理。從圖版來看（見圖1），《集釋》所改第二行"黨""來""重""甚""數""府""記"等字可從；但所改第一行"得""課"和第二行"正"字，仍未安。據圖版字形，第一行"得"字寫作"🗚"，應釋作"擇"；末尾的"課"字，寫作"🗚"，應釋作"謹"；②該簡下部略有殘缺，根據相關文例和下文的內容判定，"謹"後可能殘缺了"候"字，與下文連讀作"謹[候]望"。第二行"正"字，寫作"🗚"，仍應釋作"追"，整理者原來的釋文可從。

另外，第一行"將候"之"候"字，以往諸家的釋文皆不準確。從圖版來看，此字寫作"🗚"，與同簡"候"字作"🗚"的寫法明顯不同，應釋作"作"字。"將作"在文獻中多指工程建築營造，但從前後文來看，此處"將作"爲動賓結構，"將"爲率領之意，"作"意指勞作，比如居延漢簡279.3："……卒戍邊，遠去父母親戚，居寒苦，吏將作任人力，謹愚（遇）以文理。"因此，這裏的"將作候長"，可能是泛指帶領勞作的候長，而不是指玉門候官下設有"將作部"。

"將□"之"□"，以往諸家皆未釋，從圖版來看，此字寫作"🗚"，應釋作"茭"。"茭"字在敦煌漢簡中的寫法有好幾種，比如169簡作"🗚"，539簡作"🗚"，838簡作"🗚"等。其中838簡的寫法與本簡相同。"將茭"亦爲動賓結構，"將"爲率領之意，"茭"意指伐茭。因此，這裏的"將茭候長"，同樣可能是泛指帶領伐茭的候長，而不是指玉門候官下設有"將茭部"。"將茭候長"之名，從圖版來看，墨迹較爲漫漶，似可釋作"明"。

背面"記遣"，從圖版來看，應有三個字，其中"記"寫作"🗚"，與同簡"記"的寫法明顯不同，應釋作"次"；"遣"字寫作"🗚"，頗類"續"字；末尾一字寫作"🗚"，應釋作"追"。③綜合上述補正，本簡釋文應改作：

六月甲戌，玉門候丞予之謂西塞候長可擇、將作候長福、將茭候長明等：記到，謹[候]☐

望。府檄：驚備多虜黨來，重追，甚數，毋令吏卒離署，持七月府記將卒稟，毋忽，臧記令可課☐（敦煌漢簡483A）

---

① 白軍鵬：《敦煌漢簡校釋》，上海古籍出版社，2018；張俊民：《馬圈灣漢簡整理與研究》，甘肅教育出版社，2023。
② 參見白軍鵬《敦煌漢簡校釋》，上海古籍出版社，2018，第234頁。
③ 正面"候""追""作""茭"，背面"次""續""追"等字的改釋，參見張俊民《馬圈灣漢簡整理與研究》，甘肅教育出版社，2023，第68、69頁。另外，張俊民還指出"予之"當作"賜之"，"多"當作"有"，由於字形還有些可疑之處，暫時仍從《集釋》。

西塞以次續追(敦煌漢簡 483B)

如果排除"將作候長"和"將茭候長",那麼目前所見玉門候官所部候長仍爲七人,即:顯明、誅虜、臨澤、玉門、虎猛、大福、西塞,與 806 號簡文所記"候長七人"相合。見諸敦煌漢簡中可考的七候長信息如下:"顯明候長古"見於 632 簡,1187 簡亦提及顯明候長,惜因墨迹漫漶,姓名無法識别;"誅虜候長崇"見於 194 簡,"誅虜候長李子沙"見於 490 簡;"臨澤候長董賢"見於 1044 簡;"玉門候長高輔"見於 1057 簡,亦見於玉門關漢簡Ⅱ 98DYT5:22 簡[①],"玉門候長尤延壽"見於 1870 簡;"虎猛候長異"見於 1974 簡;"大福候長張武"見於 684 簡;"西塞候長可擇"見於上文所論 483 簡。

二 虎猛部所轄烽燧

玉門候官所領虎猛部的規模,根據新校訂釋文,可以基本確認。敦煌漢簡 2093 號記載了八座烽燧的戍卒名籍,這八座烽燧很可能是玉門候官虎猛部的管轄範圍。由於墨迹較爲漫漶,以往諸家對該簡所做的釋文有的不够準確,有的未能辨識。這裏根據國際敦煌項目(IDP)網站所公布的簡牘圖版(見圖 2),參照既有的研究成果,對 2093 號簡的釋文重新進行校訂。爲了方便起見,先將新校訂的釋文録寫如下,再展開討論:

·步偷卒廚解
賈愿
廚勇鐔 程益雛(以上爲第一欄)
·止姦卒王將
郭得
郭存親
李所欲(以上爲第二欄)
·虎猛卒趙逸俞
霍賢
賈廣
李步進(以上爲第三欄)
·宜秋卒弓歸

[①] 張德芳、石明秀主編《玉門關漢簡》,中西書局,2019。

李抵

韓雛

郭益親（以上爲第四欄）

·察適卒李破胡

郝長壽

段免

鄭禄（以上爲第五欄）（敦煌漢簡 2093A 面）

·富貴【卒】李定國

張奉世

閻益宗

李賦之（以上爲第一欄）

·受降卒帶不疑

公叔民

張毋傷

郭施（以上爲第二欄）

·禽虜卒張賢良

靳案異

張莊耐

樂去疾（以上爲第三欄）

神爵四年戍卒（以上爲第四欄）（敦煌漢簡 2093B 面）

正面第一欄第一行"步偷"，整理者原作"□□"，未釋出，今據圖版補。步偷，烽燧名。敦煌漢簡 1256："步偷隧六石具弩一，完。"①

第二行"賈愿"之"愿"，整理者原作"應"，今據圖版改。第三行"廚勇鐔"，整理者原作"□□鐘"，今據圖版改；"程益雛"之"雛"，整理者原漏釋，今據圖版補。廚勇鐔、程益雛，應爲兩個人名。

第二欄第一行"止姦"，整理者原作"□□"，未釋出，今據圖版補。"止姦"，烽燧名，敦煌漢簡 1012"止姦隧卒陳充"。"王將"之"將"，整理者原作"均"，今據圖版改。第二行"郭存親"之"存"，整理者原作"廣"，今據圖版改。

第三欄第一行"虎猛"之"虎"，整理者原作"□"，未釋出，今據圖版補。"虎猛"，烽燧名，玉門候官虎猛部的治所所在地。敦煌漢簡 1974 號："玉門官隧次行。永和二年五月戊申

---

① 甘肅省文物考古研究所：《敦煌漢簡》，中華書局，1990。

朔廿九日丙子，虎猛候長異叩頭死罪敢言之。官録曰：今朝宜秋卒胡孫詣官[留遲]，虎猛卒馮國之東部責。邊塞卒戍不得去離亭尺寸……☐代適卒有不然負罰當所☐☐。"①第三行"李步進"之"步"，整理者原作"☐"，未釋出，今據圖版補。

第四欄第一行"弓歸"之"歸"，整理者原作"陽"，今據圖版改。第二行"李抵"之"抵"，整理者原作"謹"，今據圖版改。第三行"韓讎"之"讎"，整理者原作"觚"，今據圖版改。第四行"郭益親"之"益"，整理者原作"發"，今據圖版改。

第五欄第一行"李破胡"之"李破"二字，整理者原作"☐☐"，未釋出，今據圖版補。第二行"郝長壽"之"長壽"，整理者原作"皋☐"，今據圖版改。第三行"段免"之"免"，整理者原作"先"，今據圖版改。第四行"鄭禄"之"鄭"，整理者原作"貳"，今據圖版改。

背面第一欄第一行"李定國"之"李"，整理者原作"卒"，今據圖版改，"李定國"，爲人名。從圖版來看，"富貴"之下原簡漏書"卒"字，可據文例補。第二行"閻益宗"之"閻益"，整理者原作"關盍"，今據圖版改。第三行"李賦之"之"賦"，整理者原作"☐"，未釋出，今據圖版補。

第二欄第一行"帶不疑"，整理者原作"☐不親"，今據圖版改。第二行"公叔民"，整理者原作"張敘民"，今據圖版改，"公叔"爲複姓。第三行"張毋傷"之"毋"，整理者原作"無"，今據圖版改。第四行"郭施"之"施"，整理者原作"健"，今據圖版改。

第三欄第一行"禽虜"之"禽"，整理者原作"☐"，未釋出，今據圖版補。"禽虜"，烽燧名，敦煌漢簡1117："禽虜隧卒宜秋里魯罷軍，八月食。""張賢良"，整理者原作"☐☐☐"，未釋出，今據圖版補。第二行"靳案異"之"案"，整理者原作"樂"，今據圖版改。第四行"樂去疾"，整理者原作"梁共掾"，今據圖版改。

經過上述校補，簡文全部釋出。可見該簡完整記載了神爵四年敦煌玉門都尉玉門候官虎猛部所轄八座烽燧的戍卒名籍：

- 步倫卒：廚解、賈愿、廚勇鐔、程益讎。
- 止姦卒：王將、郭得、郭存親、李所欲。
- 虎猛卒：趙逸侖、霍賢、貫廣、李步進。
- 宜秋卒：弓歸、李抵、韓讎、郭益親。
- 察適卒：李破胡、郝長壽、段免、鄭禄。
- 富貴【卒】：李定國、張奉世、閻益宗、李賦之。

---

① 甘肅省文物考古研究所：《敦煌漢簡》，中華書局，1990。

・受降卒：帶不疑、公叔民、張毋傷、郭施。
・禽虜卒：張賢良、靳案異、張莊耐、樂去疾。

八座烽燧的名稱是：步偷燧、止姦燧、虎猛燧、宜秋燧、察適燧、富貴燧、受降燧、禽虜燧。每一個烽燧駐守戍卒四人，共三十二人。

三　步偷燧名含義蠡測

虎猛部所轄八座烽燧的名稱，皆有意涵，"察適"即"察敵"，"禽虜"即"擒虜"，其他如"止姦""受降""虎猛""宜秋""富貴"，含義皆明白易知。但其中的"步偷燧"，恐不宜以"偷"之本義來理解該燧名的含義。在西北漢簡中，"偷"字頻見，使用比較廣泛的語境是表示疾病痊愈與否，比如居延漢簡 52.12："當遂里公乘王同即日病頭惡寒炅……飲藥廿齊不偷，它如爰書，敢言之。"此爲報告戍卒疾病情況的爰書殘簡，其中"不偷"應讀作"不愈"，意即王同患頭痛寒熱病，服藥二十劑，仍未痊愈。[①] 居延漢簡 58.26："病年月日署所，病偷不偷，報名籍候官，如律令。"此爲候官下發的命令文書，要求各下屬機構統計戍卒疾病狀況、製作名籍回復呈報給候官，其中"病偷不偷"應讀作"病愈不愈"，統計事項不僅包括戍卒生病的年月日、所在的機構地點，而且包括疾病痊愈與否的情況。在書信中描述自身疾病好轉則常用"少偷"，比如肩水金關漢簡 73EJT30:28A："宣伏地言稚萬足下：善毋恙，勞道決府，甚善。願伏前，會身小不快，更河梁難，以故不至門下拜謁，幸財罪。請少偷伏前……"[②] 其中"少偷"應讀作"少愈"，此爲宣致稚萬書的開頭部分，大意是說宣本來打算去拜見稚萬，但恰逢身體不適，加上交通困難，所以沒能去門下拜謁，希望稚萬恕罪，允許自己身體好轉後再前去拜謁。除了"偷"之外，也有寫作"癒"者，比如居延漢簡 4.4B"第卅七隧卒蘇賞，三月旦病兩胠篇急，少癒"，居延新簡 EPT59:269"飲藥五劑，不癒"。[③] 也有寫作"愈"者，如敦煌漢簡 360B"病今愈"。這些用例表明，"偷""癒""愈"可通。

參照西北漢簡中表示痊愈之意的"愈"多寫作"偷"的用例，燧名"步偷"之"偷"，或也當讀作"愈"。漢代有不少人名、地名作"步某"。比如"步昌"，既作人

---

① 簡牘整理小組：《居延漢簡（壹）》，"中研院"歷史語言研究所專刊之一〇九，2014。本文所引居延漢簡，如未特別說明，皆出自此書。不另注。
② 甘肅簡牘博物館等：《肩水金關漢簡（叁）》，中西書局，2013。
③ 張德芳主編，肖從禮著《居延新簡集釋（五）》，甘肅文化出版社，2016。

名，也作地名。史书所載人名有"李步昌"①"趙步昌",②敦煌漢簡 687 簡有"韓步昌";史书中所載地名有"步昌縣",乃王莽改蜀郡屠陵縣而來,③敦煌漢簡 185 簡有"步昌隧",居延新簡 E.P.T52:269 簡有"步昌里"。關於"步昌"的含義,《急就篇》"史步昌",顏師古注曰:"步昌,言高步而昌盛也。"④除了步昌之外,"步廣"亦兼作地名、人名,地名如敦煌漢簡 1151 簡"步廣隧"、1272 簡"步廣候官"、1933 簡"步廣亭";⑤人名如史書所載衛步廣⑥。據魏宜輝統計研究,見於漢印、漢簡資料中的"步某"的雙字名,大致包含"步安、步舒、步吉、步可、步樂、步昌、步大、步高、步登、步衆、步勝、步廣、步光、步强、步容、步賢、步遷、步券、步進、步利"等。⑦劉釗認爲這類名字與數術、五行思想影響之下的出行禁忌有關。⑧魏宜輝指出"步安""步可""步舒"這幾個名字可能與"出行"有關,而還有一些"步某"名的取義明顯與"出行"無涉,如"步衆""步賢"等。"步衆""步賢"當分别讀作"輔衆""輔賢"。理由是,"步""輔"字古音皆爲并母魚部字。"輔"字從"甫"得聲,古書中有"步"與從"甫"聲之字相通的例子,如《周禮·地官·族師》:"春秋祭酺亦如之。"鄭玄注:"故書酺或爲步。""輔"有"依附、親附"義。《逸周書·柔武》:"四曰維勢是輔,維禱是怙。"朱右曾校釋:"輔,附也。""輔衆""輔賢"可以理解爲"使衆人依附""使賢人依附"的意思。⑨

　　從以"步某"爲人名、地名的情况來看,"步"後跟隨的"某",皆爲表示快樂、舒適、强大、高升、勝利等正面的、吉祥美好的語詞。因此,或可立足於"步"之"行"的本義,將"步某"理解爲向某種吉祥美好的狀態行進,表示對達到某種吉祥美好境地的祝願。"步偷(愈)"隧名亦可作此解。愈,與愉通。《荀子·正論》:"心至愈而志無所言出。"楊倞注:"愈,讀爲愉。"因此,"步愈"或即"步愉"之意。

---

① 《漢書》卷三〇《藝文志》,第 1727 頁。
② 《漢書》卷一六《高惠高后文功臣表》,第 604 頁。
③ 《漢書》卷二八《地理志》,第 1598 頁。
④ 張傳官:《急就篇校理》,中華書局,2017,第 22 頁。
⑤ 甘肅省文物考古研究所:《敦煌漢簡》,中華書局,1990。
⑥ 《史記》卷一一一《衛將軍驃騎列傳》,第 2921 頁。
⑦ 參見魏宜輝《秦漢璽印人名考析(續七)》,復旦大學出土文獻與古文字研究中心編《出土文獻與古文字研究》第九輯,上海古籍出版社,2020。
⑧ 劉釗:《古文字中的人名資料》,《吉林大學社會科學學報》1999 年第 1 期。
⑨ 參見魏宜輝《秦漢璽印人名考析(續七)》,復旦大學出土文獻與古文字研究中心編《出土文獻與古文字研究》第九輯,上海古籍出版社,2020。

玉門候官規模補考

圖 1　　　　圖 2

肩水金關漢簡 T24、T25 校釋

李洪財[*]

摘 要：文章對《肩水金關漢簡》中探方 24、25 簡牘釋文問題作了討論，共指出 40 枚簡牘中 50 多處釋文問題。其中改釋和補釋疑難字、訛誤字、俗字、草書等文字 50 多個，還有不少較易識別且辭例相對單一的釋文存在問題，這類釋字僅從字形與辭例就可識別判斷。本文的校釋，可爲金關簡的解讀利用和今後漢簡釋文整理提供參考。

關鍵詞：改釋；誤釋；金關漢簡

近些年，我們一直關注金關簡的研究情況，全面搜集了相關釋文解讀校訂的文章後，發現目前的釋文仍有不少問題可討論。本文專門對《肩水金關漢簡》探方 24、25 所出簡文作校正補釋。[①] 下面將我們發現的一些釋文問題按照原整理者編號順序逐條列出。爲了便於理解，所列簡文是經過我們句讀校訂的釋文，較常見的通假異體字直接括注，内容較長和特殊格式的簡牘以"ⅠⅡⅢ……"表示欄數，用"ⅰⅱⅲ……"表示行數，不另加説明。其中釋字差異和分歧處以下畫綫標示，不確定釋字加外框區別，皆用按語的方式解釋。需要説明的是，本次校釋内容全部集中在《肩水金關漢簡》，行文中所説的"原"指該書整理者。爲節省篇幅，簡文衹選擇論述相關的内容，簡號全部省去"73EJ"，行文所舉金關簡例證字形皆標明所屬卷數。

1.【T24: 12】

□爲職至正月甲寅，當井隧、禽寇隧戍卒延、畢、收、循共盜官米一斛，亡。畢未得，循爲吏

按：爲，原未釋，姚磊釋作"爲"。[②] 此字原簡雖然字迹模糊，但可擬雙鈎復原作 ，可確定這就是"爲"。至，原未釋，張俊民、姚磊釋作"迺"（《合校》281）。此字原簡圖作 ，原簡圖筆畫周圍有部分殘泐或多餘的干擾墨迹，但下部尚能看出是"土"形，結合文義可補釋。"爲職至……"意思是"任職至……"或"做這份工

---

[*] 李洪財，湖南大學嶽麓書院、古文字與中華文明傳承發展工程副教授，博士生導師，主要研究方向爲出土文獻與古文字、秦漢史。

[①] 甘肅簡牘保護研究中心等：《肩水金關漢簡（貳）（叁）》，中西書局，2012、2013。

[②] 姚磊：《肩水金關漢簡釋文合校》，中國社會科學出版社，2021，第 281 頁。按：該書文中簡作《合校》，不一一出注。

作到……",這種固定的説法在金關簡中數見,如:

　　爲職至今年十一月甲寅 T23:386

　　爲職至今七月己巳 T23:564

　　主卒二人以候望爲職至今年五月壬辰 72EJC:146+73EJC:613①

"禽寇隧戍卒"原釋作"□詡代□□",從張俊民改釋(《合校》281)。延,原釋作"隧",此字原簡圖作 ，與同簡的"隧"字原簡圖作 ，兩者字形差距較大,原釋不可從。按照常見行文格式,這裏應該是人名,本文暫擬改釋作"延"。收,原作"與",原簡圖作 ，原釋字與字形差距太大,不可從。張俊民釋作"成",釋字也與原字形有差距,不可從。此字左部從"丩",右部墨迹略有脱落,但仍能辨析出"攵"。按照新釋文來看,簡文意思是説某人任職到正月甲寅這天,當井隧、禽寇隧的戍卒臨、畢、收、循等人,一共盜取官米一斛,逃亡。畢、收未捕得,循……。可知這是一起盜官米案件的記録,其中的臨、畢、收、循皆爲涉案人名。

　　2.【T24:26】

　　　　一封肩水叔〈都〉尉,詣廣地候官。·合檄一,居延左尉,詣居延延。

　　按:叔,原簡作 ，原釋作"都",不可從。金關簡中的"叔"作 (肩壹T9:13)、 [肩肆T37:179A(長叔)]、 [肩壹T9:3(字子叔)],對比可知所謂"都"應改釋作"叔"。叔,應是"都"的音近訛誤字。都尉,秦時稱郡尉,西漢景帝時改作都尉。這裏的"肩水都尉"屬於張掖郡。按照常見行文,這裏的"肩水都尉"是"肩水都尉章"之省。

　　3.【T24:40】

　　　　九月庚申,肩水守候欽下尉候長襄等承書從事下當用者,書到……

　　　　□□□無有言會今如詔書律令。　　　　　　守令史襄。

　　按:此簡中"候長賽"的"賽"原簡作 ，作候長的名字,T23:928中又見候長"實",而且從人名用字習慣來説,這個字不排除就是"實"字。襄,原未釋,原簡作 ，此爲西北漢簡中出現的"襄"之簡省寫法,相類寫法如 (居414.1B)、 (肩肆T37:617)、 (肩伍F2:46B)。襄,在整個西北簡中基本用作人名,在此簡中也用作人名。這種簡省寫法,衹出現在人名中,可能與個人簽名習慣有一定關係。

　　4.【T24:81】

　　　　□當　　　所迎五月、六月司御錢三□□

　　　　□□□　　　卅以將軍行塞置不□□

---

① 按:此簡綴合詳見姚磊《肩水金關漢簡綴合》,天津古籍出版社,2021,第363頁。按:該文中簡作《綴合》,不一一出注。

按：所，原作"取"，此字原簡作■，爲"所"字常見草書寫法。取、所兩字的草書寫法形近易混，兩字的漢簡字形對比如下，可作參考。且金關簡C：547簡有"受肩水守塞尉幷所迎錢"，可據字形和文例確定改釋。

所：■（肩叁T30：28A）、■（肩叁T24：533A）、■（肩叁T31：59A）

取：■（肩貳T23：906B）、■（肩貳T24：354）、■（肩叁T31：144）

5.【T24：101+116】

地節三年，獄計張掖居延農都尉隴西郡西始昌里☐

大僕未央廄　癸卯☐☐☐丞昌、掾通、守獄史奉德論罰章☐

按：里，原未釋，原簡僅殘存上半字，但可辨識出"田"形，且"隴西西始昌里"，又見T37：524、T37：1155，可確定此字就是"里"字。"丞昌掾"原皆未釋。丞，原簡圖作■。昌，原圖作■。掾，原簡圖作■。三字雖皆殘左半，但僅存墨迹足以辨識。丞、掾皆爲官名，"昌"是"丞"的名字。通，原未釋，原簡圖作■，左半殘缺。西北漢簡中的"通"如■（肩伍F3：413）、■（肩貳T23：354B）、■（居新F22.274）等形，正可與此形對照。"通"在此簡中爲掾的名字。"掾通"金關簡中又見於T6：80、T37：733。"獄史"原未釋，兩字原簡圖分別作■、■，"史"字殘缺較少，較易辨識。"獄"字可見"犬"形，按照文例可斷定釋字。獄史是一種低級官吏。金關簡中與此官組合且字形相近的祇有"守"，所以"獄史"前墨迹不全原未釋的字可能是"守"字。其後的"奉德"，原未釋。奉，原簡圖作■，雖然結構不是十分明確但從橫畫捺畫的組合關係可推知就是"奉"。金關簡中的"奉"如■（肩伍C：599B）、■（肩壹T5：97）、■（肩壹T6：44A）、■（肩壹T4：110A），可資對比。德，原簡圖作■，西北漢簡中的"德"如■（居387.3）、■（肩壹T1：7）、■（肩貳T14：1），對比即可知此形爲"德"之右半。"奉德"爲守獄史的名字。此名在西北簡中也較多見，如金關簡T28：121可見"氐池奉德"，居延舊簡303.40A有"丁奉德"、387.3有"司馬奉德"等。彭浩已指出簡中的"獄計"指訴訟統計文書，漢代的上計文書包含有獄訟的統計，所以這枚簡應是未央廄的訴訟統計文書。①

6.【T24：135A+128A+T30：167A】

　　　　侯正月二人，一人任意掾　☐
入　侯四月二人。　　　　元康二年六月戊戌朔辛亥，肩水司馬令史☐☐
　　　　侯五月一人☐　　華漢　☐
　　　　侯六月一人　　　箕樂　☐（右側有刻齒）

按：此簡由姚磊綴合（《綴合》117）。侯，原釋作"候"，綴合者全部改作"賦"，不可從。

---

① 彭浩：《河西漢簡中的"獄計"及相關文書》，《簡帛研究二〇一八·春夏卷》，廣西師範大學出版社，2019。

入賦或出賦後都應該是錢數，而不是時間和人數。此字原簡較完整的字形作🔲、🔲，實際應該釋作"矣"。按照文義此"矦"當讀爲"候"，指候官。"入候官正月二人，一人任意掾"，就是正月入候官者有二人，其中一人擔任"意"的掾吏。華，原未釋，原簡作🔲，綴合者據張俊民說改作"業"。此字與常見的"業"有區別，"兯"形下有一短橫畫，當爲"華"之俗寫。①漢，原未釋，原簡圖作🔲，左從"氵"很清楚，右從"堇"之草寫也大致可辨，右上一筆是刮削未盡的墨迹。華漢，人名，此名又見於T22：119"□南隧卒通里華漢"。箕，原作"黃"，原簡作🔲，從竹從其，當改釋。"箕"在此處同樣用作姓氏，商紂王時有著名的"箕子"，故"箕"也可作姓氏。

值得注意的是此簡側面有刻齒，結合原簡圖片，按照常見的刻齒符號推知所刻表示"二千三百五十"，通常在簡文中應該有對應此數的內容，但是此簡卻僅見人數、人名及擔任職務情況，這與其形制非常不合。此簡雖下部斷殘，但經過綴合後殘缺的部分不會太長。根據所見內容，後文出現的內容可能也是時間、人名、人數之類的記錄，未必出現刻齒所表示的數量。我們發現此簡第二欄"人"後除第一行外，其他三行都有刮削後殘留的墨迹。比如"一人□"中的未釋字實際是刮削未盡留下的墨迹，而且此欄"人"後都有少許墨迹，也都是刮削未盡的殘餘。以此推測此簡的刻齒與被刮削掉的內容相關。

7.【T24：138】

　　□□一，收直（值）二百。Ⅰⅰ
　　□□隧長寧韋五，直（值）廿三。Ⅰⅱ
　　止虜隧長申延壽韋，直（值）百一□。Ⅱⅰ
　　執適隧長王遣韋五，收直（值）廿。Ⅱⅱ
　　豆（登）山隧長趙彭助五，收□Ⅱⅲ
　　金關隧長聶定世五，收直（值）Ⅱⅳ

按：Ⅰⅱ行的"隧"原未釋，郭偉濤補釋②；Ⅱⅳ行的"世"原作"卅"，何茂活改釋，皆可從。③簡中共出現四次"收"，原釋文皆作"枚"。此字原簡圖分別作🔲、🔲、🔲、🔲，與"枚"差距較大，其左非從"木"，絕非"枚"，當是"收"。西北簡中有此類字形如🔲（肩壹T7：13A）、🔲（肩壹T5：23B）、🔲（居新F22.189）等形，此簡字形就是這種字形的簡率寫法。而且"韋"可直言數量不必加量詞，如Ⅰⅱ行中未加量詞。收直，又見T24：134，意思是討債抵償的價值。又F3：298簡還見"收布"，即以布償

---

① 按：關於業、華的辨析有另文詳述。
② 郭偉濤：《漢代肩水塞部隧設置研究》，《文史》2018年第1期。
③ 何茂活：《〈肩水金關漢簡（貳）〉釋文訂補》，《敦煌研究》2018年第4期。

債。因此簡中的"收值"當是用"葦"抵償的價值。

8.【T24: 140】

皆驗證。案：譚放牛蘭越塞天田出。╱　　遺丹罰

按：放，原作"取"，原簡圖作🔲，左部略有殘損，依據筆勢雙鈎擬復原作🔲，可知是"放"。譚放，人名。簡文内容是説譚放的牛越塞從天田出。遺，原作"遣"，原簡圖作🔲，所從"貴"之草書，清晰易辨，當改。"遺"可解釋爲交給的意思，"遺丹罰"即交給丹處罰。就是説"譚"的處罰交給"丹"處理。不過由於金關簡中"遣"字使用得很頻繁，也可將"遺"理解爲"遣"的訛誤，"遺〈遣〉丹罰"就是派遣丹處罰。

9.【T24: 181】

佐吏主人□具（削衣）

按：佐，原未釋，原簡圖作🔲，缺失處可擬補作🔲，此爲西北簡中常見的"佐"之草書寫法，此類字形金關簡中常見，如🔲（肩壹T10：295）、🔲（肩壹T3：11B）、🔲（肩肆T33：39）。吏，原簡作🔲，釋字不誤，但從常見的文例來看，可能是"史"的訛誤。"佐史"金關簡中常見，而未見"佐吏"。具，原未釋，原簡圖作🔲，僅存右半，疑是"具"。

10.【T24: 184】

□□期殀羣宕程充□□

按：殀，原簡圖作🔲，原未釋，現據字形録寫。疑此字爲"幸"之異體。馬王堆帛書《老子》中的"幸"作🔲，西北簡中的"幸"有寫作🔲［敦1959A（不幸）］、🔲［肩貳T24：142（幸報）］等形，頗疑此簡中字形即從這類寫法中俗變而來。羣，原未釋，原簡圖作🔲，此字雖不知何字，但結構十分明確，上從死下從皋，頗疑此爲《説文》中"𠔏"的俗字。

11.【T24: 203】

□辛卯日中時　出。　　　□T24：203A

□即日□□□□發　　　　□T24：203B

按：辛，原整理者圖版旁釋文誤作"卒"，下册釋文本不誤。簡背面僅存右半，字迹皆不全，原釋文皆作未釋處理。按照常見文例格式還可釋出"即日""發"。其中"即日"原簡圖作🔲、🔲，兩形較完整，較易識别。"發"原簡圖作🔲，僅存一半。金關簡中有"即日嗇夫豐發（T37：1061B、T37：1162A、C：480）"，按照文例結合所見墨迹，此字可確定是"發"字。

12.【T24: 208】

出六石弩一，　征和三年癸丑令卒赦國……□

按：征和，原整理者作"延和"，胡永鵬改，可從。① 赦，原未釋，沈思聰釋作"赦"，姚磊疑是"夜"（《合校297》）。此字原簡圖作𤈦，左從"亦"右從"攵"，當爲"赦"字。西北簡中的"赦"如𤈦（居290.6）、𤈦（居17.15）、𤈦（居新T50.84）等字形與此相類。國，原未釋，其原簡圖作𤈦，此爲"國"字。金關簡中的"國"字中間結構省簡不一相當多變，例如𤈦（肩貳T21：37）、𤈦（肩肆T37：834）、𤈦（肩伍72EBS7C：2A），可資對比。"赦國"後文字已無法識別，具體文義不確定。

13.【T24: 225】

□□甑箄𦙃□□

按：箄，原作"箅"，何茂活改釋可從，② 王錦城釋作"箕"不可從。③ 甑箄，蒸鍋中的屜子，以竹木製成。𦙃，原作"肎"，何茂活以爲是"脂"。此字原簡圖作𦙃，疑此字爲"𦙃"之俗寫，其上部的"宀"俗寫猶如"事"俗寫作𦙃（肩貳T23：967），或者是古文𦙃類構形的遺留。從此簡的書寫情況來看，其字體方正，與常見的公文書抄寫字體有別，内容可能是某種字書。

14.【T24: 320A】

□□釗 □

按：釗，原簡作𤈦，原釋作"針"。"針"爲"鍼"之後起俗字，不可從，今改釋作"釗"，或爲"劍"之俗寫。

15.【T24: 334A】

□爲欲得之耳，固有人

□□也可，自言候移書居延

按：爲，原未釋，原簡圖作𤈦，金關漢簡中的"爲"如𤈦（肩壹T2：78）、𤈦（肩貳T23：976A）、𤈦（肩壹T10：406）等形，對比即可看出此形的結構，當補釋。

16.【T24: 444】

□□□□□牝，齒六歲，高五□

按：牝，原未釋，原簡圖作𤈦，左部從"牛"較清楚，右部墨迹較淡，作雙鈎復原後作𤈦，可知是"牝"字。而且按照常見的文例此處也應是表示牲畜性別的描述。

17.【T24: 569A】

□買素一匹，直（值）三百□□

---

① 胡永鵬：《西北邊塞漢簡編年》，福建人民出版社，2017，第34頁。
② 何茂活：《〈肩水金關漢簡（貳）〉疑難字形義考辨》，《簡帛研究二〇一四》，廣西師範大學出版社，2014。
③ 王錦城：《西北漢簡字詞雜考四則》，《簡帛》第18輯，上海古籍出版社，2019。

按：此簡左殘，導致個別釋字存在問題。買，原未釋，原簡圖作▨，上部殘缺，但下部所從"貝"十分清楚，暫擬作"買"。素，原未釋，原簡圖作▨，如果按照筆勢雙鈎復原當作▨，就可以較容易識別。《説文》："素，白致繒也。"素就是白色的生帛。匹，原釋作"三"，原簡圖作▨，雖然缺筆畫，但仍能看出不是"三"。尤其是兩橫中間的筆畫是點畫而不是橫畫，而且左部所缺應該是竪畫，這是"匹"的草書，比如金關簡中的▨（肩壹T10：380）、▨（肩叁T32：10）、▨（肩肆T37：836A）等字形就是這類寫法。"匹"在這裏用作"素"的量詞。通過改釋後可知簡文記録的是買素一匹，價值是三百多。"素"作爲絲織品在金關簡中不祇一見，比如T37：794"白素六尺八寸，直（值）百五十六"，T29：26"素六尺＝（尺，尺）十，直（值）六十"。看來"素"是漢代西北生活中一種較常用的絲織品。

18.【T24：639】

長卿中絲□☒ T24：639A

□中絲☒ T24：639B

按：絲，原未釋，原簡圖作▨，此字左殘，但與背面的"絲"合觀即可確定釋字。背面的"絲"，原未釋，原簡圖作▨，右部的"糸"比較清楚，左部的"糸"也可大致辨出，祇是墨迹較淡不易辨別。結合兩個字形，可知兩者應是一字，當是"絲"字。中絲這裏用作人名。

19.【T24：640】

平祴方萬尺耳。於癸日……☒

按：《説文》無祴，疑此字爲"祳"之俗寫。萬，原未釋，此字原簡圖作▨，可能是金關簡中▨（肩叁T30：28A）、▨（肩肆T37：1402）、▨（肩伍F3：259）之類"萬"的草書寫法。耳，原未釋，原簡圖作▨，部分筆畫不清晰，但整體輪廓較明確，可雙鈎復原作▨。癸，原未釋，原簡圖作▨，其實較容易識別，金關簡中有很多"癸"都是這種寫法，如▨（肩伍F3：228）、▨（肩叁T24：627A）、▨（肩伍F3：123A）等。日，原未釋，原簡圖作▨，有較多污迹干擾，導致不易識別。此形雙鈎綫描復原作▨，可明確是"日"字。"於癸日"意思是在癸日這天，這是數術類文獻中常見的表述，推測此簡與數術有關。

20.【T24：709】

☒【田】卒粱（梁）國睢陽東弓里欒遺，年廿四，☒

按：此簡與T24：706簡書手相同，兩者都爲田卒名籍，可補簡首"田"字。梁，原徑作"梁"，原圖從"米"，當改。遺，原作"邊"，原簡字形作▨，可比照▨（肩肆T37：1487）、▨（居217.32）等"遺"形改釋。欒遺，人名。

21.【T24：713】

☐聿（律），敢言之。☐

按：聿，原作"事"，此字原簡作♪，爲"律"之省，此類"聿"之寫法可參"律"之🖌（T37：528）、🖌（F3：171）等寫法。且按照常見文例，此處當爲"如律，敢言之"，亦可證原釋之誤。

22.【T24：845】

☐卒史文不識專診不識人☐

按：診，原簡作🖌，原未釋，左從言右從㐱皆非常明確。金關簡中🖌（肩壹T10：215A）、🖌（肩肆T37：252）等"診"的寫法即同此類。這裏的"診"可能表示詢問的意思。簡中的"文不識"疑爲"卒史"的人名。

23.【T24：862】

☐坐劾關☐

按：坐，原作"主"，此字原簡圖作🖌，上爲兩點而非一橫畫，爲"坐"之俗寫。對比金關簡中🖌（肩伍F3：182A）、🖌（肩貳T24：15A）、🖌（肩叁T32：70）等"坐"的寫法即可看出此簡字形問題。坐劾，指定罪揭發。居新ESC·53有"不以時發、舉，賜前已坐劾"。同樣的字形問題還見於T24：903"☐生皆☐"，其中原整理者釋作"生"的字原簡圖作🖌，應該也是"坐"。但此處沒有文例限制，也不排除"生"篆書遺留造成的上橫畫分兩筆書寫的情況。

24.【T24：895】

<u>私市</u>張掖居延☐☐☐☐☐ ☐

按：私市，原未釋，原簡圖分別作🖌、🖌，雖然左殘，但結合常見文例可知，前者是"私"右部的"厶"，後者"市"字的基本結構也可辨知，可確定釋字。由此推知這可能是過所文書的殘簡。

25.【T24：902】

番和修<u>福</u>里鹿遂 ☐

按：福，原釋作"禮"，原簡圖作🖌。無論釋作"禮"還是"福"，都是結構左右調換。不過仔細看左部當是從田從目，而且對比漢簡中所見的福、禮（對比如下）可知此形更近"福"字。祇是這個"福"所從的"田""自"上下顛倒。金關簡中有很多"修某里"，如修正里（T24：532A）、修德里（T26：118）、修義里（T9：120）、修飭里、修獲里（T8：84）等。修福里，與這些里名一樣都是表達一種美好的願望。

福：🖌（肩貳T22：120）、🖌（肩叁T24：724）、🖌（肩肆T37：985）、🖌（肩貳T23：379）

禮：■（肩貳 T15：8A）、■（肩叁 T30：32）、■（肩伍 72EJC：272B）、■（肩伍 C：599A）

26.【T24：952】

☐庸英里董齊，年廿四 ☐

按：英，原簡作■，原釋作"熒"，天長漢簡 M19：40-15A 中的"英"作■（人名），兩者字形近同。英里，在此簡用作里名。

27.【T24：978】

候長安國六月食以予丁子方 六月☐☐☐☐

按：予，原簡圖作■，字形雖不清楚，但上部的"マ"形比較清楚，結合文義可確定這是"予"字。予，給予。簡文是說候長安國將六月的廩食給了丁子方。

28.【T25：113】

貝丘多得里公乘趙兵。 ☐

按：貝丘，原簡作■，原釋作"居延"。此兩形與"居延"兩字差距太大，不可從。據字形當改釋作"貝丘"，作縣名，如 T29：100、T30：117、T37：740A 等簡皆可見貝丘。《漢書·地理志》貝丘在清和郡下，而金關簡中的"貝丘"既有屬魏郡的簡文，也有屬清和郡的記錄。多，原簡作■，原釋作"觻"。原整理者應是考慮到西北簡中常見的"觻得"又寫作"角得"（如 F3：558、F3：314 簡中），故將此處當成"角得"而釋文整理作"觻得"①。但觻得是張掖郡下轄縣，出現在里名中尚屬首見。金關漢簡中的角、多兩字列舉如下，通過字形對比可知"角"上的"刀"形不會與下撇畫連寫，而"多"字的草書每個都可與此簡字形大致相合，故從字形對比上應將此簡字釋作"多"。多得，在此簡中作里名。金關簡中"多某"的里名不乏其例，如"多積里（T2：2A）"、"多禾里（T25：89）"、"多牛里（F3：178）"等。

角：■（肩貳 T22：9）、■（肩叁 T31：114A）、■（肩叁 T32：71）、■（肩肆 T37：968B）

多：■（肩貳 T24：10A）、■（肩肆 T33：39）、■（肩伍 F3：54）、■（肩伍 D：260A）

29.【T25：149B】

☐南卒少行令一橄真☐☐

按：橄真，原作"數算"，原簡圖分別作■、■。字形較易辨識。關於"真"的字形

---

① 按：金關簡釋文整理者常將"角得"直接整理作"觻得"，比如 73EJT8：105A、73EJT25：113 等簡都出現了這種情況。

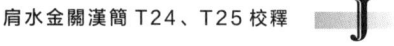

辨析鄔文玲有文章詳細論述，可參考①。檄真，即檄書正本。

30.【T25：156+174+122】

東塢〈部〉候長則以府表舉書道官，六月七日戊子騨北亭卒福表七通，辛卯……☐

按：此簡由姚磊綴合（《綴合》147）。許名瑲指出"六月七日戊子"，則六月壬午朔，定此簡屬宣帝五鳳二年。②塢，原簡作🔲，原未釋。T23：348 有"東部候長則"，有文例相對。但將此形看作"部"，結構筆順都與漢簡中的字形不合，找不到任何相同字例。此形與"塢"的簡省寫法很合，如居延舊簡 104.42B 中的"塢"原簡圖作🔲，正可與此形對證。故此字當釋作"塢"而視爲"部"之訛誤字。

31.【T25：201】

☐秋谷計。

按：秋，原作"私"，原簡圖作🔲。此形最右的點與"厶"的點畫筆勢不同，故知此字釋作"私"有問題。此形右部雙鈎綫描作🔲，金關簡中的"秋"有🔲（肩貳 T23：924）、🔲（肩肆 T37：757）、🔲（肩肆 T37：102）等寫法，與此形大致相合。而且從上計的角度來說，私人的穀未必是上計對象，所以此處的"私"當改釋作"秋"。

以上是探方 24、25 中 36 枚釋文存在問題的簡，其實還有不少文字較易識別且辭例相對單一的釋文存在問題，這類釋字僅從字形與辭例就可識別判斷，列表附後。還有一些僅存少許筆畫墨迹，但是依照文例可補出的字，比如 T25：135A "七月丁卯騨北亭卒少以☐"，可補未釋字"來"；T25：217 "☐言之"可補未釋字"敢"等。此外，還有疏於校對產生的錯誤，比如 T24：295 中的"吕子侯"，其中的"侯"原整理者第二册圖版旁釋文誤作"候"，而第三册釋文本不誤。這種校對問題在《肩水金關漢簡》的第一卷、第二卷中數量也有不少，有待整理。

附　表

簡號	原簡字形	原釋文	新釋文
T24：43		廩臨莫隧卒廉襄九月食。二十一。丿丿	稟（廩）臨莫隧卒廉襄九月食。二十一。卩
T24：294		☐☐赤力一百斤	☐通赤力一百斤
T24：407		張掖居延界中	張掖居廷〈延〉界中

---

① 鄔文玲：《簡牘中的"真"字與"算"字——兼論簡牘文書分類》，《簡帛》第 15 輯，上海古籍出版社，2017。

② 參見許名瑲《肩水金關漢簡 73EJT25：156+174+122 考年》，簡帛網 2016 年 12 月 26 日，http：//www.bsm.org.cn/show_article.php?id=2688。

續表

簡號	原簡字形	原釋文	新釋文
T24：489		盡三年二月假器物	盡三年二月叚（假）器物
T24：626		□□傳□□	□□傅□□
T25：70A		□□十□	□四十□
T25：231		公乘郭毋□	公乘郭毋☑
T25：229		□□□	☑復用
T25：5		河南穀成長陽里	河南勃〈穀〉成長陽里

北大簡《蒼頡篇》簡序與漢牘本章序問題述論

白軍鵬[*]

摘 要： 北大簡《蒼頡篇》與漢牘本《蒼頡篇》是目前發現的最爲完整的兩種《蒼頡篇》簡牘本，整理者爲兩種版本最初所定的簡序與章序都存在一定的問題。學者們對北大簡的簡序提出過新的意見，這些意見多數可取，也有一部分意見值得商榷。而漢牘本的章序可以更好地驗證北大簡整理者及相關學者所判斷的簡序問題；相應地，對漢牘本章序進行調整時也需要參考北大簡的相關內容，如對漢牘本整理者原定第十板、第十一板甲等順序的修訂等。在兩者對比參驗之時也不能忽略各自的物質形態信息，如通過北大簡簡背劃痕可驗證學者對漢牘本章序調整的可靠性。

關鍵詞： 北大簡；漢牘本；《蒼頡篇》；簡序；章序

自二十世紀初至今的百餘年間，簡牘本《蒼頡篇》陸續被發現，已經引起學者的極大研究熱情。其中保存最完整的是北京大學藏漢簡本及最近公布的漢代木牘本。[①] 兩本中北大簡本屬於未經"閭里書師"斷章的二十章本，而漢牘本則爲經過斷章的五十五章本。這兩種版本的《蒼頡篇》由於發現時簡牘的順序均已變亂，因此需要整理者對簡牘的順序進行復原。而由於材料的不完整以及當時整理者的認識等問題，呈現出來的簡或牘的順序都還存在不同程度的問題。因此，從文本復原的角度考慮，首先需要對兩本進行順序的復原。

在北大簡公布後，學者已經對整理者所定簡序提出過一些不同意見，有一些是很正確的判斷。而在漢牘本《蒼頡篇》公布後，則可據兩本的內容相互驗證及對簡牘順序進行調整。下面擬對學者的相關研究進行考察與述評，同時也提出我們自己的意見。

---

[*] 白軍鵬，東北師範大學、"古文字與中華文明傳承發展工程"協同攻關創新平臺副教授，博士生導師。研究方向爲《蒼頡篇》、漢簡人名及漢簡校勘等。
本文是國家社科基金重大項目"東漢至唐朝出土文獻漢語用字研究"（21 & ZD295）、"古文字與中華文明傳承發展工程"實施計劃研究項目"秦漢簡帛古書異文整理與研究"的階段性成果。

[①] 北京大學出土文獻研究所：《北京大學藏西漢竹書（壹）》，上海古籍出版社，2015；劉桓編著《新見漢牘〈蒼頡篇〉〈史篇〉校釋》，中華書局，2019。此外還有阜陽漢簡本、水泉子漢簡七言本、斯坦因所獲習字削衣本以及敦煌居延等地發現的零星殘簡本。

一　北大簡《蒼頡篇》簡序的調整

　　北大簡《蒼頡篇》殘斷者不多，經過整理者的綴合，得整簡 63 枚，殘簡 18 枚。相對來説，由於其在整理之初亦無編繩，因此編聯工作似乎更具難度。而其編聯工作主要依靠簡背劃痕及押韻情況展開。整理者稱："屬同一韻部的各章内簡的綴連，以及章與章之間的綴連，均首先利用了簡背劃痕。"[①] 北大簡《蒼頡篇》的編聯存在一個較爲突出的困難，即除章末簡以外，每簡均書有五句二十字，也就是説其任何一句均未跨越兩簡。與之相關，阜陽漢簡目前已知其每簡容字超過二十字，而據周飛先生的進一步研究可知阜陽簡本《蒼頡篇》"不像北大簡一樣每簡寫整句，很可能每簡的字數有所參差，大約在 21~27 字之間"。[②] 如此來看，北大簡的這種書寫格式使得語義與押韻的編聯時所能起到的作用變得更爲有限。

　　最終，呈現給我們的《北京大學藏西漢竹書（壹）》的簡號順序基本上就體現了整理者的編聯結果，或者可以説是他們對簡序的最終認識。有一點需要指出的是，連續編號的簡與簡并不意味着都是直接相編聯的。整理者對此有作進一步的區別。而其區別出的下一層級，則可視爲是編聯在一起的。

　　北大簡整理者最初的區分較爲細緻謹嚴，尤其是章與章之間，整理者均未直接連綴。顯然是出於審慎考慮而做出的決定。而在書後所附《北大藏漢簡〈蒼頡篇〉的新啓示》一文中，朱鳳瀚先生提到"同韻部諸章可能是相連綴的"。其具體指出了"□禄"（引者按，即"賞禄"）章章末的簡 7 可能與"漢兼"章章首簡 8 相連；"幣帛"章章首簡 27 可能與上一章章末的簡 26 相連；"顓頊"章章末的簡 52 與"室宇"章章首簡 53 可能相連；"雲雨"章章首簡 59 與上一章（同爲陽部韻）章末簡 58 可能相連。[③]

　　在北大簡公布後的一段時間，學者的關注重點主要集中在文字的釋讀上，因此對簡牘的編聯進行研究的文章并不多。秦樺林先生《北大藏漢簡〈倉頡篇〉札記（一）》是較早對北大簡整理者所作編聯提出不同意見者。

　　文章第二條意見在對内容完整的"顓頊"章進行考察後，得到了"隔句押韻，俱爲陽部韻"以及"一句八字之中，内容往往相關"的認識，并在此基礎上對整理者所編聯的"室宇"章提出了新的見解，認爲簡 55 末句"桶概參斗"與簡 56 首句"犀犛豺狼"并不相關，因此認爲將簡 55 與 56 編聯於一處有誤。他提出："簡 56 可能不屬於'室宇'

[①] 北京大學出土文獻研究所：《北京大學藏西漢竹書（壹）》，第 68 頁。
[②] 周飛：《〈蒼頡篇〉綜合研究》，清華大學博士學位論文，2017，第 143 頁。
[③] 朱鳳瀚：《北大藏漢簡〈蒼頡篇〉的新啓示》，《北京大學藏西漢竹書（壹）》，第 173 頁。

章，而當與簡64繫聯。簡64的韻脚字爲'蔣''英'，亦爲陽部韻，末句'麋鹿熊羆'在内容上恰可與簡56的首句'犀辇豹狼'相銜接，這兩支簡應屬於同一組。"①

秦文的判斷除了根據押韻與内容外，應該還受到阜陽漢簡《蒼頡篇》C035"桶槀參斗。升半實當"兩句的啓發，其文中亦已提及。通過漢牘本進行驗證，將簡56與64銜接的判斷是正確的。不過正如福田哲之先生指出的那樣，秦文認爲整理者將簡55與56編聯相接的看法是誤解。兩簡分別處於整理者所劃分的不同組別。

秦文的第三條意見是針對簡33、34、35三簡的編聯提出的。文章從内容考察，認爲簡34與簡33、簡35差別較大，不可能屬於同一章，并進一步提出"簡33應與簡35直接編聯。簡33的末句'嬰捐姽嫿'與簡35的首句'媌喻菁華'同爲描繪女子容貌、體態的形容詞"。②

參考漢牘本的重見内容，秦文認爲簡33與簡35直接編聯是正確的。不過與上一條的情況相類，在北大簡整理者所作的進一步分組中，簡33本來與簡34便不在同一組内。

秦文之後，集中對北大簡《蒼頡篇》編聯提出不同意見的是福田哲之先生。他在簡背劃痕之外又總結了兩項可以幫助編聯的指標：一是簡序與押韻位置的關係。他將所有竹簡區分爲Ⅰ型竹簡及Ⅱ型竹簡，前者爲奇數簡序，後者爲偶數簡序。兩種竹簡中分別爲奇數（第一、三、五）句押韻與偶數（第二、四）句押韻。交互排列，絶無同型相連者。二是字義間的關聯。此在前引秦文中亦被主要應用。

在簡背劃痕及以上兩項指標的幫助下，福田氏對北大簡四個部分進行了重新編聯。③

首先是魚部韻章，簡24~30的編聯。在前面引述中可以看到，雖然北大簡整理者對簡序的排列是簡24~30，不過這祇代表基本排序，具體來看將這7枚簡分爲簡24、簡25~26、簡27~30三個部分。其原因在於簡24與簡25之間的簡背劃痕斷開。福田氏據簡24與簡25的押韻交錯及字義判斷兩簡在最初是相連的，簡背劃痕斷開當由廢簡造成。而這一部分中簡27與簡28之間的簡背劃痕亦斷開，不過由於兩簡爲章首，簡首分別寫有章題"幣"與"帛"，因此可以作相連處理。簡26與簡27由於分別處在兩章章末與章首，由前所述，北大簡整理者認爲兩者可能相連，但是在釋文中仍作分開處理。福田氏則將其一并編聯。最後的結果即簡24~30可完全編聯。

其次是陽部韻章。在秦文認識的基礎上，福田氏將相關簡文的編聯順序調整爲簡63、64、56、57、58、59、60、61、62。不過他認爲簡64與簡56之間存在廢簡。

再次，在不同韻部的編聯上，福田氏將幽部與宵幽合韻的簡14、簡15與幽部的簡

---

① 秦樺林：《北大藏漢簡〈倉頡篇〉札記（一）》，簡帛網，2015年11月14日。
② 秦樺林：《北大藏漢簡〈倉頡篇〉札記（一）》，簡帛網，2015年11月14日。
③ 福田哲之：《北京大學藏漢簡〈蒼頡篇〉的綴連復原》，《出土文獻與古文字研究》第八輯，上海古籍出版社，2019，第264~278頁。

20、簡 21 編聯，這除了考慮押韻外，主要還是依據簡背劃痕。此外，文章還據簡背劃痕信息認爲之部的簡 12、簡 13 亦可與簡 14、簡 15 編聯於一處。因此，最後的結果爲簡 12、13、14、15、20、21 幾枚簡直接編聯。

最後，主要參考簡背劃痕間的相對位置關係，福田氏將脂、支合韻及支部的相關簡編聯復原爲簡 44、45、缺兩枚、39、缺一枚、40、41、缺一枚、42、43。

參考漢牘本的重見內容，福田氏前兩處的編聯復原基本是正確的。第三處，簡 13 與簡 14 不能直接編聯。最後一處，其認爲簡 39 與簡 40 之間缺簡一枚的看法是正確的，由漢牘本可知所缺者爲簡 38，而對簡 44、45 與簡 40、41 以及簡 42、43 之間相對位置關係的判斷則不準確。

在漢牘本公布後，對以北大簡爲主的二十章本《蒼頡篇》文本的復原工作又向前推進了一步。一方面由於漢牘本每一章均書寫於木牘之上，因此，完好保存的一枚木牘上便有完整的一章內容，與簡本相較，顯然木牘上的這一章已經不必再考慮相互間的簡序問題。另一方面，漢牘本《蒼頡篇》在每一枚木牘上部均寫有序號，這個序號即章序。相比於簡背劃痕，章序在排列文本順序上的作用無疑是更直接的。因此，依據漢牘本的文本形態可以對北大簡、阜陽漢簡《蒼頡篇》整理者及相關研究中的編聯、綴合進行驗證，也可以將通過其他方法無法進一步綴合、編聯的工作向前推進。

二　漢牘本章序的初步調整

漢牘本公布後，我們發現整理者對章序的認定及相關認識存在一些問題，因此需要首先對這些問題進行厘清。我們曾對相關章序的調整提出了新的意見。[1]

整理者將漢牘本《蒼頡篇》各章章序、押韻情況列出，并根據第十章後兩句"爰磨次貤，繼續前圖"判斷此後的內容爲《爰歷篇》，以及根據第三三板第二十五字開始之"博學深惟"判斷其後的內容爲《博學篇》。如此，若按五十五章本來計算，《蒼頡篇》爲十章左右，《爰歷篇》爲二十三章左右，《博學篇》爲二十二章左右。這樣判斷從表面上看是沒有問題的。但是其前提是各板章序是可靠的。而由下文來看，整理者在此對"秦三蒼"的離析是有誤的。

如前所述，漢牘本《蒼頡篇》每板頂端均有章序，有些字迹保存得較好，可清晰辨認，如第五章、第七章等。然而，有相當多的章序就公布的圖片來看是模糊不清的。這也導致了整理者所定章序存在部分問題。

---

[1] 白軍鵬：《漢牘本〈蒼頡篇〉讀後》，復旦大學出土文獻與古文字研究中心網站，2019 年 12 月 26 日，文章後收入《古文字與出土文獻青年學者論壇（2019）論文集》，上海古籍出版社，2023。

如在離析《蒼頡篇》與《爰歷篇》中具有重要位置的所謂第十板，如果從字迹上看并不能判斷其章序。由於"閭里書師"在斷章時大多數未變動順序，這從漢牘本與北大簡《蒼頡篇》的對比上可清晰表明，因此我們可以據北大簡的内容幫助判斷漢牘本的章序。北大簡《蒼頡篇》簡61的文字爲："崋巒岑崩。阮巋陀阮。阿尉駇瑣。漆鹵氐羌。贅拾鋏鎔。"其中"漆鹵氐羌"正處在所謂第十板的第一句，而其上一句"阿尉駇瑣"則與第十九板最末句"阿尉駇□"相同。很顯然，整理者判斷爲第十板者應爲第廿板。這樣第十九、廿兩板内容正好銜接。而漢牘本又正好無第廿板，因此，將第十板改爲第廿板應是正確的。否則，北大本簡61中的文字被分割到兩個完全不相干的章中且前後倒置便不太容易解釋。而在整理者看來，漢牘本《蒼頡篇》有兩個第十一板。其中第十一乙板的上端字迹比較清晰，其數字可以確定爲"十一"，相當於北大本簡46~48，北大簡《蒼頡篇》每簡書二十字，三簡恰好六十字。此即《顓頊》章的前面部分，自"顓頊祝融"起，止於"鼪展蕡達"；而北大本簡49~51則相當於漢牘本的第十二板，起於"游敖周章"，止於"論訊禍祥"。從北大簡《顓頊》章的分章來看，整理者的意見是《顓頊》章自簡46起，至簡52"捕獄問諒 百卅六"止，恰好一章，簡46~51每簡寫滿二十字，簡52書十六字正文加上記錄本章字數的"百卅六"，全章無殘缺。這無疑是正確的。簡52"卜筮尬占"起至簡55首句"屏圂廬廡"止，相當於漢牘本的第十三板。因此，所謂的"第十一乙"板確實是第十一板。而所謂的"第十一甲"板，其章序的數字剥落嚴重，不易辨識。此兩板上的内容分别見於阜陽漢簡本和北大簡本，因此屬於"閭里書師"所增益的可能性是極小的。

第廿板最末兩句是《爰歷》的開篇"爰歷次弛，繼續前圖"，而所謂的"第十一甲"板的章首爲"輔塵顆頵，鞁儋闋屠"。這恰可與阜陽本簡C10相合，其作"爰歷次弛。繼續前圖。輔塵顆咀。鞁儋闋屠"説明所謂的第十一甲板確可與我們改序後的"第廿"相接，因此，我們以爲整理者所説的第十一甲板也當改爲第廿一板，而漢牘本亦恰無第廿一板。如此，這也解決了出現兩個第十一板的問題。在此認識下，我們再仔細觀察這一板上數字的字迹，隱約有兩豎筆存在，也説明其當爲"廿"而非"十"。這樣，《蒼頡篇》與《爰歷篇》的界限就應該在第廿板。而第卅三板的字迹較爲清晰，以之爲《爰歷》與《博學》的界限是没有問題的。

按照整理者的意見，本書中有幾個章序是有兩板的，除上面已經談到的整理者所定之第十一板我們認爲當爲第廿一板外，尚有第十八、第卅五、第卌、第卌三、第五十三幾章，整理者認爲分别有甲、乙兩板。

不過就目前所見漢牘本的照片來看，除第五十三板兩板上均可依稀辨識章序外，其餘則不能確定。而且第五十三乙板中的内容不見於其他各本《蒼頡篇》，這也是很值得再深思的。所謂的第十八甲板和第十八乙板，從圖版上看均無法確認。第十八甲板中有個別字句見於阜陽漢簡本，不過由於阜陽本《蒼頡篇》殘斷過甚，無法用來考證其板序。第十八乙板上下均有殘缺，但是從內容上看則可與北大本相合，北大簡《蒼頡篇》簡64、簡56及簡57前四句與此板內容同，由簡64"藋葦菅蔽"起至簡57"河沛泹漳"止共十四句五十六字，與完整一章的六十字相比少了四字，而其所缺者從五十五章本看當爲該章首句的四字。因爲北大本簡57第五句"伊雒涇渭"恰好爲第十九板的內容，所以將第十八乙板的章序定爲"第十八"是沒有問題的。但是第十八甲板章序的確定從字跡與相關論證上看均毫無根據。

對於第卅五板中的兩板，其中的甲板，漢牘本本來是沒有的，整理者對比北大本簡71、72、68、69等與漢牘本第卅四和卅六相同的內容，確定北大簡71自最後一句"截烄熱橺"起，至簡69第四句（即倒數第二句）"踝企瘶散"止，恰合整三簡六十字，當爲"第卅五"板的內容，這是正確的。至於其所謂的"第卅五乙"，由於字跡漫漶不清，姑且存疑。

第卅板的情況近似。由於第卅九板最後一句"齋購件妖"爲北大本簡42首句，因此簡42後面四句應該就是第卅板的內容。簡43由於簡首有作爲章題的第二字"購"，所以其與作爲該章首簡的簡42內容上可以前後相連，亦當接續簡42對應漢牘本第卅章的內容。不過按照整理者所認定的第卅板看來，其內容與北大本簡42、簡43顯然不同，因此整理者稱"說明漢牘本三九、四○必有一重號板。茲定四○板有重號"。① 這種并無根據的"二選一"從方法上顯然存在問題，而且所謂的"第四○"板上的序號亦實在難以辨識，因此不能排除其并非第卅，即所謂的"第四○乙"亦暫存疑。

第卅三兩板的情況與以上幾例亦同。且此兩板上部均有殘缺，根本無法確定其章序，整理者根據北大簡本的相關內容，確定第卅三甲板的序號是正確的，但是所謂的"第卅三乙"無法辨識，可存疑，章序待考。

由此看來，所謂的兩板同一章序的情況，最好還是謹慎對待，目前來看，有相當一部分是存在問題的。如果從實際應用的角度來看，"閭里書師"的"斷六十字爲一章"，實在衹是爲了整齊劃一、方便書寫以及學童記誦。整體上其一章的內容未必有什麼聯繫。因此沒有任何理由將一章的六十字擴充至一百二十字，更何況按照整理者所定的幾個兩板同序章中，同序的兩板在內容上也沒有任何關聯。《漢書·藝文志》："至元始中，徵天下通小學者以百數，各令記字於庭中。揚雄取其有用者以作《訓纂篇》，順續《蒼頡》，又易《蒼頡》中重復之字，凡八十九章。臣復續揚雄作十三章，凡一百二章，無復字，

---

① 劉桓編著《新見漢牘〈蒼頡篇〉〈史篇〉校釋》，第107頁。其中的"四○"按照木牘上的板序文字應作"卅"。

六藝群書所載略備矣。"① 揚雄、班固的增字至八十九章與一百二章，其章序應該是接續五十五章的，不太可能在某一章旁加一個同樣的序號。

三　福田哲之的研究及驗證

福田哲之先生在對比了漢牘本與北大簡之後，曾寫成了《漢牘〈蒼頡篇〉的押韻與章次》一文，在文中他製作了一個比較詳細的表格。② 不過該文僅有此表，并無論證過程。後來他結合此前對北大簡簡序的研究及漢牘本章序的考察將相關的論證補入。③ 在後文中，他除了對相應的部分增加考證外，還對此前發表時的表格內容進行了少量的修改。

如前所述，我們在《漢牘本〈蒼頡篇〉讀後》中首先提到了漢牘本整理者對一些章序的判斷存在問題，且對其中一部分章序提出了修訂意見。福田先生的研究主要是對漢牘本的章序進行了全面的修訂：將第五十四板改爲第十板，失序號四改爲第十七板，第十板改爲第廿板，第十一板甲改爲第廿一板，第卅三乙改爲第廿三，失序號一改爲第廿四板，第八板改爲第廿五板，第卅五乙改爲第卅五，第廿四板改爲第五十四板，第五十三乙改爲第五十五；此外還有三處不完全確定的：第十八甲與第卅乙應分別改爲第廿二、廿八或卅二中的一個。第卅二板改爲第卅一或卅三板，第卅三板甲改爲第卅二或卅四板。

其中將第十板改爲第廿板以及第十一板甲改爲第廿一板是依據我們的意見。這在福田氏文中已經提及。而我們在《讀後》一文中已經強調了整理者所定的所謂兩板一序存在問題。除第十一板甲外，我們還提到了整理者所定的第五十三乙及第卅五乙的章序存在問題，福田氏亦將此兩板改序。將第八板改爲第廿五板，我們在《讀後》完成後亦有此想法，由於福田文未對此改序進行詳細解讀，在此將考證寫出，以供參考：

第八板押魚部韻，十分可疑。從字跡來看，章序的數字完全無法看清。此板上的內容見於北大簡《蒼頡篇》簡 26~29 前半部分，漢牘本存 13 句，缺最後兩句。

相關文句存於北大簡 29。爲方便考察，我們將簡 29 的文字寫出：

蛟龍虫蛇。黿鼉鼈魚。陷阱錯釣。罾筍罘罝。毛觛縠矰。

而所謂第八板所存最後一句即全章倒數第三句爲"蛟龍龜蛇"，與北大簡 29 首句相較，除"虫"與"龜"的異文之外，其餘皆同，顯然應爲同一句。④ 就此可知漢牘本此章

---

① 《漢書》卷三〇《藝文志》，中華書局，1962，第 1721 頁。
② 福田哲之:《漢牘〈蒼頡篇〉的押韻與章次》，復旦大學出土文獻與古文字研究中心網站，2020 年 6 月 27 日。
③ 文章仍以《漢牘〈蒼頡篇〉的押韻與章次》爲名，由白雨田翻譯，發表於《簡牘學研究》第十一輯，甘肅人民出版社，2022，第 166~182 頁。
④ 阜陽漢簡後雨字過去釋爲"龜蛇"，張傳官先生據北大簡改釋爲"虺蛇"，漢牘本"龜"字不清，無法判斷，張文懷疑此亦應爲"虺"。參張傳官《漢簡牘〈倉頡篇〉校讀零札》，《古文字研究》第三十四輯，中華書局，2022，第 467 頁。

最後兩句即"黿鼉鼈魚，陷阱鐇釣"（不考慮異文）。北大簡與其後相接的內容爲"罾笱罘罝，毛觡縠繒"。此兩句對應漢牘本第廿六板首兩句"罾笱罘罝。毛觡縠增"。因此，無疑，整理者所定之第八板當改爲第廿五板，而漢牘本中恰無第廿五板。

此外，我們也認可福田氏將失序號四改爲第十七板。理由如下：

北大簡63對應漢牘本"失序號第四"，而簡64、56以及簡57前四句則對應漢牘本第十八乙。北大簡整理者及福田哲之均判斷簡63與簡64直接相連，考慮到兩簡簡背劃痕相接及押韻、內容的因素，這個判斷是沒有問題的。因此，北大簡63應該對應漢牘本第十七板，也就是説漢牘本整理者所謂的"失序號第四"應爲第十七板。而第十八乙其實就是第十八。

福田先生將漢牘整理者原定爲第卅三板乙者改爲第廿三板。對此，我們前面亦已提出懷疑，認爲所謂的第卅三板乙無法辨識，當存疑，由於此板亦是押魚部韻的。我們認爲其亦當爲《爱歷篇》的內容，因此簡序範圍除前面已經確定的第七板及一板疑似的廿八外，當在第廿二、廿三、廿七、廿九、卅二幾個序號之內，若"三"的判斷有據，則最有可能是第廿三板。北大簡與之對應的是簡34，且正好與其最後五句相合。而與改正後的第廿四板（原失序號第一）相合的北大簡是簡24與25，對比之後可以很容易得知此兩簡恰與後十句相合，則可知所缺五句恰合一枚簡。也就是説第卅三板乙確爲第廿三板。因此，簡34與簡24之間應隔一簡，我們可以通過簡背劃痕來檢驗：簡34簡背劃痕爲兩道，其左側距簡頂端分別爲1.0厘米與11.7厘米，可能屬於這一道劃痕組內的倒數第二枚或第一枚。如此，則其下一枚簡應歸入本道劃痕組內最後一枚或由下一道劃痕所組成的一組中的第一枚。相應的，作爲再下一枚的簡24則一定會屬於下一道編繩組，如果是前者，其劃痕左側距簡頂端的距離應爲0.7厘米，如果是後者，則爲1.4厘米（數據可參後文）。而簡24簡背劃痕左側距簡頂端3.0厘米。考慮到劃痕的不精準性，數據可以有一定的浮動。如果是後者，也就是簡34是該劃痕組內最後一枚簡，則其與簡24之間的劃痕是大致可以相合的，至少不具有絶對的相矛盾之處。

福田氏還將第卅二板改爲第卅一或卅三，第卅三板甲改爲第卅二或卅四，第卅五板乙改爲第卅五板。其中，將第卅五板乙改爲第卅五板我們可以看出是考慮到了押韻的因素，由於北大簡69最後一句對應漢牘本第卅六板首句，因此簡68及簡69前四句應爲第卅五板的結尾九句，不過與前面的情況類似，漢牘第卅五板內容亦與此兩簡不同。從押韻情況來看，漢牘第卅五板以押脂部韻爲主，此外還有歌部"罿"及耕部"裎"。不過所謂的"裎"字迹已經無法判斷，暫存疑，而其中整理者未釋而認爲假借之字當爲"飛"，屬微部。因此，明確的押韻以脂部爲主含歌部與微部字。而第卅四板、卅六至卅九板幾乎均押耕部韻，因此這個所謂的卅五板本來定非夾雜其間。若從易於造成判斷失

北大簡《蒼頡篇》簡序與漢牘本章序問題述論

誤的角度來看，其似乎應爲第卅五板。第卅四板不存，而第卅六板押脂、微、歌、文四部，與整理者所定的第卅五板押韻極爲近似。

應該說，福田先生對漢牘本章序的調整多數是可信的，但是也有一些尚值得推敲。

福田先生將失序號一改爲第廿四板，將第廿四板改爲第五十四板，將第五十四板改爲第十板，這之間是密切相關的。對於失序號與第廿四板的問題，我們最初的想法是：由於北大簡26（章尾簡存兩句）與簡27、28、29（前三句）正好合漢牘本第廿五板，簡29（後兩句）與簡30爲第廿六板的前半部分，而簡24、25與漢牘本失序號第一的內容可對應，簡19則與整理者所定之漢牘第廿四板中的內容相合。失序號第一殘斷比較嚴重，首先可以考慮的是它本爲第廿四板上殘斷下來的，不過漢牘第廿四僅殘缺右下角，缺字僅四字，因此能夠肯定失序號第一與第廿四板原非一板。這樣，簡24與25便也一定不會排在第廿四板。因此，將北大簡25與簡26編聯於一處是存在問題的，兩簡不應連接。

而按照福田氏的改序，失序號第一被改爲第廿四板，則北大簡25與26的銜接問題自然也就解決了，也就是說簡24、25與簡26便可直接編聯，這與北大簡25、26的簡背劃痕也基本吻合。不過由於漢牘本按照整理者的意見本來是有第廿四板的，這樣一來就存在兩個廿四板，針對這個問題，福田氏將原第廿四板改爲第五十四板。這樣修改章序後，原本對應第廿四板的北大簡19便被改爲對應漢牘第五十四板。北大簡20、21與漢牘第五十三板內容相合，對應漢牘前面的八句（簡20前兩句對應漢牘第五十二板末尾），如此，則從北大簡的簡序來看，簡19就應調整至簡20與21之後。這樣調整是否準確？我們可以通過簡背劃痕來驗證。我們先將對應的文字寫出（韻腳腳字加下畫綫標出）：

飫猷然稀。丈亥牒<u>膠</u>。竊鮒鱲<u>鱗</u>。鱣鮪鯉<u>鰪</u>。慘忾瀚<u>羯</u>。B20（前兩句屬第五十二板）
粉鼙玗<u>羔</u>。冤暑暖<u>通</u>。坐聱謏<u>求</u>。蓼闇堪<u>況</u>。燎灼煎<u>炮</u>。B21
快狡息<u>寐</u>。夢寤□<u>□</u>。韵診辱<u>耽</u>。亶擅隱<u>僞</u>。鮑□淫<u>回</u>。A
雷簾難<u>條</u>。惡蘭□<u>□</u>。○○○<u>●</u>。○○○<u>●</u>。○○○<u>●</u>。B（後三句起爲第五十四板）
○○○<u>●</u>。○○○<u>●</u>。○○○<u>●</u>。○○○<u>●</u>。○○○<u>●</u>。C
○○○<u>●</u>。○○○<u>●</u>。○○○<u>●</u>。○○○<u>●</u>。○○○<u>●</u>。D
○○○<u>●</u>。○○○<u>●</u>。○○○<u>●</u>。○○○<u>●</u>。○○○<u>●</u>。E
○○○<u>●</u>。○○○<u>●</u>。○○○<u>●</u>。○○○<u>●</u>。○○○<u>●</u>。F

其中"快狡息寐"至"惡蘭□□"七句據漢牘第五十三板補足。而接下來的內容按照押韻以"○"及"●"虛補。其中"●"爲押韻字。顯然，第五十四板應包括B簡後三句、C簡、D簡以及E簡前兩句。當然，前提是這幾枚簡均寫滿。如果其中有章尾簡，則第五十四板的結尾會往前進一到四句，最多可進至F簡第一句。北大簡19第二句尾字"訽"與第四句尾字"槖"處在韻腳的位置，可知其符合C與E兩句的押韻情況。我們

· 193 ·

再來看其簡背劃痕。

簡 21 的劃痕左側距簡頂端爲 10.2 厘米，簡 20 爲 9.5 厘米。北大簡《蒼頡篇》的每道簡背劃痕末端在所在簡的位置一般是左側距簡頂端 12 厘米左右，如簡 43，爲 12.5 厘米，其與簡 42（簡背劃痕左側距頂端 11.9 厘米）相連，兩簡簡背均兩道劃痕，基本可以認定簡 43 爲此一組由簡背劃痕組成單元的末簡。再如簡 34，其左側距簡頂端分別爲 1 厘米與 11.7 厘米，這顯示簡 34 應該處於該道劃痕的倒數第二或第一枚簡。按照一般情況，其前一枚簡亦應有兩道劃痕。由於簡背劃痕刻劃不會十分精準，我們認爲前後各浮動兩枚簡應該是可以的。

考察《北大藏漢簡〈蒼頡篇〉一覽表》及《簡背劃痕示意圖》可知，每一個劃痕單元組中，劃痕均由左上向右下方斜行，而一枚簡的劃痕走勢自然也與此相同，在一枚簡中，劃痕在左側劃入與右側劃出的兩點間垂直距離一般是 0.7 厘米。[①] 因此，A 簡、B 簡、C 簡的這個距離應該分別是 10.9 厘米、11.6 厘米以及 12.3 厘米，從 D 簡開始則應爲由下一道劃痕所組成的單元，而北大簡《蒼頡篇》的簡背劃痕一般均應起自簡頂端，[②] 即 D 簡爲 0 厘米，E 簡爲 0.7 厘米。[③] 若簡 19 爲 C 簡，則其簡背劃痕左側應距簡頂端 12.3 厘米左右，若爲 E 簡，則其簡背劃痕左側距簡的頂端應爲 0.7 厘米左右，而實際情況是簡 19 簡背劃痕左側距簡頂端爲 7.8 厘米，其與兩者均差距過大。因此，如果按照劃痕的一般規律來判斷，簡 19 的位置不會處在漢牘第五十四板，也就是說福田氏將漢牘第廿四板改爲第五十四板是存在問題的。

小　結

簡牘的編聯是整理過程中非常重要的一步，它與文字的解讀相輔相成。對於那些有傳世本參考的簡牘的復原相對來説更爲便利，對於沒有傳世本者則需要考慮儘可能多的因素展開工作。而《蒼頡篇》由於有北大簡及漢牘本兩個相對完整的文本，在對簡牘順序的調整時則可相互參證，將存在的問題基本解決。當然，即使有不同的文本，各自文本内部的物質形態信息也仍然是不能忽視的。

[①] 當然，限於簡的寬度不同，劃痕亦無法做到精準，并非每一枚簡均精確爲 0.7 厘米，但是以 0.7 厘米爲最多，其餘數據亦均以之爲中心上下浮動。

[②] 這一點，福田哲之先生也是同意的，這從其在編連簡 64 與 56 時認爲兩簡間存在廢簡即可判斷。參氏著《北京大學藏漢簡〈蒼頡篇〉的綴連復原》，《出土文獻與古文字研究》第八輯，第 271 頁。

[③] 比照簡 34 的推斷，這個數據當然也是可以分別增加 1 厘米的。

東牌樓漢簡出土層位關係與棄置問題初探

徐俊剛 *

摘 要：長沙東牌樓東漢簡牘總體數量較少，埋藏散亂。但考察簡牘出土層位情況及其他出土信息，仍可得到一些較有價值的發現。通過重新梳理簡牘種類、出土形態與出土層位之間的關係可知，東牌樓漢簡原本是被專門保存的，其被棄置應該是由於漢末長沙地區戰亂動蕩，簡牘在戰火中失去保管者，損壞後被丟棄。

關鍵詞：東牌樓漢簡；出土層位；古井簡牘

近年來，湖南地區古井出土簡牘數量龐大，里耶秦簡、走馬樓西漢簡、五一廣場東漢簡、東牌樓東漢簡、尚德街東漢簡、走馬樓吳簡等，都是古井簡牘研究的優質樣本，并由此形成了"古井簡牘文書學"這一新概念。古井簡牘既爲學界增添了新的研究資料，也爲傳統簡牘學研究帶來新視角。其中，利用簡牘的出土區位關係和揭剥信息對簡牘本身的形制、分類、性質，以及編聯、綴合等加以研究，已經引起學界的高度重視。然而，正如凌文超先生所言，由於古井簡牘的埋藏環境、考古發掘整理方式，與邊塞簡、墓葬簡存在較大差異，如何整理、研究古井簡牘缺乏可資直接借鑒的經驗、方法。[1] 古井簡牘埋藏環境不佳，堆積狀況複雜，簡牘與井内堆積物的相互關係難以判明，埋藏目的亦不清楚。[2] 郭偉濤先生以走馬樓吳簡和里耶秦簡爲主要研究對象，并兼及其他古井簡牘，探究了古井簡的棄置、性質等問題，爲相關研究提供了有益的基礎性認識。[3] 張忠煒先生就井窖出土簡牘的二重性質做了深入討論。[4] 我們在研讀長沙東牌樓東漢簡牘的過程中，也曾考慮過相關問題，雖然東牌樓東漢簡牘數量不多，埋藏散亂，但通過細緻考察出土信息，仍能得出一些較有價值的發現，可以幫助我們更好地認識與簡牘相關的一些問題。本文擬從東牌樓東漢簡牘與其出土層位的關係入手，重新梳理簡牘的出土情況，挖掘簡牘出土信息中所藴含的研究價值，嘗試探究東牌樓漢簡被棄置的原因。

---

* 徐俊剛，中山大學中國語言文學系（珠海）副研究員，歷史學博士，研究方向爲古文字學、出土文獻。本文得到教育部哲學社會科學研究後期資助項目"長沙東牌樓東漢簡牘校釋"（22JHQ058）的資助。
[1] 凌文超：《走馬樓吳簡采集簿書整理與研究》，廣西師範大學出版社，2015，第3頁。
[2] 凌文超：《走馬樓吳簡采集簿書整理與研究》，第7頁。
[3] 郭偉濤：《論古井簡的棄置與性質》，《文史》2021年第2輯，第27~44、78頁。
[4] 張忠煒：《淺議井窖出土簡牘的二重性》，《中國史研究》2022年第2期，第200~204頁。

2004 年，東牌樓東漢簡牘出土於湖南省長沙市五一廣場東南側東牌樓古井群編號爲 J7 的古井中，共計 426 枚，其中有字簡 206 枚，[①] 無字簡 220 枚，均爲木質簡牘，内容主要是長沙郡和臨湘縣通過郵亭收發的公私文書，亦有一些其他内容的簡牘混入。全部簡牘并非在相同區位出土，而是散亂分布於古井的多層填土之内，"顯係隨意丢棄所致"。[②] 而《長沙東牌樓七號古井發掘報告》（以下簡稱《發掘報告》）僅有"出土簡牘統計表"，而未提供簡牘出土實况照片或綫圖，探究簡牘出土區位情况存在很大的難度。

據《發掘報告》介紹，東牌樓 J7 爲圓形竪井，口徑 1.20 米，上部已遭破壞，現殘存井口距地表深 3.0 米，井口至井底距離現存 7.60 米。井上部呈圓柱體，近底部略大，呈袋狀，最底部又收縮成橢圓形小坑狀。J7 内堆積按土質、土色及包含物可分爲五層。填土爲灰褐色或黑褐色，含較多的木板、竹子等殘片，并夾雜少量陶片、青瓷片、青磚塊及筒瓦、板瓦片等，在井底部出土有較完整的青瓷四繫罐、拍印紋硬陶罐等。東牌樓簡牘出土於第②層至第⑤層，散亂分布於距井口 3.24 米以下至井底的 7.60 米的填土内。[③] 我們以出土層位爲序，重新歸納各層出土簡牘的情况，以便後續研究探討。

第②層：3.24 米～4.89 米，厚 1.65 米，爲灰黑色土，土質較黏，水分含量多，夾雜少量瓦片、青瓷片、硬陶罐、陶鉢、陶釜等殘片，另有較多竹、木條殘片。出土少量簡牘及封檢。本層所出簡牘出土號分爲兩組，一組自 1001 至 1050，一組自 1196 至 1214，其中 1210 號無對應整理號，應原爲無字簡。故本層共 68 個整理號，對應信息如下：

表 1　J7 第②層出土簡牘信息

出土號	整理號	簡牘題名[①]
1001	5	光和六年（183 年）監臨湘李永、例督盗賊殷何上言李建與精張諍田自相和從書
1002	143	朝東谷等習字
1003	1	桂陽大守行丞事南平丞印緘
1004	3	中平三年（186 年）左部勸農郵亭掾夏詳言事
1005	144	湘裴等習字

[①] 圖版發表時 1157、1160 號木牘已綴合，故《長沙東牌樓東漢簡牘》共著録 205 枚。簡牘詳細情况參見《長沙東牌樓七號古井出土簡牘統計表》，長沙市文物考古研究所、中國文物研究所編《長沙東牌樓東漢簡牘》，文物出版社，2006，第 21~25 頁。

[②] 《長沙東牌樓七號古井發掘報告》，長沙市文物考古研究所、中國文物研究所編《長沙東牌樓東漢簡牘》，第 21 頁。

[③] J7 相關介紹詳參《長沙東牌樓七號古井發掘報告》，長沙市文物考古研究所、中國文物研究所編《長沙東牌樓東漢簡牘》，第 7~20 頁。本文關於每層出土情况描述皆引自《發掘報告》。

東牌樓漢簡出土層位關係與棄置問題初探

續表

出土號	整理號	簡牘題名
1006	35	侈致督郵某書信
1007	118	何黑白爲與謝立待持本相與隨嫁事
1008	86	朱坏等名簿、也匹等習字
1009	44	紀書信
1010	110	槃等器物帳
1011	39（+40）[②]	侈致督郵某書信
1012	158	入胡殘簡
1013	108	殘簽牌三
1014	113	達伯智等殘帳
1015	25	府朱掾家書
1016	106	殘簽牌一
1017	103	右賊曹簽牌
1018	112	豬肪等食物帳
1019	164	三月殘簡
1020	182	殘簡
1021	57	佚名書信一
1022	100	何君□從伍仲取物券
1023	145	謝蔡等習字
1024	183	殘簡
1025	40（+39）	鄧應書信
1026	58	佚名書信二
1027	119	主白事殘文書
1028	53	郡□尉書信
1029	120	某月十八日被徵文書
1030	75	期會雜事目一
1031	59	佚名書信三
1032	60	佚名書信四
1033	159	加恩殘簡

續表

出土號	整理號	簡牘題名
1034	165	郡爲殘簡平
1035	61	佚名書信五
1036	72	佚名殘書信二
1037	121	正月十五日殘文書
1038	87	游徼區某名簿
1039	184	殘簡
1040	161	念善殘簡
1041	45	羌書信
1042	122	郵書掾袁嘉前記臨湘文書
1043	162	卒以殘簡
1044	114	莫當歸等殘帳
1045	123	嘉豚白事殘文書
1046	20	殘文書一
1047	46	區書信
1048	74	佚名殘書信四
1049	160	醴陵殘簡
1050	172	廷字殘簡
1196	138	主掾君文書
1197	109	殘簽牌四
1198	139	月財□領殘文書
1199	140	來人付殘文書
1200	200	殘簡
1201	198	殘簡
1202	203	殘簡
1203	98	殘名刺一
1204	179	領字殘簡
1205	180	若字殘簡
1206	181	惠字殘簡

東牌樓漢簡出土層位關係與棄置問題初探

續表

出土號	整理號	簡牘題名
1207	99	殘名刺二
1208	73	佚名殘書信三
1209	202	殘簡
1211	204	殘簡
1212	101	書佐新忠儥田券
1213	141	督郵掾殘文書
1214	171	一生殘簡

注：①按，簡牘題名仍使用《長沙東牌樓東漢簡牘》中所擬原題名。
②a（+b）表示a與b可以綴合，下同。簡牘綴合有關情況可參見徐俊剛《長沙東牌樓東漢簡牘集釋》，吉林大學碩士學位論文，2014。

第③層：4.89米~5.72米，厚0.83米，爲黑色土，土質疏鬆，陶片較少，發現有陶罐、陶缸、陶碗、碎磚瓦等殘片，另有較多竹、木條殘片，分布散亂。出土少量規整的簡牘及封檢。本層所出簡牘出土號亦分爲兩組，一組自1051至1089，一組自1217至1224，其中1219、1220，以及前面接第②層第二組序號的1215、1216無對應整理號，應原爲無字簡。故本層共45個整理號，對應信息如下：

表2　J7第③層出土簡牘信息

出土號	整理號	簡牘題名
1051	95	鄧邟名刺
1052	124	爲夏節殘文書
1053	26	張義從家書
1054	27	張某殘家書
1055	104	左倉曹簽牌
1056	2	光和六年（183年）東部勸農郵掾周安言事
1057	47	唐書信
1058	111	行𦥑等器物帳
1059	36	舉致掾某書信
1060	146	羊角哀等習字
1061	32	中平元年（184年）佚名書信二

續表

出土號	整理號	簡牘題名
1062	147	眉眉等習字
1063	48	君書信
1064	49	原書信
1065	33	熙致蔡主簿書信
1066	93	兼門下功曹史何戒名刺
1067	37①	佚名致蔡主簿書信
1068	50	津書信
1069	30	光和三年（180年）後猶書信二
1070	6（+7）	素上言盜取文書案卷一
1071	11	光和七年（184年）上言殘文書
1072	148	君見再拜等習字
1073	149	常相念等習字
1074	150	久道橋等習字
1075	7（+6）	素上言盜取文書案卷二
1076	185	殘簡
1077	125	主兵史陳惕與左右坐事文書
1078	84	殘户籍文書二
1079	186	殘簡
1080	166	二日殘簡
1081	126（+115）	直白事殘文書
1082	85	張□等名簿、光和七年（184年）紀年習字
1083	187	殘簡
1084	163	當迷殘簡
1085	127	移前至四月殘文書
1086	41	頌書信
1087	88	度上丘郭某名簿
1088	173	之字殘簡
1089	174	白字殘簡

續表

出土號	整理號	簡牘題名
1217	195	殘簡
1218	4	建寧四年（171年）殘題署
1221	199	殘簡
1222	193	殘簡
1223	201[②]	殘簡
1224	205	殘簡

注：①按，整理號37應對應出土號1067，《長沙東牌樓東漢簡牘》一三八～一三九頁所附《長沙東牌樓東漢簡牘整理號與出土號對照表》（以下簡稱《對照表》）誤爲1100。

②按，出土號201在《長沙東牌樓東漢簡牘》21頁《長沙東牌樓七號古井出土簡牘統計表》（以下簡稱《統計表》）中出現兩次，分別對應整理號1202和1223，而出土號203缺收。依據《統計表》信息，1202爲木簡，1223爲木簡，查對圖版和整理者釋文中的説明，可證201爲木簡，203爲木牘，則1202應對應203，1223應對應201，與《對照表》一致。

第④層：5.72米～6.84米，厚1.12米，爲黑色土，但夾雜少量青灰色泥土，土質疏鬆，陶片較少，另有較多竹、木條殘片，分布散亂。發現有一完整的青瓷四繫罐，出土少量木簡。本層所出簡牘出土號自1090至1127，其中1098、1118無對應整理號，應原爲無字簡。故本層共36個整理號，對應信息如下：

表3　J7第④層出土簡牘信息

出土號	整理號	簡牘題名
1090	128	臨湘長書殘文書
1091	62（+65）	佚名書信六
1092	28	建寧年間（168～172年）佚名書信
1093	63	佚名書信七
1094	151	甲子奏府等習字
1095	129	張□白事殘文書
1096	116	建寧四年（171年）殘文書
1097	188	殘簡
1099	115（+126）	五千等殘帳
1100	189[①]	殘簡
1101	190	殘簡

續表

出土號	整理號	簡牘題名
1102	64（+68）	佚名書信八
1103	142	熹平四年（175 年）陽舍人等習字
1104	79	建寧四年（171 年）益成里户人公乘某户籍
1105	12	中平五年（188 年）後臨湘守令臣肅上言荆南頻遇軍寇文書
1106	94	長沙大守從掾文顯門下功曹史邵弘名刺
1107	24	府卿侍閣周奴衣笥印緘
1108	89	某曹掾何宋等名簿
1109	92	徵池掾何止名簿
1110	96（+97）	張少張竟殘名刺上
1111	91（+90）	獄史媒亭等名簿
1112	152	水書水等習字
1113	81	殘户籍一
1114	177	掾字殘簡
1115	167	封屬殘簡
1116	90（+91）	某曹掾李堅等名簿
1117	31	中平元年（184 年）佚名書信一
1119	175	得字殘簡
1120	107	殘簽牌二
1121	14	佚名上督郵殘文書
1122	97（+96）	張少張竟殘名刺下
1123	168	蓋盡殘簡
1124	80	區益子朱户籍
1125	169	勝封殘簡
1126	65（+62）	佚名書信九
1127	130	出錢雇東津卒五人四月直文書

注：①按，出土號 1100 應對應整理號 189。

第⑤層：6.84 米～7.60 米，厚 0.76 米，爲灰色土，土質較純，發白，含膏泥成分，陶片較少，另有較多竹、木條殘片，分布散亂，在井底有一橢圓形小坑，呈鍋底狀内收。發現有一較完整的拍印紋硬陶罐，還有一件青瓷器，出土少量木簡。本層所出簡牘出土號自 1128 至 1186，其中 1167、1173 無對應整理號，應原爲無字簡，1157 與 1160 出版時已綴合爲一支。故本層所出簡牘共 56 個整理號，對應信息如下：

表 4　J7 第⑤層出土簡牘信息

出土號	整理號	簡牘題名
1128	8	兼主録掾黄章上太守書
1129	191	殘簡
1130	83	殘户籍文書一
1131	42	涂輔書信
1132	76	期會雜事目二
1133	131	南鄉民也殘文書
1134	29	光和三年（180 年）後猶書信一
1135	13	孝上言殘文書
1136	54	緣殘書信
1137	34	堂致陳主簿書信
1138	66	佚名書信一〇
1139	71	佚名殘書信一
1140	15	佚名上言殘文書一
1141	9	熹平五年（176 年）騎吏中風文書
1142	16	佚名上言殘文書二
1143	51	峻書信
1144	52	香書信
1145	38①	佚名致陳掾書信
1146	132	侍吏殘文書
1147	56	佚名書信下、校官稅等習字
1148	55	佚名書信上
1149	153	水米等習字
1150	67	佚名書信一一
1151	21	殘文書二
1152	68（+64）	佚名書信一二
1153	192	殘簡

續表

出土號	整理號	簡牘題名
1154	82	殘戶籍二
1155	133	答辭氣殘文書
1156	134	復坐□時平亭殘文書
1157	117	熹平元年（172年）覃超人形木牘
1158	77	期會當對事目
1159	23	殘文書四
1160	117	熹平元年（172年）覃超人形木牘
1161	194	殘簡
1162	69	佚名書信一三
1163	135	物何宜有殘文書
1164	78	某日刑案事目
1165	18（+22）	李使君殘文書
1166	70	佚名書信一四
1168	43	蔡泛書信
1169	154	中賊曹掾等習字
1170	105	中倉租券簽牌
1171	22（+18）	殘文書三
1172	137	到日得爲殘文書
1174	196	殘簡
1175	170	者曹殘簡
1176	136	土受足具殘文書
1177	155	所從等習字
1178	197	殘簡
1179	156	督郵書掾等習字
1180	102	陳某殘券
1181	10	光和二年（179年）殘文書
1182	176	吏字殘簡
1183	178	即字殘簡

續表

出土號	整理號	簡牘題名
1184	157	昌孖等習字
1185	19	房□六門殘文書
1186	17	佚名上言殘文書三

注：①按，整理號38應對應出土號1145，《對照表》誤爲1067。出土號1145《對照表》未出現。

由上列出土信息可見，東牌樓簡牘品類較雜，各層除去難以歸類的殘斷簡牘之外，大體上以文書、信函、籍簿、簽券爲主，還有不少習字簡：第②層公私文書30枚，簿籍、簽券等13枚，習字簡4枚；第③層公私文書20枚，籍簿、簽券等6枚，習字簡5枚（簡85內容爲名簿和習字，本文統計時祇計一次）；第④層公私文書10枚，簿籍、簽券等11枚，習字簡3枚；第⑤層公私文書37枚，簿籍、簽券等9枚，習字簡5枚，人形木牘1枚。東牌樓漢簡同一層位及不同層位的簡牘之間，一般來說沒有確鑿的內容上的聯繫，這與走馬樓田家莂吳簡等古井簡牘有顯著不同，并非整體棄置。簡牘與雜物、生活垃圾相伴出土，表明在棄置時其性質已經與垃圾無異。郭偉濤先生在討論里耶秦簡性質時提出，里耶秦簡在棄置井內之前屬於官府檔案的看法并不成立，而應該是在棄置之前就已失去了檔案的地位。①從出土情況來看，東牌樓漢簡與里耶秦簡雖然在數量上相差較大，但埋藏特點較爲類似，郭說亦可借鑒到對東牌樓漢簡的認識上。東牌樓簡牘公私文書、簿籍、簽券各品類混雜，往往同層位出土，可見棄置時已互相雜廁；還有爲數不少的習字簡，這些習字簡或寫在文書簡的字裏行間，或寫於文書簡背面，且內容幾乎無關（如簡29、38、86、145、150、154等），可見原簡已經作廢，相當於練習書寫用的草稿紙，已不具備文書的屬性。此外，與有字簡牘同時出土的還有220支無字簡，除了因長期潮濕朽損造成字迹消失外，應該有部分原本是作書寫文書或習字之用，也可從側面證明本批簡牘不是官府檔案。

儘管東牌樓簡牘不是官府檔案，但結合出土層位信息可以發現，在成爲散亂丟棄的"垃圾"之前，簡牘應該是曾經被保管的，理由如下。

首先，以出土號爲基準，在相近出土號之間可以發現一些類別上的關聯，即經常有同類簡牘出土號銜接或相近的情況，這在四個層位都有體現，例如第②層1196號（簡138）、1198號（簡139）、1199號（簡140）均爲文書類簡牘；第③層1053號（簡26）、1054號（簡27）均爲家書，1059號（簡36）、1063號（簡48）、1064號（簡49）、1065號（簡33）、1067號（簡37）、1068號（簡50）、1069號（簡30）均爲某

---

① 郭偉濤：《論古井簡的棄置與性質》，第27~44、78頁。

人致某人的書信，1072號（簡148）、1073號（簡149）、1074號（簡150）均爲習字簡；第④層1106號（簡94）、1108號（簡89）、1109號（簡92）、1110號（簡96）、1111號（簡91）、1116號（簡90）、1122號（簡97）等，均爲名簿、名刺類簡牘；第⑤層1131號（簡42）、1134號（簡29）、1136號（簡54）、1137號（簡34）、1138號（簡60）、1139號（簡71）、1143號（簡51）、1144號（簡52）、1145號（簡38）、1147號（簡56）、1148號（簡55）、1150號（簡67）等均爲書信，等等。以上列舉各同層位簡牘出土編號相近，應出自臨近區位，部分整理號亦前後相連，內容同類或相關。可見，這些簡牘在被丟棄之前，可能本身還是有一定程度的歸類存放，因而在廢棄傾倒時纔較爲臨近地散落在井中。①

其次，每一層的紀年簡牘都至少記有兩個漢靈帝年號，且年數早晚與出土層位早晚并不一致。東牌樓漢簡部分簡牘是有明確紀年或年代可考的，如：

第②層：

簡3：中平三年（186）二月廿一日己亥（乙卯？）

簡5：光和六年（183）九月己酉朔十日戊午

簡100：中平三年（186）二月

第③層：

簡2：光和六年（183）正月廿四日乙亥申時

簡4：建寧四年（171）十二月九日乙未

簡11：光和七年（184）十月一日壬寅②

簡30：光和三年（180）③

簡32：中平元年（184）④

簡85：光和七年（184）⑤

第④層：

簡12：中平五年（188）以後⑥

簡28：建寧年間（168～172）

---

① 按，我們在考察相關情況時，曾以若干竹木片從較高處落下來模擬簡牘丟棄落井時的散落狀態，通過觀察，原本聚集在一起的竹木片落地後仍有不少相距不遠，竹木片數量越多，落地後位置相近的竹木片也越多。
② 按，原簡記時間"十月一日壬寅"，整理者推算應爲光和七年（184）。
③ 按，整理者指出簡30與簡29人名、筆迹相同，時間亦應相當。
④ 按，原簡文提到"今聞據宛"，據整理者研究應指中平元年（184）朱儁與黃巾拉鋸爭奪南陽之役。
⑤ 按，原簡文背面存"☐子光和"等習字，整理者推算應爲光和七年（184）甲子歲。
⑥ 按，原簡文提到"荊南頻遇軍寇"，據整理者研究應指中平三至五年（186~188）荊南地區連續發生的三次蠻賊暴亂，據"荊南頻遇軍寇"以及相關史實，時間應在中平五年稍後。

簡31：中平元年（184）①

簡79：建寧四年（171）

簡116：建寧四年（171）十二月十三日

簡142：熹平四年（175）②

第⑤層：

簡9：熹平五年（176）二月癸巳朔六日戊戌

簡10：光和二年（179）三月廿五日

簡29：光和三年（180）③

簡117：熹平元年（172）六月甲申朔廿二[日]乙卯（巳）

　　每一層紀年簡牘的年數跨度都較大，第⑤層172~180，第④層168~188，第③層171~184，第②層183~186，早晚不一，相互疊壓，顯然不是按年代早晚丟棄的，而更可能是在相近時間一起丟棄，由此可見這些簡牘原本是一直被保存的。

　　結合上述分析，東牌樓漢簡之所以被丟棄，應該是已經變成没有留存價值的垃圾。造成這一性質變化的原因，一種可能是對過期失效文書的"銷毀"，④但這就無法解釋爲何不同層位出土的紀年相同的簡牘未被同時丟棄，且時代晚的簡牘會先於時代早的簡牘丟棄。另一種可能是這些文書因遭遇"突發事件"而失去保有者，并有所損毀，失去了留存價值，成爲"垃圾"，後來被隨意丟掉。造成這種情況的原因很可能與當時的歷史背景有關。

　　東牌樓漢簡的整理者依據層位堆積及出土文物，對J7的使用年代和廢棄年代進行了推斷。井内第③層至第⑤層堆積内出土有較完整或可修復的汲水罐，器類有青瓷罐及硬陶罐，從這些器物的殘損情況看，大多是肩部有殘失或罐身破碎，可以推測這些應該是當時古井使用時的遺留物。而在第①層和第②層則以出土陶盆、陶缽及瓦片、漆木器等非汲水器爲主，器類較雜，而且本身堆積層次較厚，推測應爲廢棄後的堆積。通過對各層出土典型器物的年代分析，J7第③層至第⑤層的器物時代大致在東漢末期，即J7的使用年代應在桓帝至靈帝末期。J7第②層則晚到孫吳初期，即J7的廢棄年代當在靈帝末年至孫吳初期。⑤東漢靈帝光和七年（184），黃巾起義爆發，全國州郡多有戰事。黃巾起義失敗後，各地仍不時有戰亂發生，長沙當地的暴亂也非止一次，其中較著名的如中平

---

① 按，原簡文提到"知中郎將至"，據整理者研究應指中平元年（184）右中郎將朱儁討潁川黃巾之事。
② 按，原簡寫有干支"乙卯"，整理者推算應爲熹平四年（175）。
③ 按，原簡文提到"庚申歲"，整理者推算應爲光和三年（180）庚申歲。
④ 汪桂海：《漢代官文書制度》，廣西教育出版社，1999，第227~232頁。
⑤ 參見《長沙東牌樓七號古井發掘報告》，長沙市文物考古研究所、中國文物研究所編《長沙東牌樓東漢簡牘》，第29~31頁。

四年（187）的區星叛亂，後爲孫堅平定，《三國志·孫堅傳》載：

> 時長沙賊區星自稱將軍，衆萬餘人攻圍城邑，乃以堅爲長沙太守。到郡親率將士，施設方略，旬月之間，克破星等。周朝、郭石亦帥徒衆起於零、桂，與星相應。遂越境尋討，三郡肅然。漢朝錄前後功，封堅烏程侯。①

J7 古井所見 19 例有紀年的簡牘中，以光和元年（180）之後的最多（11 例），最晚的是簡 12 "中平五年（188）"以後，其大致年代與以區星爲代表的長沙本地叛亂大體相當，因而有理由懷疑東牌樓簡牘的損毀丟棄可能與戰亂有關。

我們從簡牘綴合情況也可推測出東牌樓簡牘有人爲損壞的情況。目前已成功綴合的簡牘信息如下：

表 5　東牌樓漢簡綴合信息

整理號	出土號	出土層位	斷裂方式
簡 39+ 簡 40	1011+1025	第②層	左右裂開
簡 6+ 簡 7	1070+1075	第③層	上下斷開
簡 62+ 簡 65	1091+1126	第④層	左右裂開
簡 90+ 簡 91（＋簡 89）①	1116+1111（+1108）	第④層	上下斷開
簡 96+ 簡 97	1110+1122	第④層	左右裂開
簡 18+ 簡 22	1165+1171	第⑤層	左右裂開
簡 117	1157+1160	第⑤層	左右裂開
簡 126+ 簡 115	1081+1099	第③層和第④層	上下斷開
簡 64+ 簡 68	1102+1152	第④層和第⑤層	左右裂開

注：①按，簡 89 有可能與簡 90+ 簡 91 同版。

如表 5 所示，幾乎所有可綴合簡牘，其組成部分的出土號都相隔了一定距離，甚至有出土於不同層位的現象。另外，這些簡牘多爲左右縱向裂開，少數爲上下斷開。一般來説，縱向長方形木片更容易上下斷開，我們懷疑這類左右裂開的方式可能表明簡牘在丟棄之前就已經被人爲斷裂開。還有一個證據就是，在所有拼綴簡牘中有一個現象值得注意，即雖然大部分可綴合簡牘均出於同一層位，但還有一些出土於不同層位：簡 126+

---

① （晋）陳壽撰、（宋）裴松之注《三國志》卷四六《孫破虜討逆傳第一》，中華書局，1959，第 1095 頁。

簡 115 分別出土於第③層和第④層，簡 64+ 簡 68 分別出土於第④層和第⑤層。造成這一現象的原因，由於缺少實拍實繪的出土位置信息，這裏僅能稍加推測，可能就是由於簡牘在丟棄前即已斷裂，或是被先後丟棄，因而所在層位不同；或是丟棄時所墜落的位置剛好位於兩層之間，在出土時被劃分到不同的層位，根據《發掘報告》描述，第③層爲黑色土，土質疏松，第④層爲黑色土，土質疏松，夾雜少量青灰色泥土，第⑤層爲灰色土，可見鄰近各層之間是有可能存在疊加重合關係的。

東牌樓漢簡總體數量較少，規律性的出土信息并不充足。我們通過考察東牌樓漢簡與其出土層位之間的關係，嘗試討論、挖掘出土信息對簡牘研究的價值。東牌樓漢簡大概本來是被專門保存的，後來由於漢末長沙地區戰亂動蕩，這批簡牘在戰火中失去了保管者，進而損壞，失去了保存價值，最終被當作"垃圾"隨意丟棄。

張家山漢墓竹簡〔三三六號墓〕《關市律》零拾

王中宇 *

摘　要：張家山漢墓竹簡〔三三六號墓〕《漢律十六章》是繼〔二四七號墓〕《二年律令》之後新出的西漢法律文本，對西漢早期法律制度的研究有十分重要的學術價值。本文對《汉律十六章·關市律》的字詞注釋和文句斷讀提出了數條補正意見，包括簡327"縵、繒"當讀爲"縵繒"；簡327"粉"應讀爲"䊕"；簡327"晋"應讀爲"敝"；簡327"粉鋪（黼）晋（至）"當斷讀爲"粉（䊕）、鋪（黼）、晋（敝）"等。

關鍵詞：張家山漢墓竹簡；三三六號墓；關市律

　　新近出版的《張家山漢墓竹簡〔三三六號墓〕》完整公布了江陵張家山336號西漢墓出土的竹簡。"現存十五個章名：盜律、告律、具律、囚律、捕律、亡律、錢律、效律、廄律、興律、雜律、復律、䙴（遷）律、關市律和朝律。簡文有賊律條文，章名簡已殘損，現據《二年律令》簡五四擬補。本篇原應有律章名十六個。篇題擬作《漢律十六章》。章名皆書於單獨一簡上部，頭端塗黑。"[1] 其中《關市律》共有8枚簡（326~333號簡），相關律文凡見3條，可與《睡虎地秦墓竹簡》《嶽麓書院藏秦簡》《張家山漢墓竹簡〔二四七號墓〕》中《關市律》相互參看，補充以往研究之不足。筆者研讀新出的《關市律》的内容後，有一些想法，現提出來請方家指正。

　　關市律，見於張家山漢簡三三六號墓，共計8枚簡（簡326~333），相關律文凡見3條。

　　1.327-329：販及賣買文繡、縵、繒、布幅不盈二尺二寸及粉鋪（黼）晋（至），若叚（假）繒飾令俗好者，及匹販若賣（327）買此物而匹不盈四丈，皆没入及賈錢。縣官有能捕告者，以畀之。嗇夫吏部主者弗（328）得罰金各二兩，令丞、令史各一兩。絺綌、朱緛、縠（縠）、荃幅不用此律。（329）（《張家山336號漢墓竹簡·漢律十六章·關市律》）

　　327-329 釋文校正：販及賣買文繡、縵繒、布幅不盈二尺二寸及粉（䊕）、鋪（黼）、晋（敝），若叚（假）繒飾令俗好者，及匹販若賣（327）買此物而匹不盈四

---

* 王中宇，華東師範大學中國文字研究與應用中心博士生，研究方向爲古文字學。
[1] 荆州博物館編、彭浩主編《張家山漢墓竹簡〔三三六號墓〕》（上册），文物出版社，2022，第161頁。

丈，皆没入及貫錢。縣官有能捕告者，以畀之。嗇夫、吏部主者弗（328）得，罰金各二兩，令丞、令史各一兩。絺緒、朱縷、䋡（屬）、荃幅不用此律。（329）（《張家山336號漢墓竹簡·漢律十六章·關市律》）

（1）"縵、繒"

整理者認爲："文繡，刺繡品"。"縵，《説文·糸部》：'繒無文也。'繒，本義指帛，簡文似泛指絲織品。"[1]

今按：從單字釋義的角度來説，問題不大。但需要注意的是，簡文中出現的屬性不同的布帛之物應屬并列關係，倘若依據整理者的意見，"文繡""縵""繒""布"四者應各不相同，然而事實并非如此。"文繡"是帶有刺繡的絲織品，《墨子·節葬下》："文繡素練，大鞅萬領。""縵"，本身就是無文飾的繒帛一類。《説文》："縵，繒無文也。《漢律》曰：'賜衣者，縵表白裏。'"《春秋繁露·度制》："庶人衣縵。""繒"一般爲絲織品的統稱。《説文》："帛，繒也。"戰國之前多稱帛，秦漢以後多稱繒。兩者屬性相同指"繒帛"，可統稱"縵繒"，屬於"以小名冠大名"，没有花紋的絲織品。《北史·后妃傳上·魏文明皇后馮氏》："性儉素，不好華飾，躬御縵繒而已。"簡文的"縵繒"可與"文繡"并列言之，故"繒"不宜與"縵"并列，應以"縵繒"爲是。"布"則是麻、葛類的織品。張家山漢墓竹簡《二年律令·賜律》："五大夫以上錦表，公乘以下縵表，皆帛裏；司寇以下布表、裏。"[2] 簡文中依次出現"錦""縵""帛""布"四種不同材質布料，可見漢代不同爵位層級的人所穿衣料皆有所不同，爵位越低所賜的衣料越差。所以，《二年律令·□市律》簡258"販賣繒布幅不盈二尺二寸者，没入之"[3] 應重新句讀爲"販賣繒、布幅不盈二尺二寸者，没入之"。而《漢律十六章·關市律》簡327可重新句讀爲"販及賣買文繡、縵繒、布幅不盈二尺二寸……"

（2）"粉鬴（黼）晋（黻）"

整理者認爲："粉，塗飾。……粉黼黻，在織物上繪出紋樣或塗色，冒充織繡和染色。"[4]

今按：此説有理，但也可以另作解釋。從前文對販賣或購買布帛的長寬規格、花紋、質地來考慮，下文應與之相承。其一，"粉"，應讀作"黺"。《説文》："黺，袞衣山龍華蟲。黺，畫粉也。"本義爲彩色花紋，這裏指君王禮服上的花紋。《集韻·吻韻》：

---

[1] 荆州博物館編、彭浩主編《張家山漢墓竹簡〔三三六號墓〕》（上册），第210頁。
[2] 張家山二四七號墓竹簡整理小組編著《張家山漢墓竹簡〔二四七號墓〕：釋文修訂本》，文物出版社，2006，第48頁。
[3] 張家山二四七號墓竹簡整理小組編著《張家山漢墓竹簡〔二四七號墓〕：釋文修訂本》，第44頁。
[4] 荆州博物館編、彭浩主編《張家山漢墓竹簡〔三三六號墓〕》（上册），第210頁。

"黺，通作粉。"《玉篇》："黺，綵也。"《尚書·益稷》："予欲觀古人之象，日、月、星辰、山、龍、華蟲，作會；宗彝、藻、火、粉米、黼、黻，絺繡，以五采彰施於五色作服，汝明。"鄭玄注："粉米，白米也。"陸德明《釋文》："粉米，《説文》作黺䊷。"① 曾運乾《尚書正讀》："宗彝也、藻也、火也、粉米也、黼也、黻也，六者皆以爲繡，施於裳也。"② 其二，"黼"應爲黑白相間的斧形花紋。整理者認爲："鋪，讀作'黼'。簡文'黼'泛指織物的紋樣。"其是。《爾雅·釋器》云："斧謂之黼。"《淮南子·説林》："黼黻之美，在於杼軸。"高誘注："白與黑爲黼，青與赤爲黻，皆文衣也。"其三，"晉"，可讀作"亞"。《古韻通曉》："亞、晉，上古影母，中古衣嫁切，影禡去二開假。"③ 而"亞"又通作"黻"。《漢書·韋賢傳》："黼衣朱紱，四牡龍旂。"顏師古注："黼衣畫爲斧形，而白與黑爲彩也。朱紱爲朱裳畫爲亞文也。……故因謂之，紱字又作黻。其音同聲。"《古音彙纂》："黻，字或作韍，同，音弗。《爾雅》：'黻，彰也。'"何晉《尚書新注》："黻，像兩弓相背的'亞'字形圖案。'亞'即古'弗'，因音同'黻'，故又謂之'黻'。"④ 如其説不誤的話，私以爲，"粉鋪（黼）晉（亞）"應釋爲"粉（黺）鋪（黼）晉（黻）"，也可將其理解爲"白色米形繡紋、黑白相間的斧形花紋或兩弓相背的'亞'字形圖案的織品"。之所以如此理解，主要是考慮"十二章紋"背後所藴含的象徵意義和輿服文化。這些作爲統治階級標識的紋理和圖案祇用在王及高級官員禮服上，肯定有管制，不會隨意流向市場。因此，簡327可重新句讀爲"販及賣買文繡、縵繒、布幅不盈二尺二寸及黺、黼、黻"。

（3）"絺綌"

整理者認爲："絺綌，《二年律令》整理者：'綌'讀爲'綌'，《小爾雅·廣服》：'葛之精者曰絺，麤者曰綌'。"⑤

今按：可從。"絺綌"，即"絺綌"，爲葛布的統稱，代指葛服。《説文》："絺，細葛也。""綌，粗葛也。"《周禮·地官·掌葛》："掌以時徵絺綌之材於山農。"此條是征斂之事，按時向山民徵收織葛布的原料。但葛質的布匹因紡織性能和經濟價值均不如麻，到了漢代就逐漸邊緣化了，一般以大麻和苧麻作爲主要征斂對象。其中，"苧麻"精細加工可織成高級的紵，稱爲"黃潤"，名貴織物。揚雄《蜀都賦》："篋中黃潤，一端數金。"而"大麻"績出的麻綫織成的衣料叫"布"。

---

① 黃焯：《經典釋文彙校》第三《尚書音義上》，中華書局，1980，第32頁。
② 曾運乾：《尚書正讀》，中華書局，2015，第38頁。
③ 陳復華、何九盈：《古韻通曉》，中國社會科學出版社，1987，第173頁。
④ 何晉：《尚書新注》，中華書局，2022，第84頁。
⑤ 荆州博物館編、彭浩主編《張家山漢墓竹簡〔三三六號墓〕》（上册），第210頁。

（4）"朱縷"

整理者認爲："朱縷，《二年律令》整理者：縷，《管子·侈靡》注：'帛也。'朱縷，當係一種紅色的帛。"

今按：此說存疑。從全文來看，"絺緒、朱縷、罽（罽）、荃幅不用此律"，之所以不適用此律，可能是因爲"絺緒""朱縷""罽（罽）""荃"等不具普遍性，不能充當一般等價物。而"帛"本來就是官方認可的流通之物。那麼，"縷"似可解爲紅色的麻紡布。《周官·天官·典枲》："掌布緦縷之麻草之物。"

（5）"氁布"

整理者認爲："罽，《二年律令》整理者：氁布。"①

今按："氁布"一般指少數民族使用的氈類毛織品。《後漢書·李恂傳》："諸國侍子及督使賈胡，數遺恂奴婢、宛馬、金銀、香罽之屬，一無所受。"李賢注："罽，織毛爲布者。"玄應《一切經音義》卷一引《通俗文》："織毛曰罽。"

（6）"荃"

整理者認爲："荃，《二年律令》整理者：《漢書·景十三王傳》注引蘇林云'細布屬也'，臣瓚云'細葛也'。（《二年律令》簡259）幅，織物的幅寬。荃幅，《二年律令》簡259誤作'荃蔞'。"②

今按：言"誤作"恐怕不妥。從圖版來看，《二年律令》簡259中"蔞"，確實無誤。"蔞"通"縷"，《左傳·昭公十二年》："篳路藍縷以處草莽。"《史記·楚世家》"縷"作"蔞"。"荃"可通"絟"，解爲"細布"。《集韻·薛韻》："絟，細布也。或作荃。"《漢書·江都易王劉非傳》："繇王閩侯亦遺建荃、葛、珠璣……"顏師古注："蘇林曰：'荃，音詮，布屬也。'師古曰：'字本作絟。蓋今南方筩布之屬皆爲荃也。'"那麼，"荃蔞"即"絟縷"。前有"朱縷"，後者"絟縷"，也是合理的。《漢律十六章》簡329中的"絟縷"也是正確的。之所以兩簡用字不同，因後者《漢律十六章》表述更爲詳盡："……幅不盈二尺二寸……荃幅不用此律。"前後連貫，文意通達，不用點斷。而前者《二年律令》則比較簡約："……幅不盈二尺二寸者，……荃蔞，不用此律。"其實"幅"之有無對文意影響不大，故前者可以有所省略。

2. 332-333：盜出財物於邊關徼，及吏部主智（知）而出者，皆與盜同法；弗智（知），罰金四兩。使者所以出，必有符致（332），毋符致，吏智（知）而出之，亦與盜同法（333）（《張家山336號漢墓竹簡·漢律十六章·關市律》）

---

① 荊州博物館編、彭浩主編《張家山漢墓竹簡〔三三六號墓〕》（上冊），第210頁。
② 荊州博物館編、彭浩主編《張家山漢墓竹簡〔三三六號墓〕》（上冊），第210頁。

整理者認爲："符，出入關、塞、宫門的通行證。致，《二年律令》整理者：《禮記·曲禮》：'獻田宅者操書致'，朱駿聲《説文通訓定聲》云：'猶券也。'《二年律令》整理者將本條律文歸入《盗律》，現歸入《關市律》。"①

今按：甚是。這條律文是對非法携帶財物出境的一般性規定，應屬於《關市律》。張家山漢簡整理小組："致，《禮記·曲禮》：'獻田宅者操書致'，朱駿聲《説文通訓定聲》云：'猶券也。'"②"按裘錫圭先生對'致'的分類，簡文'符致'是指出入門關用的一種文書。"③又見於張家山247號漢墓《二年律令·賊律》52號簡："亡書、笴〈符〉券，入門衛〈衛〉木久，窣（塞）門、城門之蘥（鑰），罰金各二兩。"④又見張家山247號漢墓《二年律令·津關令》488—491號簡："御史言：越塞闌關，論未有□，請闌出入塞之津關，黥爲城旦舂；越塞，斬左止（趾）爲城旦；吏卒主者弗得，贖耐；令 488 丞、令史罰金四兩。智（知）其請（情）而出入之，及假予人符傳，令以闌出入者，與同罪。……·制曰：可。491"⑤《居延新簡釋粹》74.E.J.T26.16："元鳳四年二月癸卯，居延與金關爲出入六寸符券，齒百，從第一至千，左在官，右移金關，符合以從事。第九百五十九。"⑥簡文意爲：元鳳四年二月癸卯，製作出入于居延與肩水金關之間的六寸符券，齒有百種，編號從第一到千。左留在官府居延，右交給金關，符合後方可通過關所。由此可知，漢代對通過邊境的津關防守相當嚴格。凡是經過津關邊塞的必須要持有長六寸的稱爲符的竹籤，即過關憑證。這種符一式兩份，過關者所持的符要與守官者所持得另一半相符并可合爲一體纔能過關，或執有過關文書稱爲傳的，其上面書寫過關人數、年齡、所帶貨物。這種傳也是關津口都要再留寫一份，等入關時還要再勘驗合符纔能過關。凡是無符傳而私過關的稱爲闌關罪。⑦再結合本條簡的内容來看，使者運送財物出關必須持有"符致"，若無符致携帶財物出境，負責稽查的責任人放任其出境，按照關市律相關規定加以處罰。另外，需要注意的是，張家山247號漢墓竹簡的《二年律令·盗律》簡74~75的内容與之完全相同的律文。彭浩在《談〈二年律令〉中幾種律的分類與編連》一文中指出："簡74—76中的吏、卒徒部主者并非直接盗出黄金、禁物之人，是因其故意或過失導致犯罪實施，所以量刑時采用'與盗同法'、'與同罪'的比照標準；同時也説明這幾條律文本不屬於'盗律'。因此，我認爲簡74—76應從'盗律'中分出，

---

① 荆州博物館編、彭浩主編《張家山漢墓竹簡〔三三六號墓〕》（上册），第210頁。
② 張家山二四七號漢墓竹簡整理小組：《張家山漢墓竹簡〔二四七號墓〕：釋文修訂本》，第45頁。
③ 裘錫圭：《漢簡零拾》，《文史》1981年第12輯，第2頁。
④ 張家山二四七號漢墓竹簡整理小組：《張家山漢墓竹簡〔二四七號墓〕：釋文修訂本》，第15頁。
⑤ 張家山二四七號漢墓竹簡整理小組：《張家山漢墓竹簡〔二四七號墓〕：釋文修訂本》，第83頁。
⑥ 甘肅省文物考古研究所編《居延新簡釋粹》，蘭州大學出版社，1988，第72頁。
⑦ 馮卓慧：《漢代民事經濟法律制度研究——漢簡及文獻所見》，商務印書館，2014，第186頁。

歸入'關市律'。"①

綜之，張家山漢墓竹簡〔三三六號墓〕中的《汉律十六章》，上承《二年律令》下啓睡虎地、胡家草場漢律，是研究西漢早期法律制度的重要文獻。通過新發現的《漢律十六章·關市律》與張家山漢墓竹簡〔二四七號墓〕《二年律令·□市律》的律文校勘和比對，我們對簡文中的個別釋字、注釋、譯文、句讀等方面作了一定的補充和修訂，希望可以增進對簡文的釋讀理解。比如，張家山漢墓竹簡〔三三六號墓〕327號簡"販及賣買文繡、縵繒、布幅不盈二尺二寸及粉（黺）、舖（黼）、晋（黻）"中的"縵繒"連讀、"粉（黺）、舖（黼）、晋（黻）"改釋等，再比如張家山漢墓竹簡〔二四七號墓〕"販賣繒布幅不盈二尺二寸者"中的"繒、布"點斷以及"荃幅"與"荃蔓"圖版正誤辨析等。

---

① 彭浩：《談〈二年律令〉中幾種律的分類與編連》，《出土文獻研究》第6輯，上海古籍出版社，2004，第67頁。

稿　約

《出土文獻與古史研究》是由湖南大學簡帛文獻研究中心主辦的學術集刊，旨在爲研究出土文獻與古史問題的學者提供發布成果、交流觀點的平臺。本刊創辦於 2023 年，每年由社會科學文獻出版社出版兩輯，并被中國知網全文收錄。

本刊倡導從文獻實證的角度出發對出土材料與古史問題展開研究，內容包括"甲骨金文與古史研究""簡牘帛書與古史研究""石刻文獻與古史研究""圖像器物與古史研究""考古發現""學術書評"等，凡主題相符、確有創見之成果，皆樂於刊用，尤其歡迎海內外中青年學者投寄論文。

一　注意事項

來稿應符合本刊宗旨、遵守學術規範，凡抄襲剽竊或一稿多投者，作退稿處理。

來稿字數以不超過 2 萬字爲宜，用繁體字（一律使用新字形）排印。請同時發送論文全文的 Word 和 PDF 版本（後綴名爲 PDF）至本集刊郵箱。如有自造字、圖表或其他特殊內容，請存爲附件，一并發送。

二　格式要求

稿件應包括題目、作者、作者介紹、摘要、關鍵詞、正文、脚注等信息。作者簡介及聯繫方式請單獨成頁，附於文末。

（一）題目、作者、摘要、關鍵詞

稿件的中文題目限 20 字以內，摘要限 300 字以內，關鍵詞限 5 個以內。題目字體與字號爲宋體三號加粗（副標題宋體小三號），作者姓名爲仿宋體四號。摘要、關鍵詞爲宋體五號。

（二）題注

來稿如係科研項目成果或向有關人員表示感謝，應以"*"題注的形式在稿件正文首頁下方標明，題注字體與字號爲宋體小五號，括注項目批准編號。

（三）正文

1. 正文文字請用宋體五號。

2. 正文中標題編排格式爲：一級小標題用"一"（居中、黑體四號）；二級小標題用"（一）"（左側縮進 2 個字符，宋體五號加粗）；三級小標題用"1……"（左側縮進 2 個字符，宋體五號）。

3. 正文中徵引的文獻例句用楷體五號（左右縮進 2 個字符，并且首行縮進 2 個字符），可於句後括注出處；例句如需排列，請采用（1）（2）（3）……的形式連續編號。

4. 正文中涉及公元世紀、年代、年、月、日、時刻和計數、現代出版物册數頁碼等内容，均使用阿拉伯數字。

5. 正文中的圖片清晰度不低於 600DPI；自造字或表外字一律采用圖片格式插入正文（不使用編碼方式造字），未經隸定的原形圖片字應儘量脱去底色。

6. 正文中圖片、表格如超過一個，請分別用"圖 1""圖 2"……及"表 1""表 2"……的形式標明序號，并標明表題或圖題。表格若跨頁，續表加排表頭，同時要標注"續表"二字。圖表内文字一律用宋體小五號，圖片名位於圖片下端并居中；表題位於表格上端，齊表頭。

7. 正文中的引述文獻標注采用頁下脚注，小五號楷體，每頁重新編號，采用阿拉伯數字表示（即 1、2、3……）。注釋標注格式如下：

8. 參考文獻的編排順序按作者（編者）姓氏的音序排列。外文參考文獻一律排在中文參考文獻後，順序先日文（文獻順序按作者姓氏中文讀音排序）後西文。

（四）作者簡介與聯繫方式

宋體五號。作者簡介包括姓名、單位、職稱、學位、研究方向等。作者聯繫方式包括通訊地址、郵政編碼、電子郵箱、聯繫電話等。

三　投稿須知

（一）本刊采用雙向匿名審稿制度。編輯部將在收到來稿後三個月内通過電子郵件告知作者審稿結果。若編輯部未能如期處理稿件，作者可在三個月後來信咨詢。若需撤稿，請及時告知編輯部。

（二）本刊不向作者收取任何費用。稿件一經發表，本刊將贈送樣書兩册并支付稿酬。

四　聯繫方式

投稿郵箱: hdctwx@163.com
通信地址: 湖南省長沙市嶽麓區麓山南路2號湖南大學簡帛文獻研究中心
聯繫人: 舒婧
聯繫電話: 0731-88823940

圖書在版編目（CIP）數據

出土文獻與古史研究. 第一輯 / 陳松長主編. -- 北京：社會科學文獻出版社，2023.12
ISBN 978-7-5228-2873-2

Ⅰ.①出… Ⅱ.①陳… Ⅲ.①出土文物－文獻－中國－文集②中國歷史－中古史－文集 Ⅳ.①K877.04 ②K240.7

中國國家版本館CIP數據核字（2023）第225379號

出土文獻與古史研究（第一輯）

主　　編 / 陳松長

出 版 人 / 冀祥德
責任編輯 / 李建廷
責任印製 / 王京美

出　　版 / 社會科學文獻出版社
　　　　　　地址：北京市北三環中路甲29號院華龍大廈　郵編：100029
　　　　　　網址：www.ssap.com.cn
發　　行 / 社會科學文獻出版社（010）59367028
印　　裝 / 三河市尚藝印裝有限公司

規　　格 / 開　本：787mm×1092mm　1/16
　　　　　　印　張：14　字　數：280千字
版　　次 / 2023年12月第1版　2023年12月第1次印刷
書　　號 / ISBN 978-7-5228-2873-2
定　　價 / 128.00圓

讀者服務電話：4008918866

版權所有 翻印必究